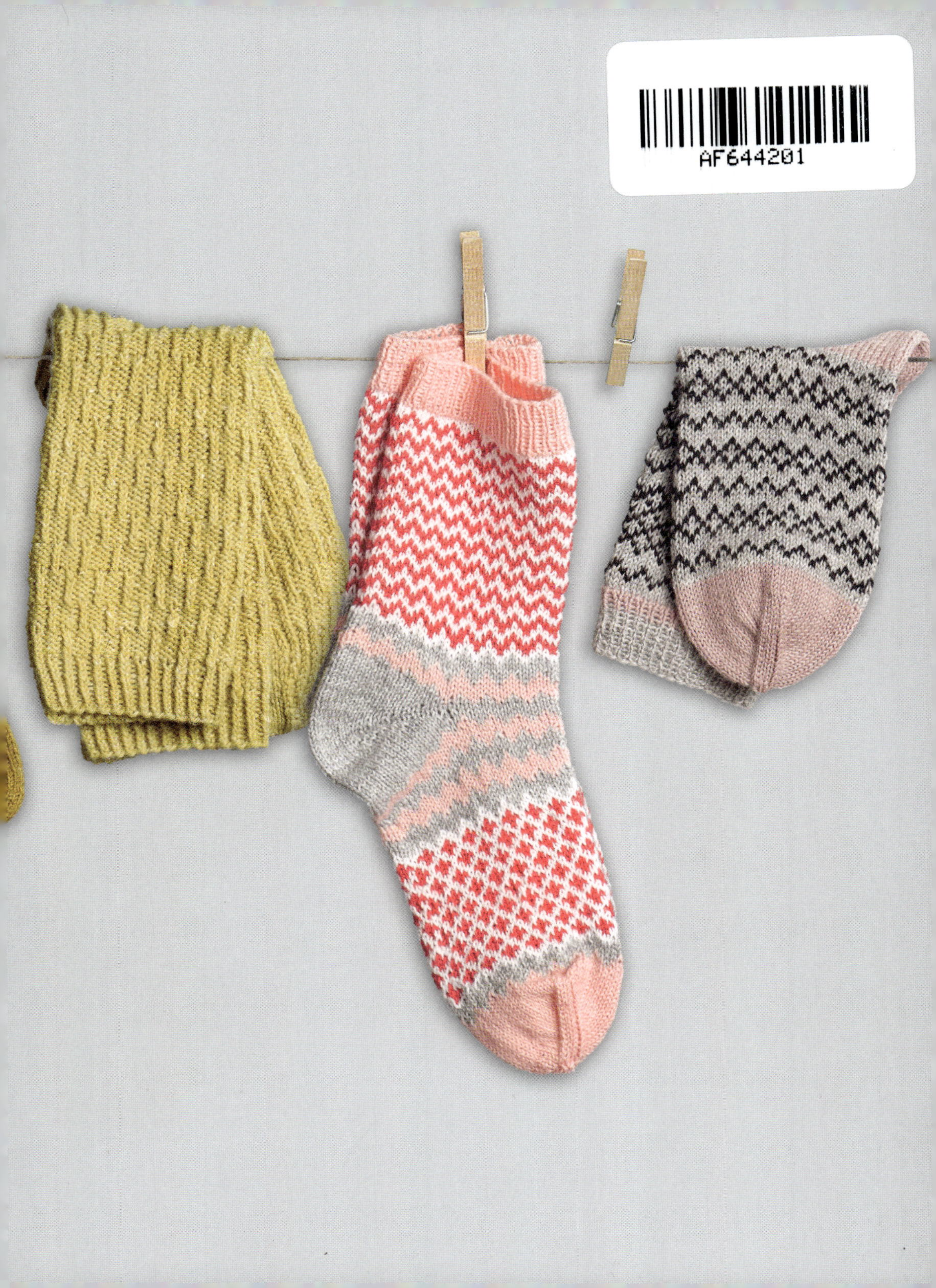

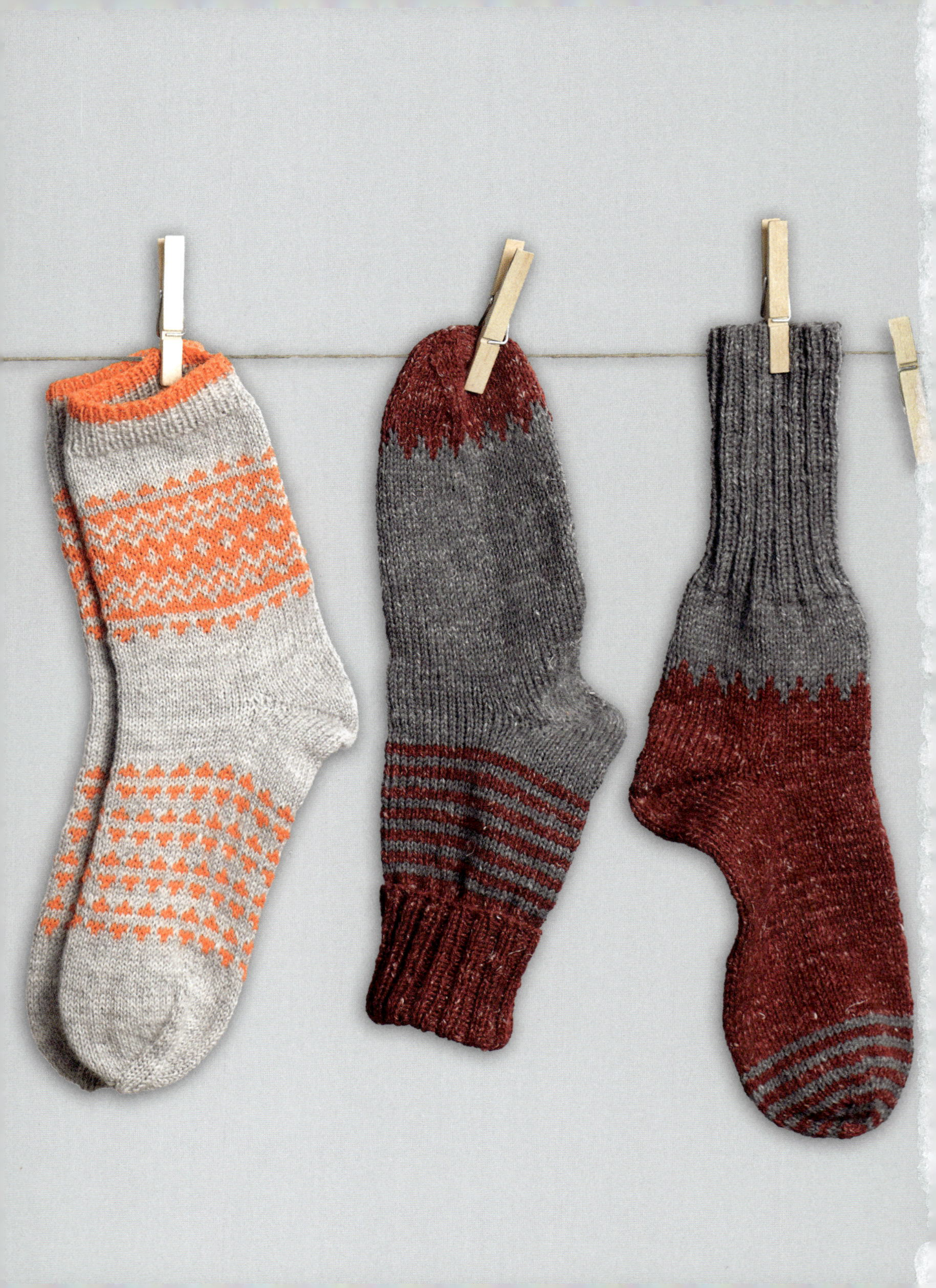

KERSTIN BALKE

SOXXBOOK

by Stine & Stitch

Mustersocken stricken

Mach dich auf die Socken

Das haut dich von den Socken

Mehr als nur 'ne coole Socke

Hier steppt die Socke

Nichts für faule Socken

Kreatives Sockendesign

Grundanleitung

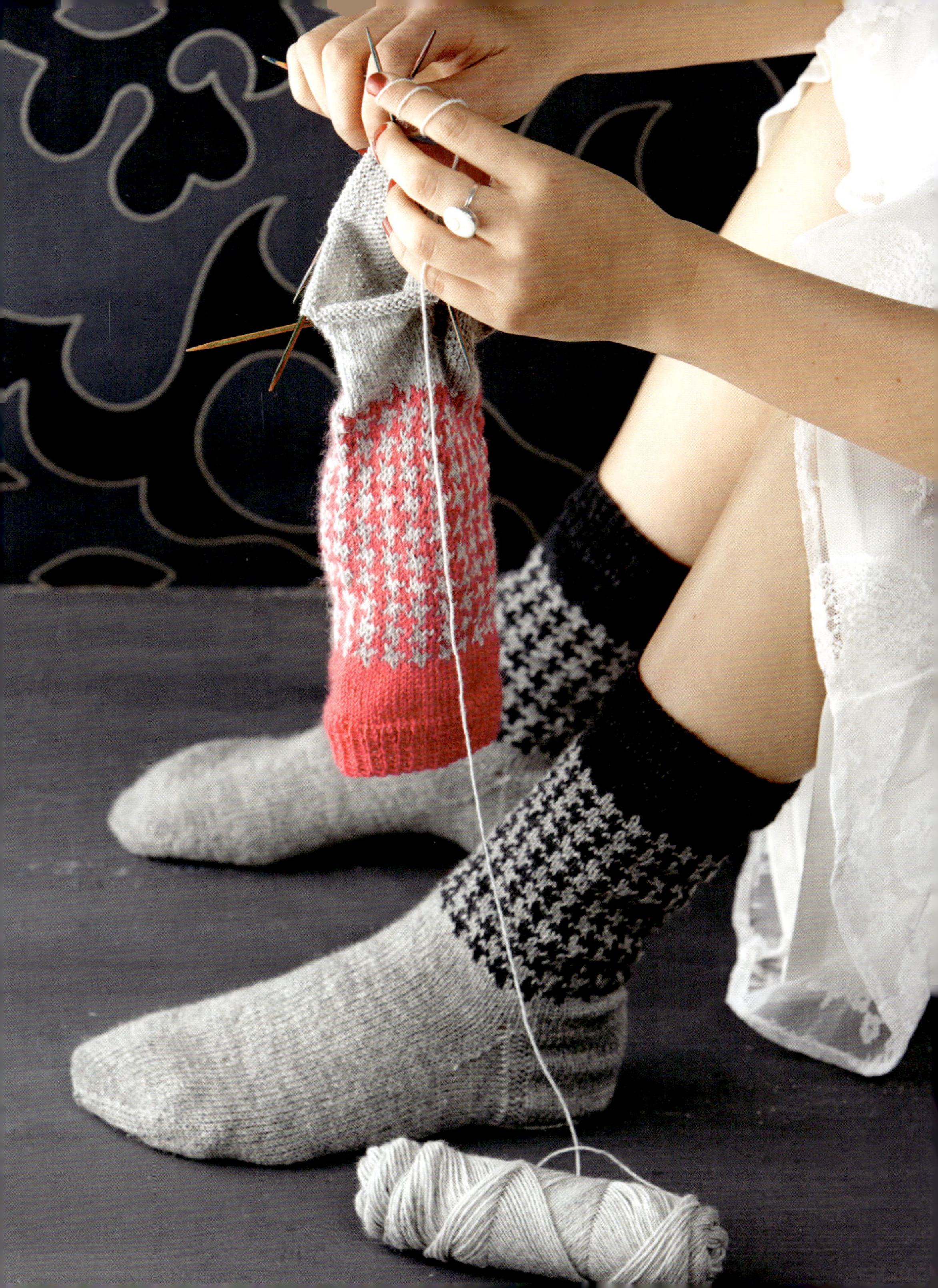

Socken stricken geht immer!

Nur mit einem Nadelspiel ausgerüstet und zwei oder drei Knäueln Wolle und schon kann man überall loslegen – denn das passt in jedes Gepäck.

Selbst gestrickte Socken sind ein willkommenes Geschenk und in der kalten Jahreszeit unverzichtbar.

In diesem Buch findest du abwechslungsreiche Designs, verschiedene Farbvarianten und wichtige Grundanleitungen.

Die kleinen Muster lassen sich von Größe 36 bis 45 stricken und sicher auch noch darüber hinaus. Im Kapitel „Die Socke“ findest du alles, was du dazu brauchst.

Wer sich noch nicht an das Stricken mit 2 Fäden traut, kann erst einmal mit Ringelsocken beginnen und später mit kleinen Mustern weitermachen.

Socken stricken ist keine Zauberei und nicht so schwierig, wie es vielleicht erscheinen mag. Bis auf wenige Ausnahmen wird in Runden glatt rechts gestrickt.

Ich hoffe, dass ich dich mit meiner Leidenschaft für bunte Socken anstecken kann und du genauso viel Spaß daran haben wirst wie ich.

Kerstin Balke

Grundanleitungs-Videos in der TOPP Digitalen Bibliothek **online**

Die Videos für den perfekten Einstieg findest du nach erfolgter Registrierung in deiner Digitalen Bibliothek:

www.topp-kreativ.de/digibib

Den Freischaltcode findest du im Impressum.

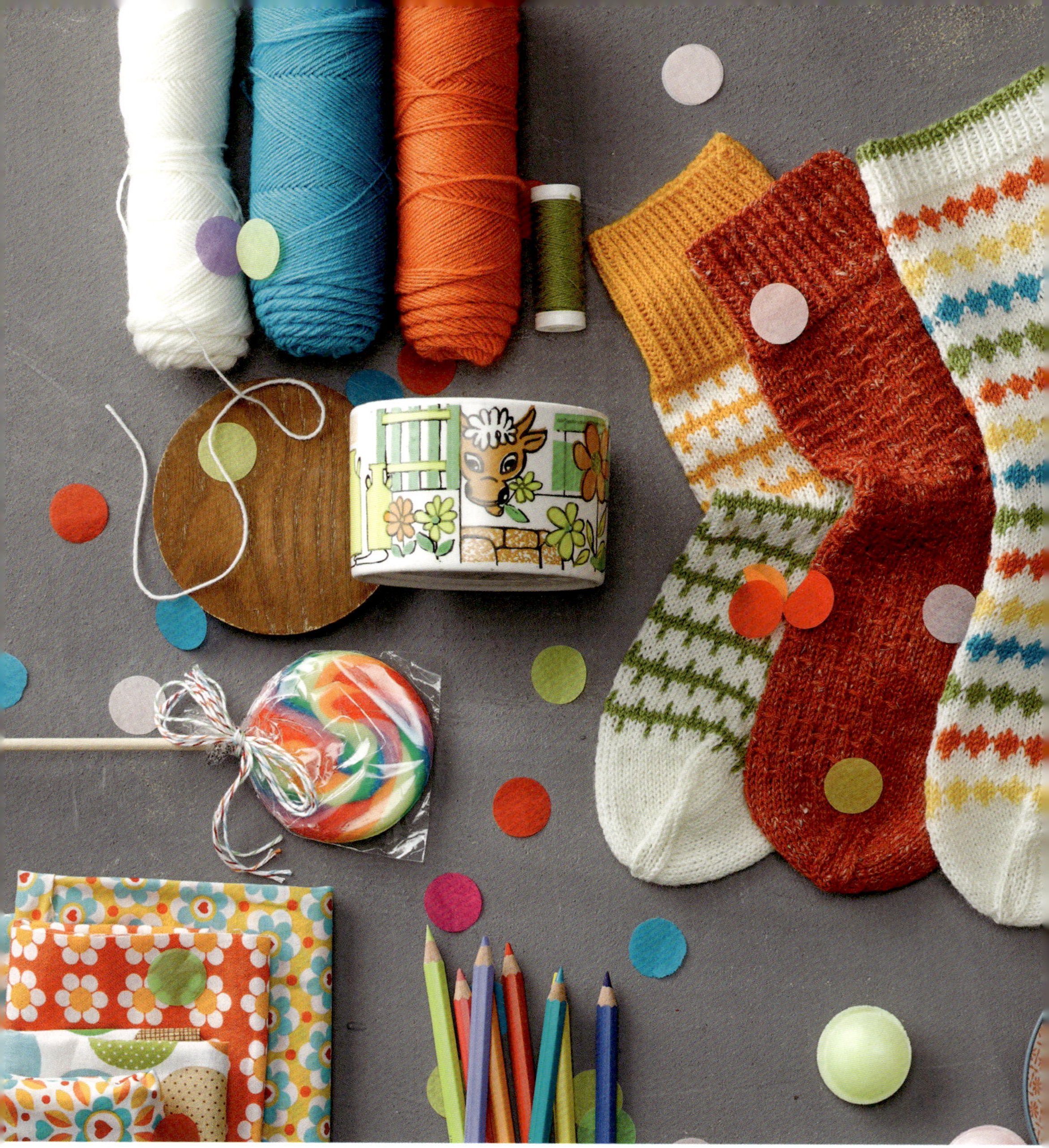

Mach dich auf

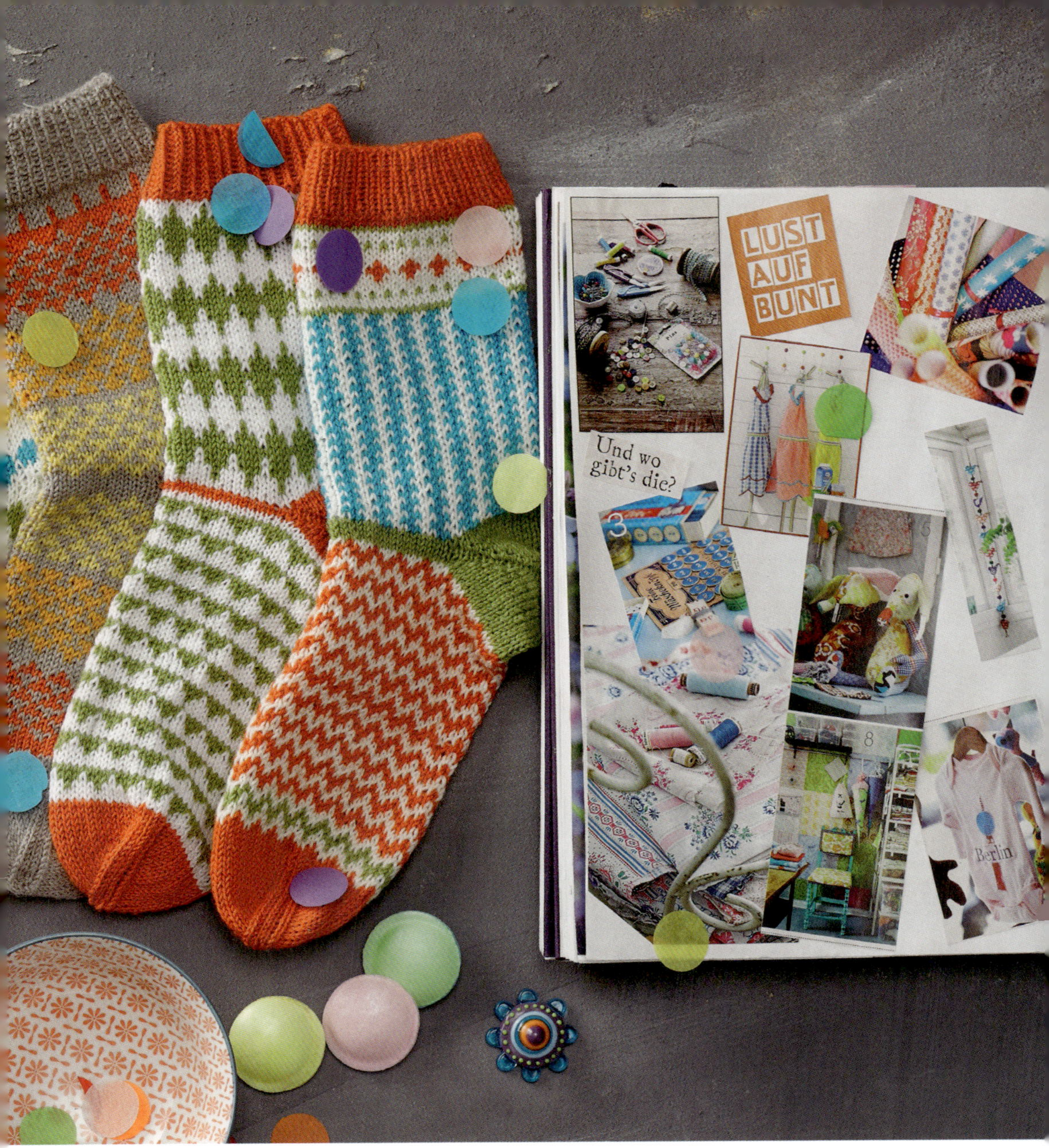

die Socken >>>>>>>>>

SOXX NO. 1

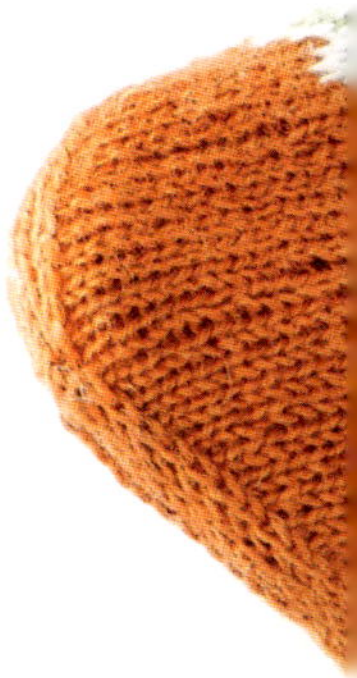

SCHWIERIGKEITSGRAD 3

GRÖSSE

38/39

MATERIAL

Lang Yarns Jawoll (LL ca. 210 m/50 g) in Offwhite (Fb 94), Mandarine (Fb 159), Türkis (Fb 279) und Kiwi (Fb 116), je 50 g

Nadelspiel 2,5–3,0 mm

MASCHENPROBE

Im Jacquardmuster mit Nd 2,5–3,0 mm 34 M und 42 Rd = 10 cm x 10 cm

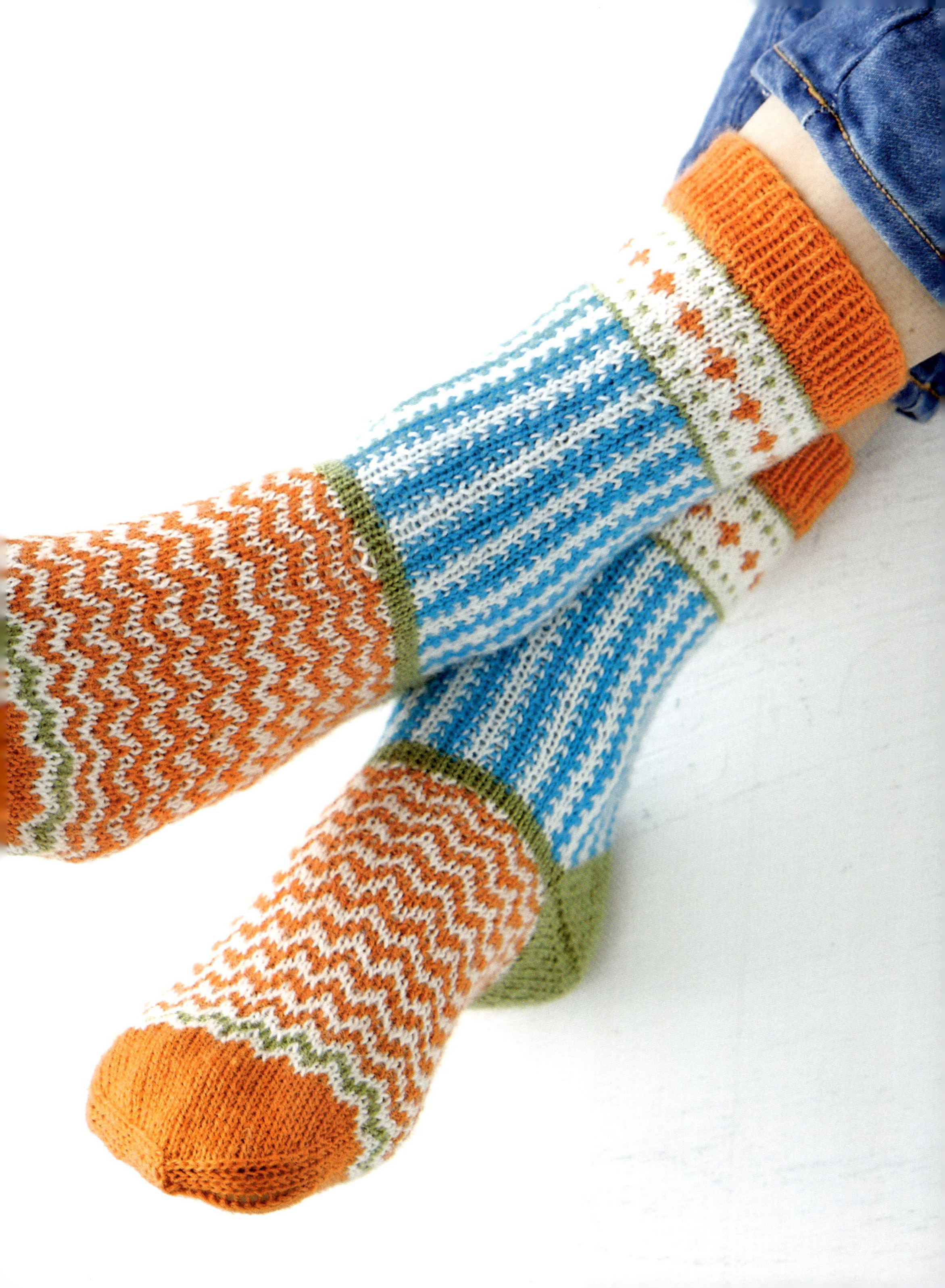

Glatt rechts

In Hinr rechte M, in Rückr linke M str, bzw. in Rd alle M rechts str.

Bündchenmuster

1 M rechts, 1 M links im Wechsel str.

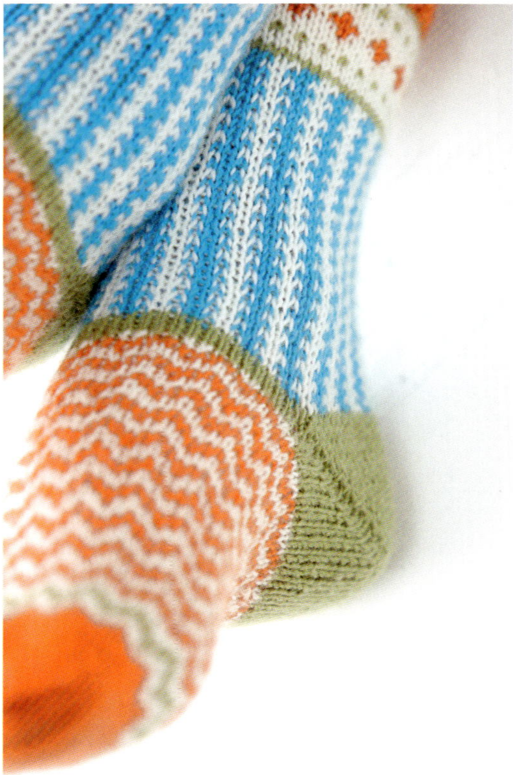

Jacquardmuster A-D

M-Zahl jeweils teilbar durch 4.
In allen Rd glatt rechts nach dem jeweiligen Zählmuster str. Den Rapport von 4 M fortlaufend wdh.

Jacquardmuster A

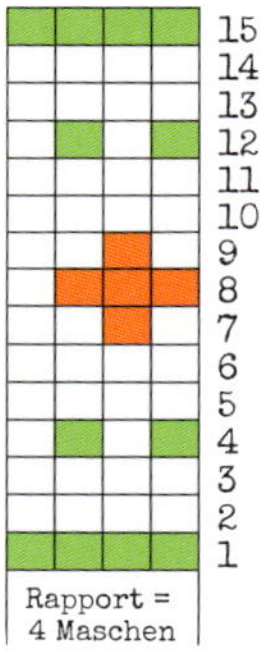

= Kiwi
= Offwhite
= Mandarine

Jacquardmuster B

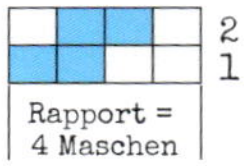

= Offwhite
= Türkis

Jacquardmuster C

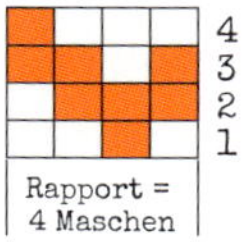

= Offwhite
= Mandarine

Jacquardmuster D

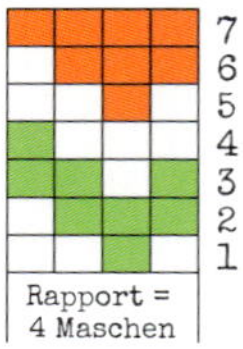

= Offwhite
= Kiwi
= Mandarine

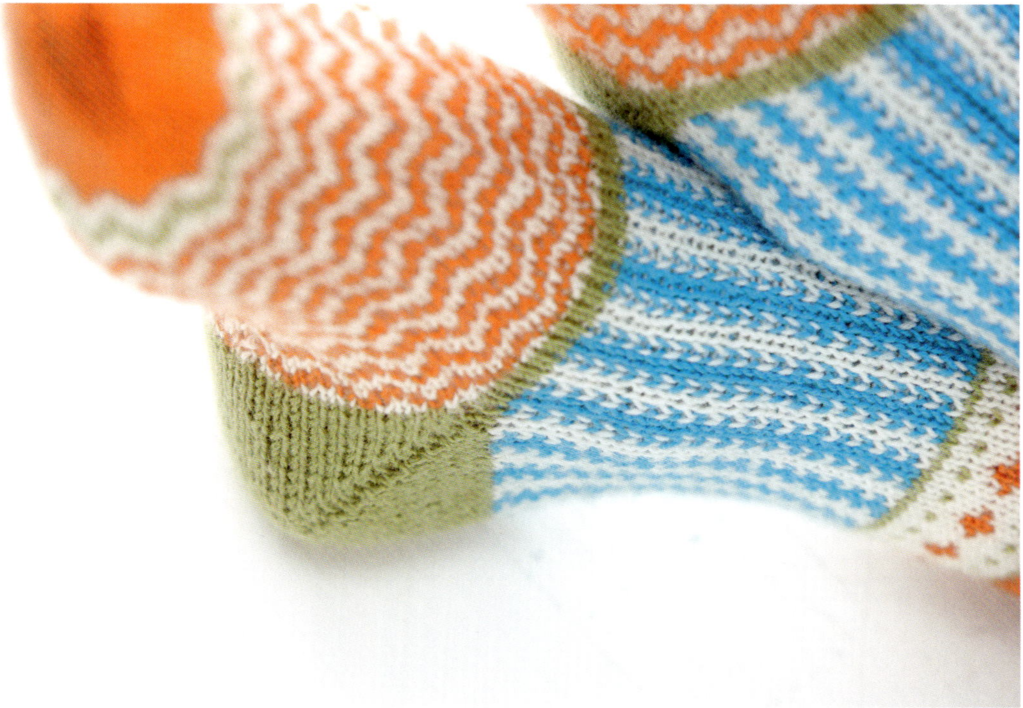

ANLEITUNG

64 M in Mandarine anschl, gleichmäßig auf 4 Spielnd verteilen (= 16 M pro Nd) und zur Rd schließen.

Für das BÜNDCHEN 13 Rd (= 3 cm) im Bündchenmuster str.

Den SCHAFT glatt rechts im Jacquardmuster A in Kiwi, Offwhite und Mandarine beginnen. Die 1.–15. Rd des Zählmusters 1x str. Die Fäden in Mandarine und Kiwi abschneiden. Im Jacquardmuster B in Offwhite und Türkis weiterarb. Die 1. und 2. Rd des Zählmusters 16x str.

Anschließend beide Fäden abschneiden und den Schaft mit 1 Rd in Kiwi beenden. Den Faden abschneiden.

Nun die BUMERANGFERSE glatt rechts in Kiwi über die 32 M der 4. und 1. Nd nach der Grundanleitung arb (siehe Seite 181).

Den FUSS glatt rechts in Rd über alle 4 Spielnd str. Mit 1 Rd in Kiwi beginnen, anschließend den Faden abschneiden. Danach im Jacquardmuster C in Offwhite und Mandarine arb. Die 1.–4. Rd des

Zählmusters 10x str. Anschließend im Jacquardmuster D in Offwhite, Kiwi und Mandarine weiterarb. Die 1.–7. Rd des Zählmusters 1x str. Den Faden in Kiwi und den Faden in Offwhite abschneiden und den Fuß in Mandarine beenden. Dabei nach 17,5 cm ab Fersenmitte mit den Abnahmen für die Bandspitze beginnen.

Die BANDSPITZE nach der Grundanleitung (siehe Seite 187) in Mandarine arb. Anschließend den Faden abschneiden und nach innen ziehen.
Alle Fäden vernähen.
Die zweite Socke genauso arb.

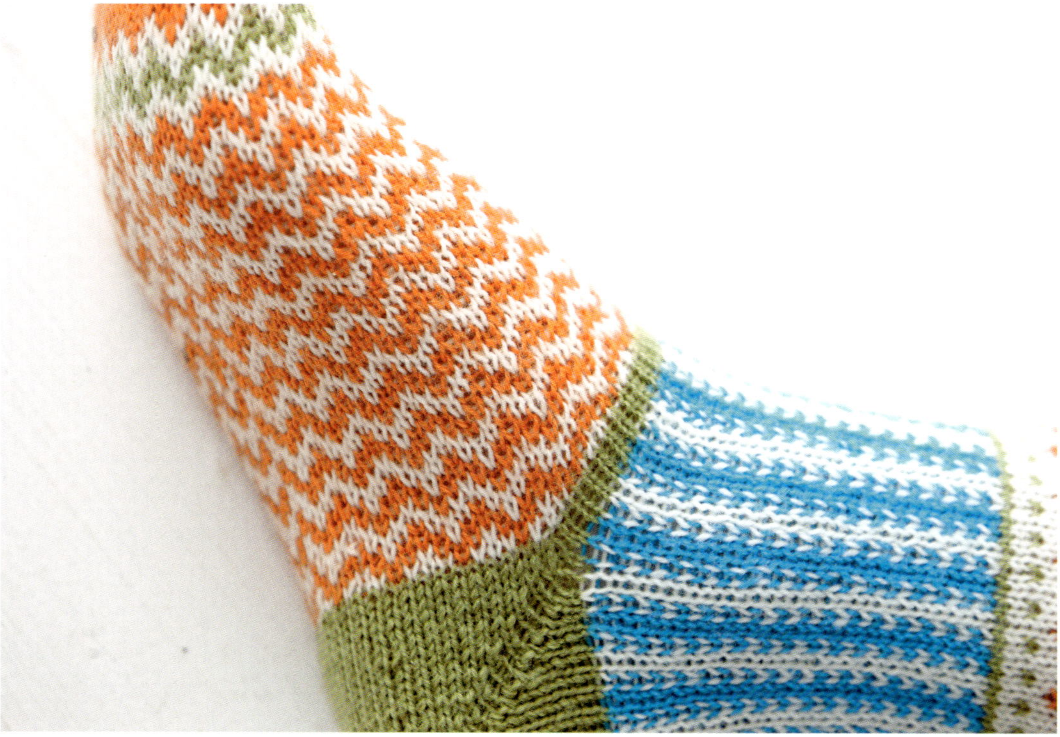

HINWEISE ZUM STRICKEN VON ANDEREN GRÖSSEN

GRÖSSE 36/37
64 M anschl (= 16 M pro Nd).
Fuß, Jacquardmuster C: Die 1.–4. Rd des Zählmusters 7x str.
Nach Anleitung weiterarb und nach 16 cm ab Fersenmitte mit den Abnahmen für die Bandspitze beginnen.

GRÖSSE 40/41
68 M anschl (= 17 M pro Nd).
Fuß, Jacquardmuster C: Die 1.–4. Rd des Zählmusters 10x str.
Nach Anleitung weiterarb und nach 19 cm ab Fersenmitte mit den Abnahmen für die Bandspitze beginnen.

GRÖSSE 42/43
68 M anschl (= 17 M pro Nd).
Fuß, Jacquardmuster C: Die 1.–4. Rd des Zählmusters 11x str.
Nach Anleitung weiterarb und nach 20,5 cm ab Fersenmitte mit den Abnahmen für die Bandspitze beginnen.

GRÖSSE 44/45
72 M anschl (= 18 M pro Nd).
Fuß, Jacquardmuster C: Die 1.–4. Rd des Zählmusters 12x str.
Nach Anleitung weiterarb und nach 22 cm ab Fersenmitte mit den Abnahmen für die Bandspitze beginnen.

SOXX NO. 2

SCHWIERIGKEITSGRAD 3

GRÖSSE

38/39

MATERIAL

Lang Yarns Jawoll (LL ca. 210 m/50 g) in Weiß (Fb 01), Mandarine (Fb 159) und Kiwi (Fb 116), je 50 g

Nadelspiel 2,5–3,0 mm

MASCHENPROBE

Im Jacquardmuster mit Nd 2,5–3,0 mm 32 M und 42 Rd = 10 cm x 10 cm

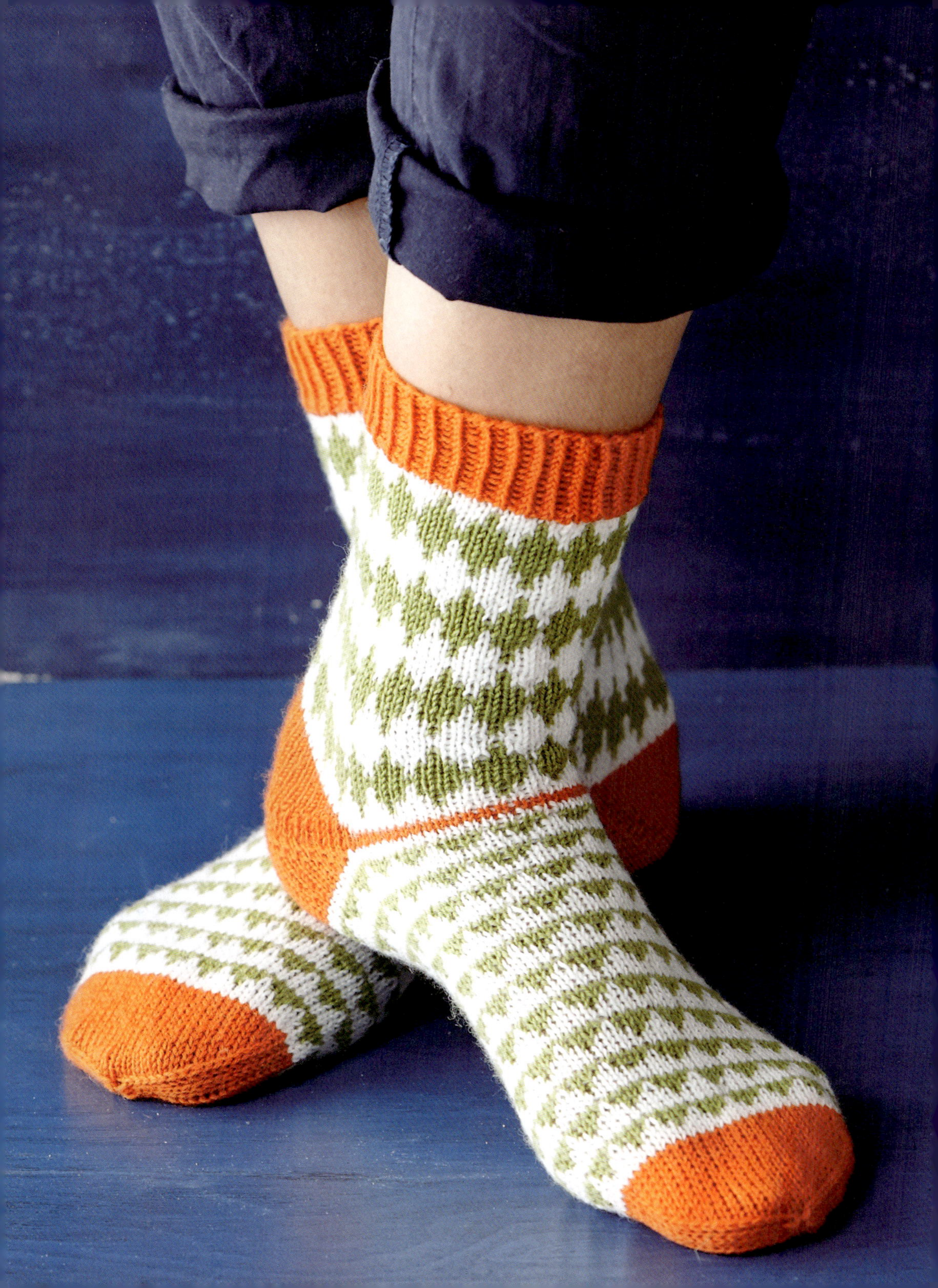

Glatt rechts

In Hinr rechte M, in Rückr linke M str, bzw. in Rd alle M rechts str.

Bündchenmuster

1 M rechts verschränkt, 1 M links im Wechsel str.

Rechts verschränkte Maschen

In das hintere M-Glied von rechts nach links einstechen und die M rechts abstr, sodass sich die M verdreht.

Jacquardmuster A und B

M-Zahl jeweils teilbar durch 4.
In allen Rd glatt rechts nach dem jeweiligen Zählmuster str. Den Rapport von jeweils 4 M fortlaufend wdh.

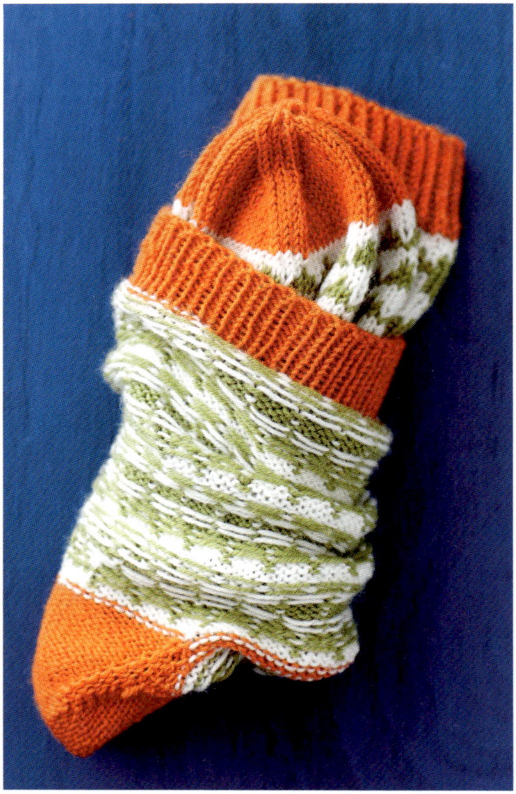

Jacquardmuster A

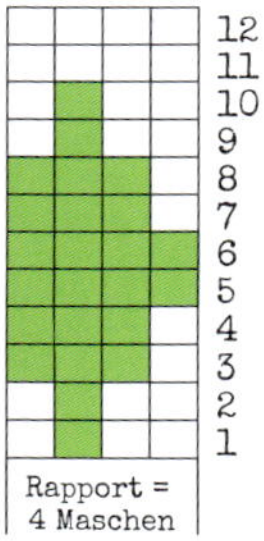

☐ = Weiß
■ = Kiwi

Jacquardmuster B

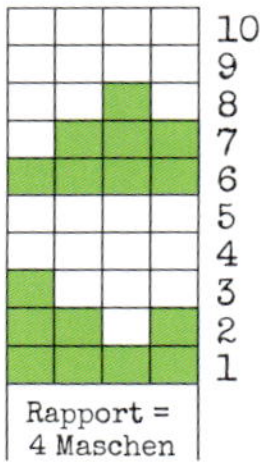

■ = Kiwi
☐ = Weiß

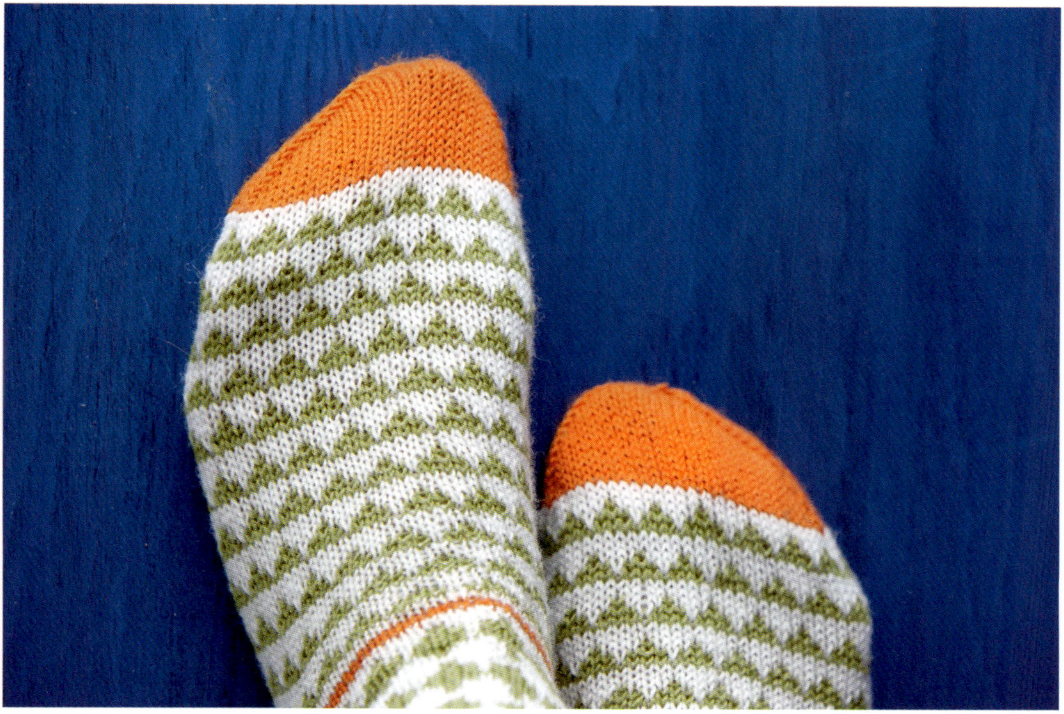

ANLEITUNG

64 M in Mandarine anschl, gleichmäßig auf 4 Spielnd verteilen (= 16 M pro Nd) und zur Rd schließen.
Für das BÜNDCHEN 12 Rd (= 3 cm) im Bündchenmuster str. Den Faden abschneiden und den SCHAFT mit 1 Rd in Weiß beginnen. Anschließend im Jacquardmuster A in Weiß und Kiwi weiterarb. Die 1.–12. Rd des Zählmusters 4x str. Beide Fäden abschneiden.

Nun die BUMERANGFERSE glatt rechts in Mandarine über die 32 M der 4. und 1. Nd nach der Grundanleitung arb (siehe Seite 181) und anschließend den Faden abschneiden.
Den FUSS glatt rechts in Rd über alle 4 Spielnd str. Mit 2 Rd in Weiß beginnen. Danach im Jacquardmuster B in Kiwi und Weiß weiterarb. Die 1.–10. Rd des Zählmusters 5x str, dann die 1.–5. Rd

HINWEISE ZUM STRICKEN VON ANDEREN GRÖSSEN

GRÖSSE 36/37
64 M anschl (= 16 M pro Nd).
Fuß, Jacquardmuster B: Die 1.–10. Rd des Zählmusters 4x und die 1.–5. Rd 1x str. Nach Anleitung weiterarb und nach 16 cm ab Fersenmitte mit den Abnahmen für die Bandspitze beginnen.

GRÖSSE 40/41
68 M anschl (= 17 M pro Nd).
Fuß, Jacquardmuster B: Die 1.–10. Rd des Zählmusters 6x str. Nach Anleitung weiterarb und nach 19 cm ab Fersenmitte mit den Abnahmen für die Bandspitze beginnen.

GRÖSSE 42/43
68 M anschl (= 17 M pro Nd).
Fuß, Jacquardmuster B: Die 1.–10. Rd des Zählmusters 6x und die 1.–5. Rd 1x str. Nach Anleitung weiterarb und nach 20,5 cm ab Fersenmitte mit den Abnahmen für die Bandspitze beginnen.

GRÖSSE 44/45
72 M anschl (= 18 M pro Nd).
Fuß, Jacquardmuster B: Die 1.–10. Rd des Zählmusters 7x str, nach Anleitung weiterarb und nach 22 cm ab Fersenmitte mit den Abnahmen für die Bandspitze beginnen.

noch 1x arb. Die Fäden in Kiwi und Weiß abschneiden und den Fuß mit Mandarine beenden. Dabei nach 17,5 cm ab Fersenmitte mit den Abnahmen für die Bandspitze beginnen.

Die BANDSPITZE nach der Grundanleitung (siehe Seite 187) in Mandarine arb. Den Faden abschneiden und nach innen ziehen.
Alle Fäden vernähen.
Die zweite Socke genauso arb.

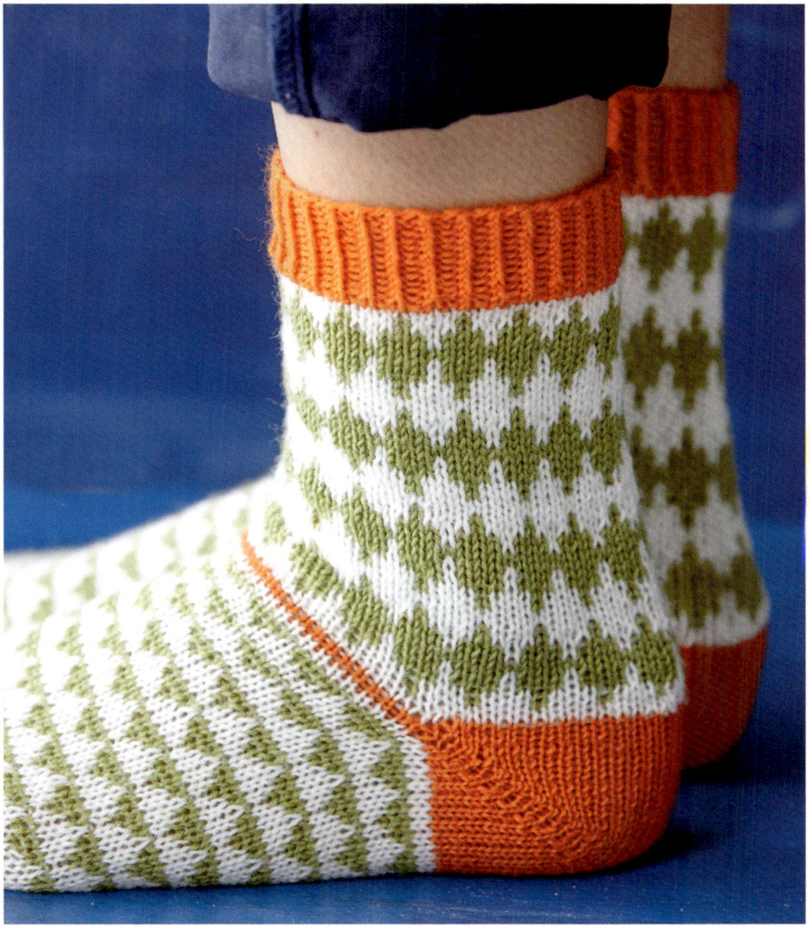

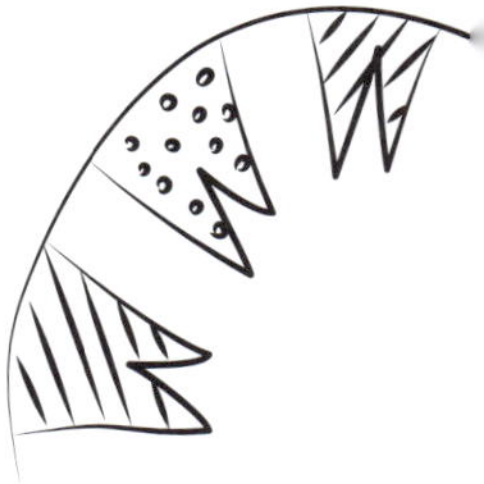

SOXX NO. 3

SCHWIERIGKEITSGRAD 3

GRÖSSE

38/39

MATERIAL

Lang Yarns Jawoll (LL ca. 210 m/50 g) in Hellbeige Mélange (Fb 22), Mandarine (Fb 159), Gelb (Fb 43) und Goldgelb (Fb 249), je 50 g

Nadelspiel 2,5–3,0 mm

MASCHENPROBE

Im Jacquardmuster mit Nd 2,5–3,0 mm
34 M und 36 Rd = 10 cm x 10 cm

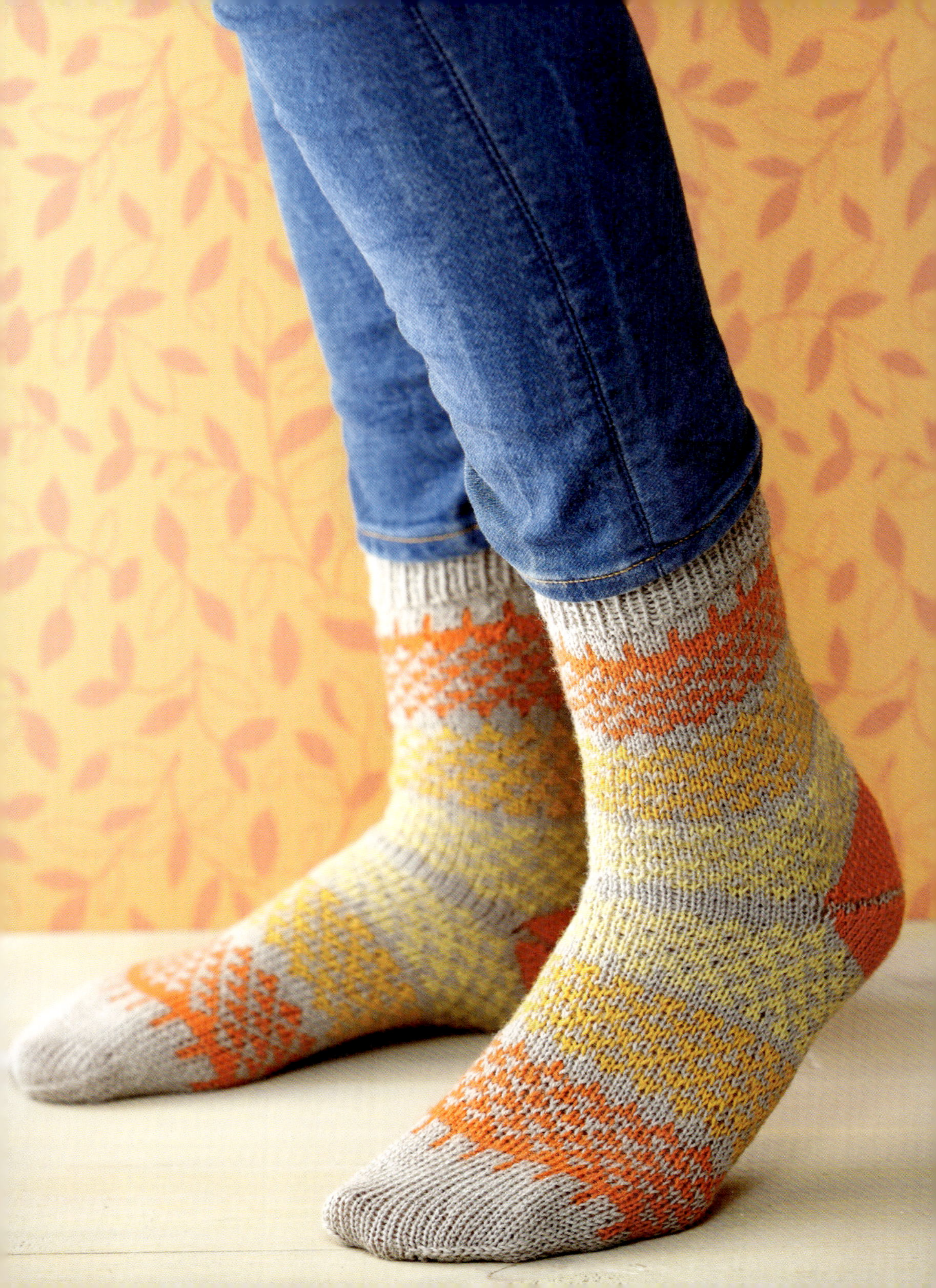

Glatt rechts

In Hinr rechte M, in Rückr linke M str, bzw. in Rd alle M rechts str.

Bündchenmuster

1 M rechts, 1 M links im Wechsel str.

Jacquardmuster A-H

M-Zahl jeweils teilbar durch 4.
In allen Rd glatt rechts nach dem jeweiligen Zählmuster str. Den Rapport von jeweils 4 M fortlaufend wdh.

ANLEITUNG

64 M in Hellbeige Mélange anschl, gleichmäßig auf 4 Spielnd (= 16 M pro Nd) verteilen und zur Rd schließen.
Für das BÜNDCHEN 15 Rd (= 3 cm) im Bündchenmuster str.
Den SCHAFT glatt rechts str. Mit 2 Rd Hellbeige Mélange beginnen, dann im Jacquardmuster A in Hellbeige Mélange und Mandarine weiterarb. Die 1.–4. Rd des Zählmusters 1x str. Anschließend im Jacquardmuster B die 1.–4. Rd des Zählmusters 3x str. Den Faden in Mandarine

Jacquardmuster A

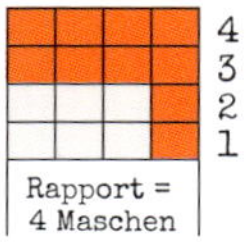

= Mandarine
= Hellbeige Mélange

Jacquardmuster B

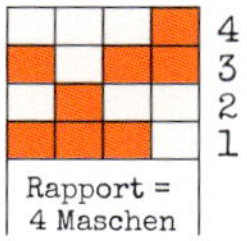

= Hellbeige Mélange
= Mandarine

Jacquardmuster C

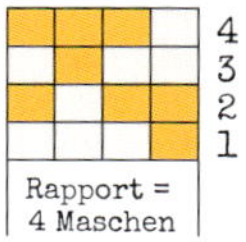

= Goldgelb
= Hellbeige Mélange

Jacquardmuster D

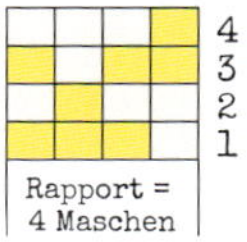

= Hellbeige Mélange
= Gelb

Jacquardmuster E

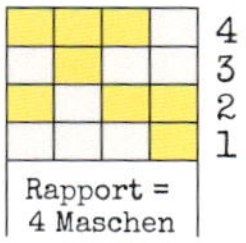

= Gelb
= Hellbeige Mélange

Jacquardmuster F

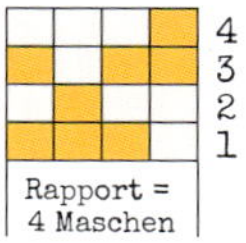

= Hellbeige Mélange
= Goldgelb

Jacquardmuster G

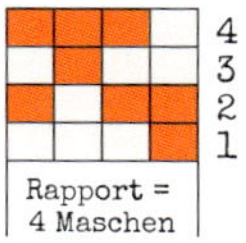

= Mandarine
= Hellbeige Mélang

Jacquardmuster H

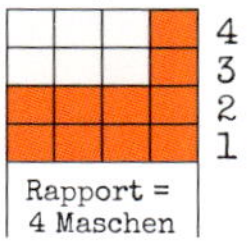

= Mandarine
= Hellbeige Mélange

abschneiden und 2 Rd in Hellbeige Mélange arb. Nun im Jacquardmuster C in Goldgelb und Hellbeige Mélange weiterstr. Die 1.–4. Rd des Zählmusters 3x arb. Den Faden in Goldgelb abschneiden und 2 Rd in Hellbeige Mélange str. Anschließend im Jacquardmuster D in Gelb und Hellbeige Mélange weiterarb. Die 1.–4. Rd des Zählmusters 3x str. Den Schaft mit 1 Rd Hellbeige Mélange abschließen. Den Faden in Hellbeige Mélange und den Faden in Gelb abschneiden.

Nun die BUMERANGFERSE glatt rechts in Mandarine über die 32 M der 4. und 1. Nd nach der Grundanleitung arb (siehe Seite 181). Nach dem ersten (oberen) Teil der Ferse die 2 Rd über alle M in Hellbeige Mélange str. Anschließend den Faden abschneiden und den zweiten (unteren) Teil der Ferse in Mandarine beenden. Den Faden in Mandarine abschneiden.

Den FUSS glatt rechts in Rd über alle M der 4 Spielnd str. Mit 1 Rd Hellbeige Mélange beginnen. Danach im Jacquardmuster E in Gelb und Hellbeige Mélange weiterarb. Die 1.–4. Rd des Zählmusters 3x str. Den Faden in Gelb abschneiden und 2 Rd in Hellbeige Mélange arb. Anschließend im Jacquardmuster F in Goldgelb und Hellbeige Mélange weiterstr. Die 1.–4. Rd des Zählmusters 3x arb. Den Faden in Goldgelb abschneiden und 2 Rd in Hellbeige Mélange str. Nun im Jacquardmuster G in Mandarine und Hellbeige Mélange weiterarb. Die 1.–4. Rd des Zählmusters 3x und anschließend im Jacquardmuster H die 1.–4. Rd des Zählmusters 1x str. Den Faden in Mandarine abschneiden und den Fuß mit Hellbeige Mélange beenden. Dabei nach 20 cm ab Fersenmitte mit den Abnahmen für die stumpfe Spitze beginnen.

Die STUMPFE SPITZE nach der Grundanleitung arb (siehe Seite 187). Die Öffnung im M-Stich schließen (siehe Seite 188).

Die Fäden vernähen.

Die zweite Socke genauso arb.

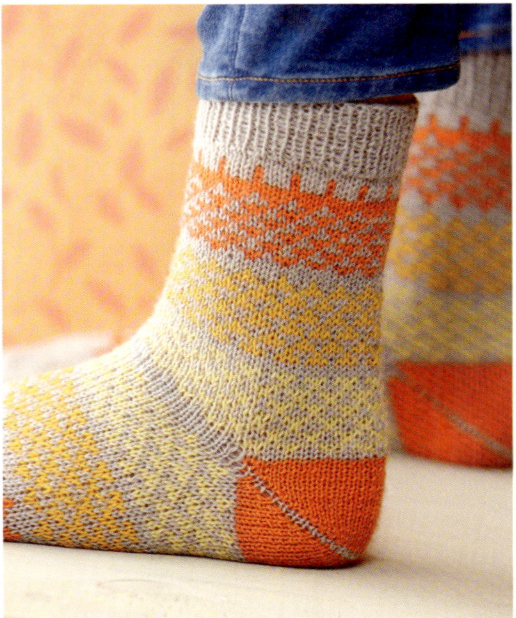

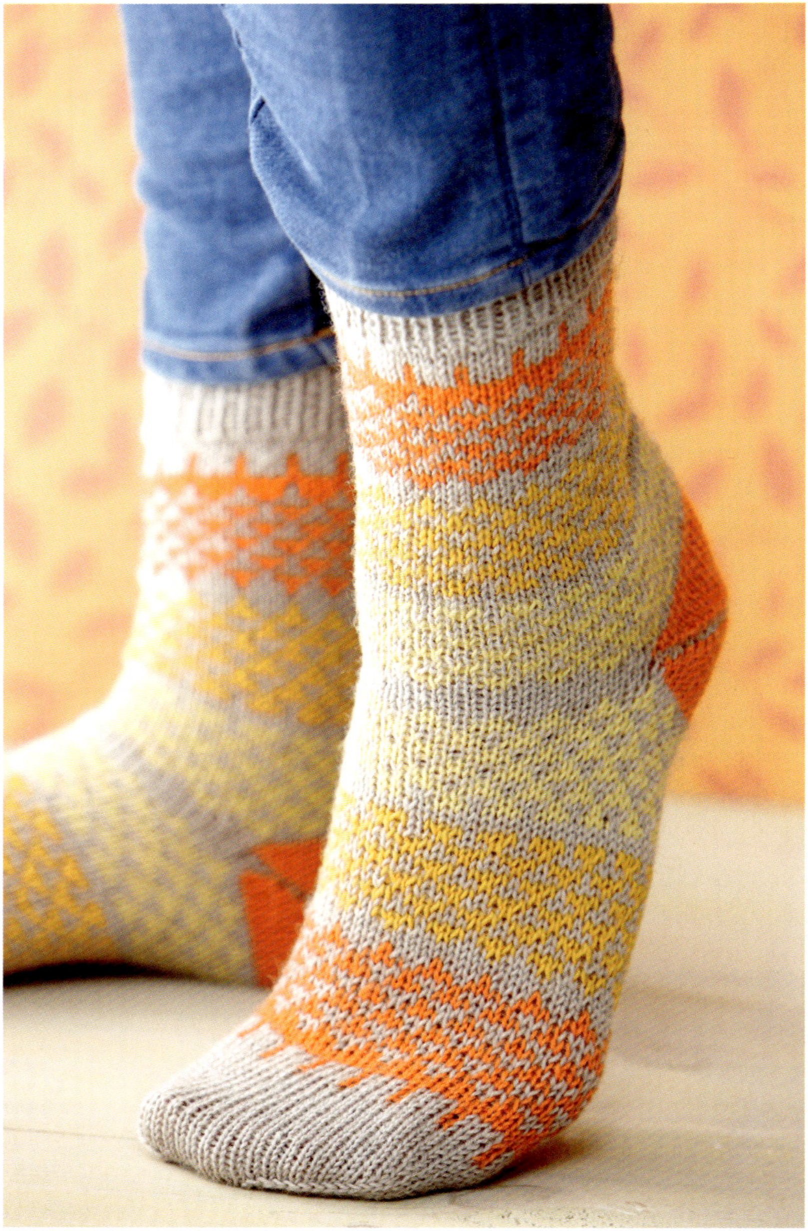

HINWEISE ZUM STRICKEN VON ANDEREN GRÖSSEN

GRÖSSE 36/37
64 M anschl (= 16 M pro Nd).
Fuß:
Jacquardmuster E: Die 1.–4. Rd des Zählmusters 3x str.
Jacquardmuster F: Die 1.–4. Rd des Zählmusters 2x str.
Jacquardmuster G: Die 1.–4. Rd des Zählmusters 3x str.
Nach Anleitung weiterarb und nach 18,5 cm ab Fersenmitte mit den Abnahmen für die stumpfe Spitze beginnen.

GRÖSSE 40/41
68 M anschl (= 17 M pro Nd).
Fuß:
Jacquardmuster E: Die 1.–4. Rd des Zählmusters 3x str.
Jacquardmuster F: Die 1.–4. Rd des Zählmusters 4x str.
Jacquardmuster G: Die 1.–4. Rd des Zählmusters 3x str.
Nach Anleitung weiterarb und nach 21,5 cm ab Fersenmitte mit den Abnahmen für die stumpfe Spitze beginnen.

GRÖSSE 42/43
68 M anschl (= 17 M pro Nd).
Fuß:
Jacquardmuster E: Die 1.–4. Rd des Zählmusters 4x str.
Jacquardmuster F: Die 1.–4. Rd des Zählmusters 4x str.
Jacquardmuster G: Die 1.–4. Rd des Zählmusters 4x str.
Nach Anleitung weiterarb und nach 23 cm ab Fersenmitte mit den Abnahmen für die stumpfe Spitze beginnen.

SOXX No. 4

SCHWIERIGKEITSGRAD 2

GRÖSSE

38/39

MATERIAL

Schoppel ALB Lino (LL 400 m/100 g)
in Papaya (Fb 701), 100 g

Nadelspiel 3,0–4,0 mm

MASCHENPROBE

Im Muster mit überzogenen Umschlägen
mit Nd 3,0–4,0 mm
28 M und 38 Rd = 10 cm x 10 cm

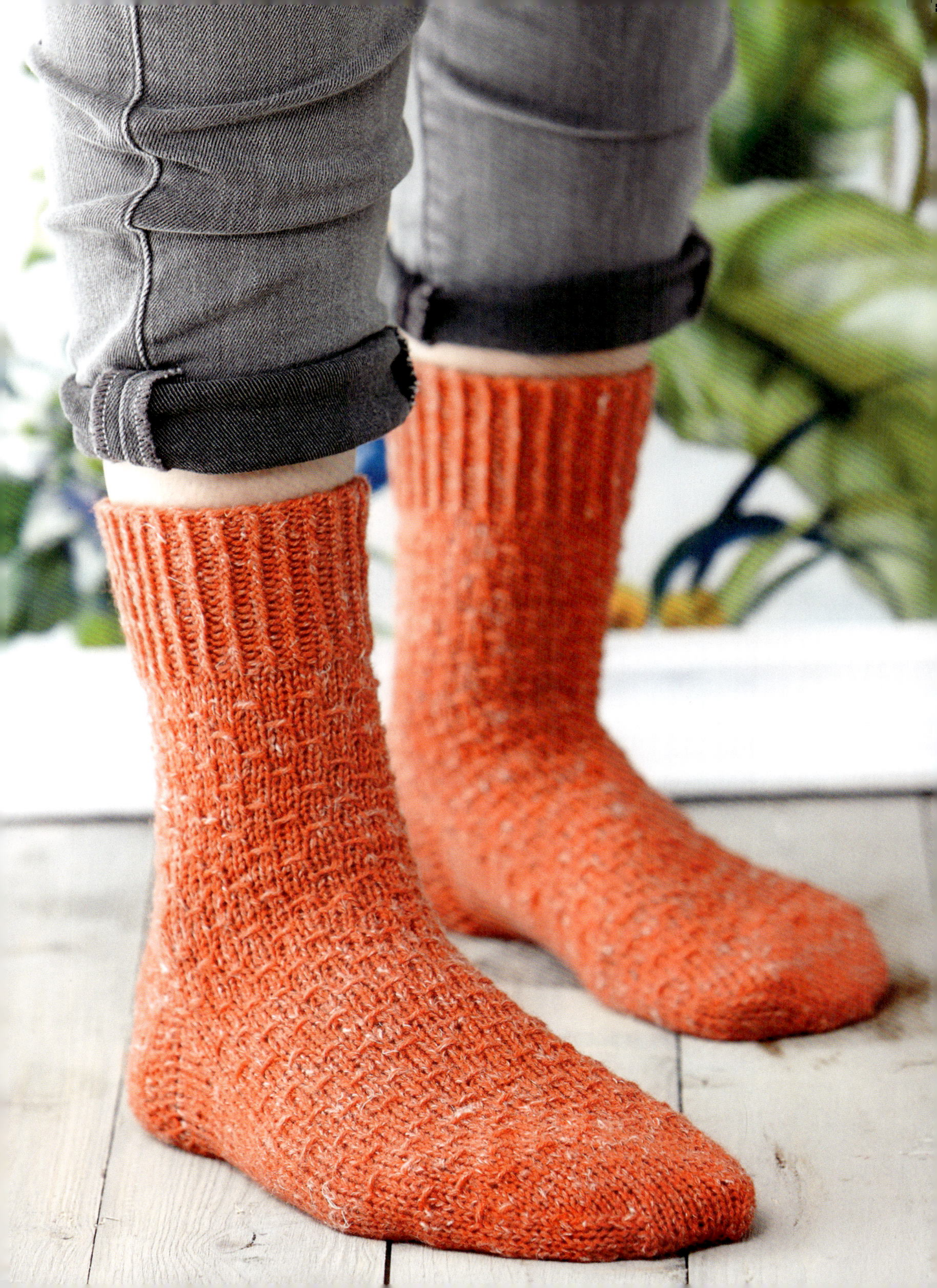

Glatt rechts

In Hinr rechte M, in Rückr linke M str, bzw. in Rd alle M rechts str.

Rechts verschränkte Maschen

In das hintere M-Glied von rechts nach links einstechen und die M rechts abstr, sodass sich die M verdreht.

Muster mit überzogenen Umschlägen

1. Rd: * 2 M rechts, 1 U, 2 M rechts, den U über die beiden M ziehen, ab * fortlaufend wdh.
2.+3. Rd: Alle M rechts str.
4. Rd: * 1 U, 2 M rechts, den U über die beiden M ziehen, 2 M rechts, ab * fortlaufend wdh.
5.+6. Rd: Alle M rechts str.
Die 1.–6. Rd fortlaufend wdh.

Bündchenmuster

1 M rechts verschränkt, 1 M links im Wechsel str.

ANLEITUNG

56 M anschl, gleichmäßig auf 4 Spielnd verteilen und zur Rd schließen (= 14 M pro Nd).
Für das BÜNDCHEN 20 Rd (= 5,5 cm) im Bündchenmuster str.
Den SCHAFT mit 4 Rd glatt rechts beginnen und anschließend zum Muster mit überzogenen Umschlägen wechseln. Bis zur Ferse die 1.–6. Rd des Musters 5x arbeiten.
Die KÄPPCHENFERSE glatt rechts über die 28 M der 4. und 1. Nd nach der Grundanleitung str (siehe Seite 184).
Den FUSS wieder in Rd über alle M der 4 Spielnd arb. Die M der 4. und 1. Nd bilden die Fußsohle, die bis zum Schluss glatt rechts gestrickt wird. Das Muster mit überzogenen Umschlägen auf dem Oberfuß (2. und 3. Nd) fortführen, dabei darauf achten, dass das Muster regelmäßig versetzt wird. Die 1.–6. Rd 9x wdh und anschließend die 1. Rd noch 1x arb. Weiter glatt rechts str, bis eine Länge von 20 cm ab Fersenmitte erreicht ist. Dann mit den Abnahmen für die stumpfe Spitze beginnen.
Die STUMPFE SPITZE nach der Grundanleitung arb (siehe Seite 187). Die Öffnung im M-Stich schließen (siehe Seite 188).
Die Fäden vernähen.
Die zweite Socke genauso arb.

HINWEISE ZUM STRICKEN VON ANDEREN GRÖSSEN

GRÖSSE 36/37
56 M anschl (= 14 M pro Nd).
Fuß: Die 1.–6. Rd des Musters 8x str, dann die 1. Rd noch 1x str. Nach Anleitung weiterarb und nach 18,5 cm ab Fersenmitte mit den Abnahmen für die stumpfe Spitze beginnen.

GRÖSSE 40/41
60 M anschl (= 15 M pro Nd).
Fuß: Die 1.–6. Rd des Musters 10x str, dann die 1. Rd noch 1x str. Nach Anleitung weiterarb und nach 21,5 cm ab Fersenmitte mit den Abnahmen für die stumpfe Spitze beginnen.

GRÖSSE 42/43
60 M anschl (= 15 M pro Nd).
Fuß: Die 1.–6. Rd des Musters 11x str, dann die 1. Rd noch 1x str. Nach Anleitung weiterarb und nach 23 cm ab Fersenmitte mit den Abnahmen für die stumpfe Spitze beginnen.

GRÖSSE 44/45
64 M anschl (= 16 M pro Nd),
Fuß: Die 1.–6. Rd des Musters 11x str, dann die 1. Rd noch 1x str. Nach Anleitung weiterarb und nach 24,5 cm ab Fersenmitte mit den Abnahmen für die stumpfe Spitze beginnen.

SOXX NO. 5

SCHWIERIGKEITSGRAD 2

GRÖSSE

38/39

MATERIAL

Lang Yarns Jawoll (LL ca. 210 m/50 g) in Offwhite (Fb 94), Mandarine (Fb 159), Türkis (Fb 279), Gelb (Fb 43) und Kiwi (Fb 116), je 50 g

Nadelspiel 2,5–3,0 mm

MASCHENPROBE

Im Jacquardmuster mit Nd 2,5–3,0 mm
32 M und 42 Rd = 10 cm x 10 cm

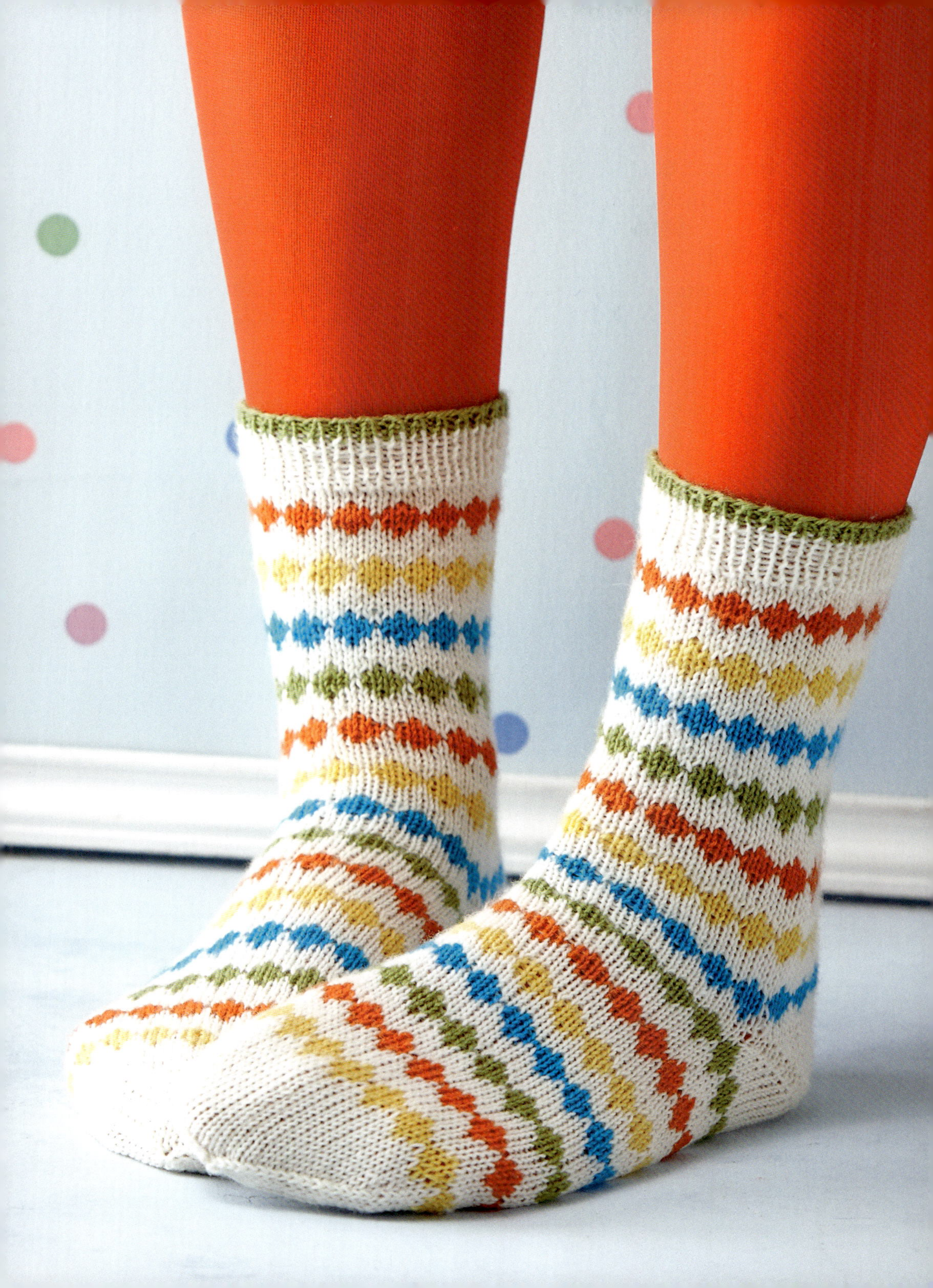

Glatt rechts

In Hinr rechte M, in Rückr linke M str, bzw. in Rd alle M rechts str.

Bündchenmuster

1 M rechts, 1 M links im Wechsel str.

Jacquardmuster

M-Zahl teilbar durch 4.
In allen Rd glatt rechts nach dem Zählmuster str. Den Rapport von 4 M fortlaufend wdh.
Nach jedem farbigen Muster den Faden dieser Farbe abschneiden.

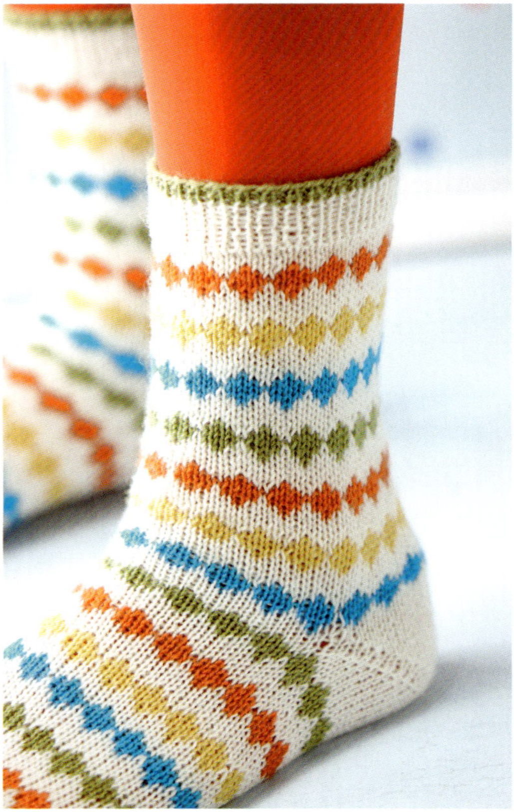

Jacquardmuster

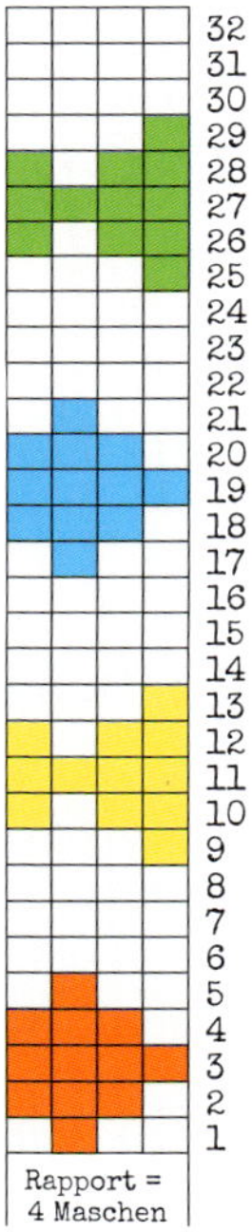

= Offwhite
= Mandarine
= Gelb
= Türkis
= Kiwi

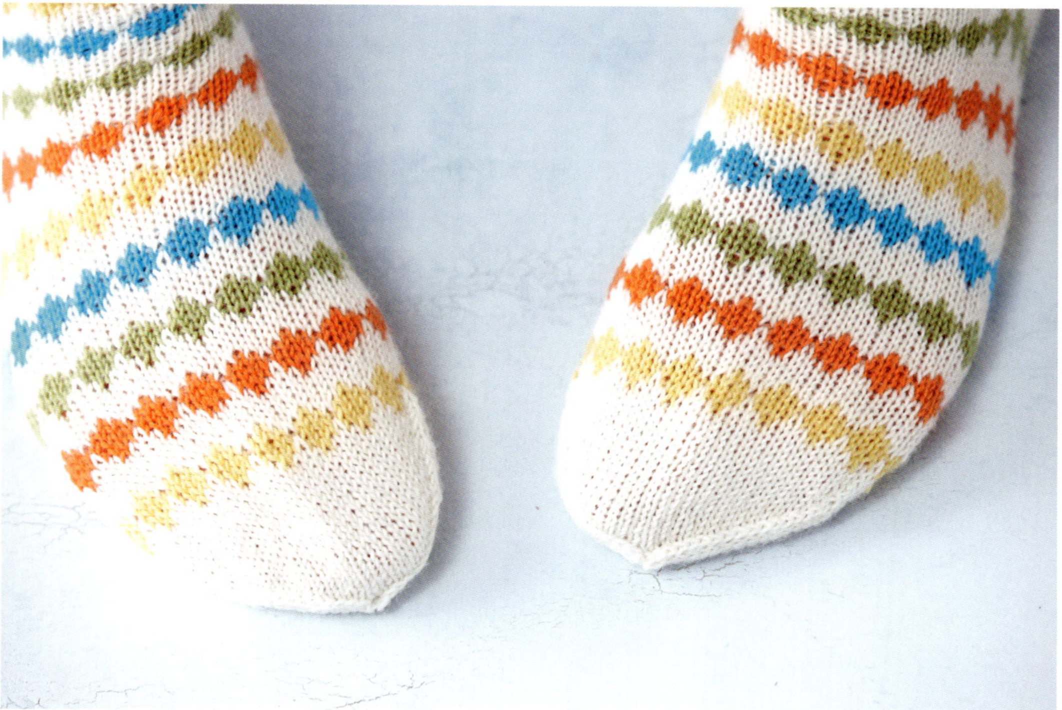

ANLEITUNG

64 M in Kiwi anschl, gleichmäßig auf 4 Spielnd verteilen (= 16 M pro Nd) und zur Rd schließen.
Für das BÜNDCHEN 2 Rd in Kiwi und 10 Rd in Offwhite im Bündchenmuster str (= 3 cm). Den Faden in Kiwi abschneiden.
Den SCHAFT glatt rechts mit 2 Rd in Offwhite beginnen. Anschließend im Jacquardmuster in Offwhite, Gelb, Türkis, Kiwi und Mandarine weiterstr. Die 1.-32. Rd des Zählmusters 1x str, dann die 1.-21. Rd noch 1x arb.

Nun die BUMERANGFERSE glatt rechts in Offwhite über die 32 M der 4. und 1. Nd nach der Grundanleitung arb (siehe Seite 181).
Den FUSS in Rd über alle M der 4 Spielnd im Jacquardmuster in Offwhite, Kiwi, Mandarine, Gelb und Türkis arb. Die 24.-32. Rd des Zählmusters 1x str, anschließend die 1.-32. Rd 1x arb, dann noch 1x die 1.-13. Rd str. Nach 17,5 cm ab Fersenmitte mit den Abnahmen für die Bandspitze beginnen.

Die BANDSPITZE in Offwhite nach der Grundanleitung arb (siehe Seite 187).
Den Faden abschneiden und nach innen ziehen.
Alle Fäden vernähen.
Die zweite Socke genauso arb.

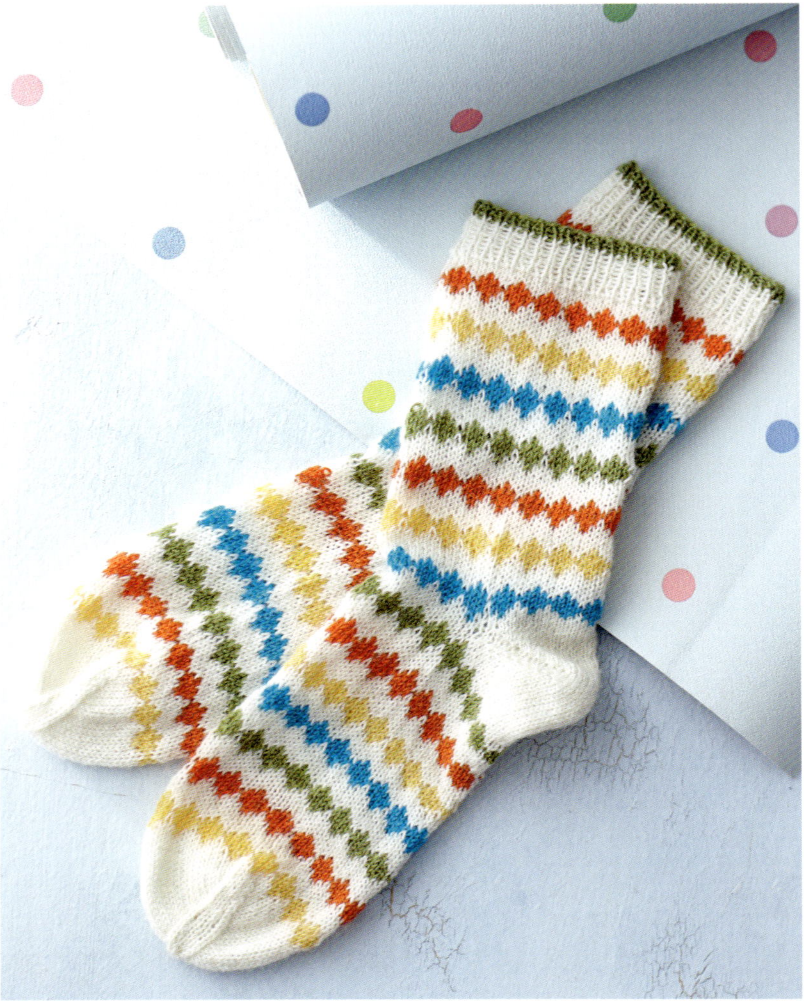

HINWEISE ZUM STRICKEN VON ANDEREN GRÖSSEN

GRÖSSE 36/37
64 M anschl (= 16 M pro Nd).
Fuß: 1x die 24.–32. Rd, 1x die 1.–32. Rd, 1x 1.–5. Rd des Zählmusters str. Nach 16 cm ab Fersenmitte mit den Abnahmen für die Bandspitze beginnen.

GRÖSSE 40/41
68 M anschl (= 17 M pro Nd).
Fuß: 1x die 24.–32. Rd, 1x die 1.–32. Rd und anschließend 1x die 1.–13. Rd des Zählmusters str. Nach 19 cm ab Fersenmitte mit den Abnahmen für die Bandspitze beginnen.

GRÖSSE 42/43
68 M anschl (= 17 M pro Nd).
Fuß: 1x die 24.–32. Rd, 1x die 1.–32. Rd und anschließend die 1.–21. Rd des Zählmusters 1x str. Nach 20,5 cm ab Fersenmitte mit den Abnahmen für die Bandspitze beginnen.

GRÖSSE 44/45
72 M anschl (= 18 M pro Nd).
Fuß: 1x die 24.–32. Rd, 1x die 1.–32. Rd und anschließend die 1.–29. Rd des Zählmusters 1x str. Nach 22 cm ab Fersenmitte mit den Abnahmen für die Bandspitze beginnen.

SOXX NO. 6

SCHWIERIGKEITSGRAD 2

GRÖSSE

38/39

MATERIAL

Lang Yarns Jawoll (LL ca. 210 m/50 g) in Offwhite (Fb 94), Goldgelb (Fb 249) und Kiwi (Fb 116), je 50 g

Nadelspiel 2,5–3,0 mm

MASCHENPROBE

Im Jacquardmuster mit Nd 2,5–3,0 mm
34 M und 36 Rd = 10 cm x 10 cm

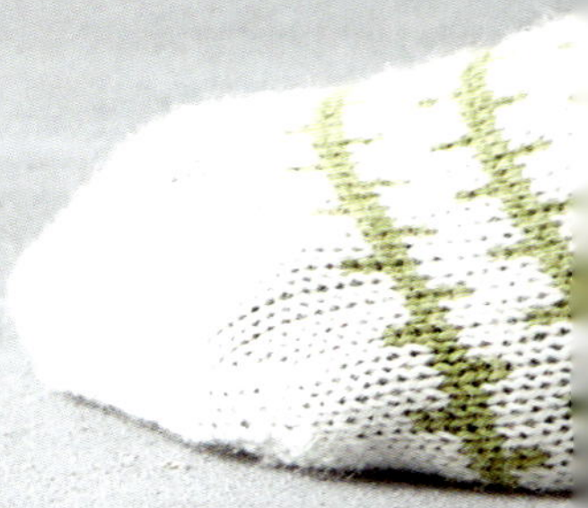

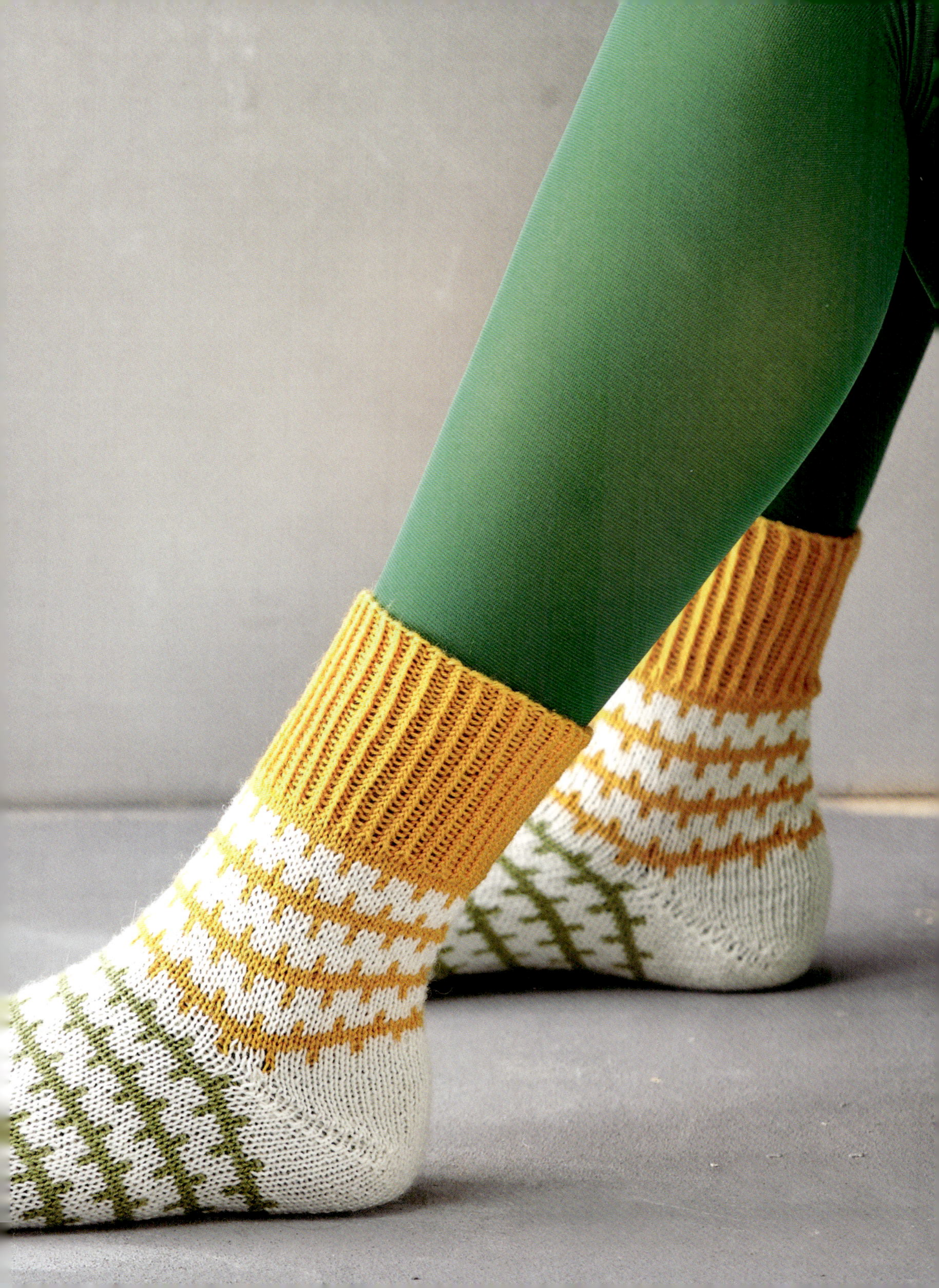

Glatt rechts

In Hinr rechte M, in Rückr linke M str, bzw. in Rd alle M rechts str.

Rechts verschränkte Maschen

In das hintere M-Glied von rechts nach links einstechen und die M rechts abstr, sodass sich die M verdreht.

Bündchenmuster

1 M rechts verschränkt, 1 M links im Wechsel str.

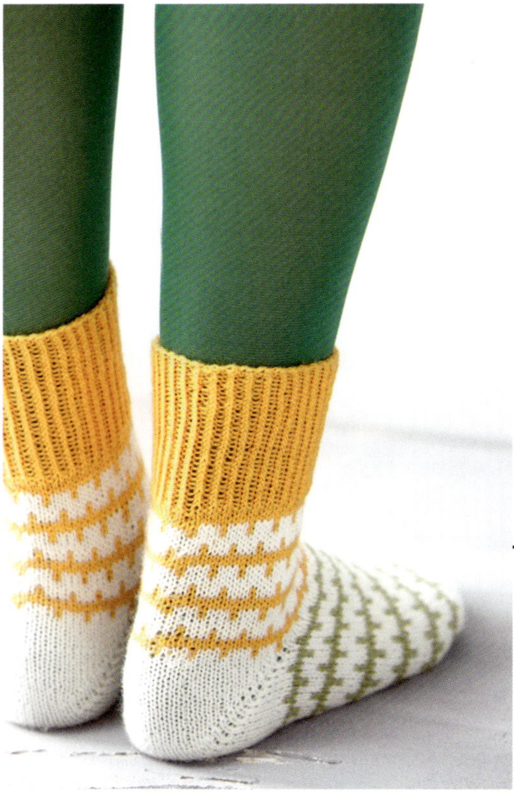

Jacquardmuster A und B

M-Zahl jeweils teilbar durch 4.
In allen Rd glatt rechts nach dem jeweiligen Zählmuster str. Den Rapport von 4 M fortlaufend wdh.

Jacquardmuster A

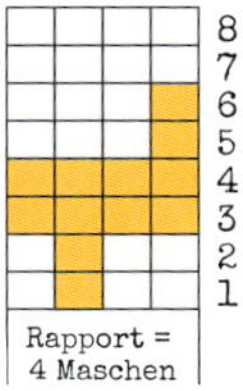

= Offwhite
= Goldgelb

Jacquardmuster B

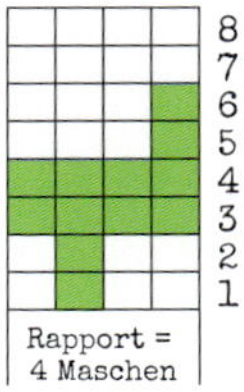

= Offwhite
= Kiwi

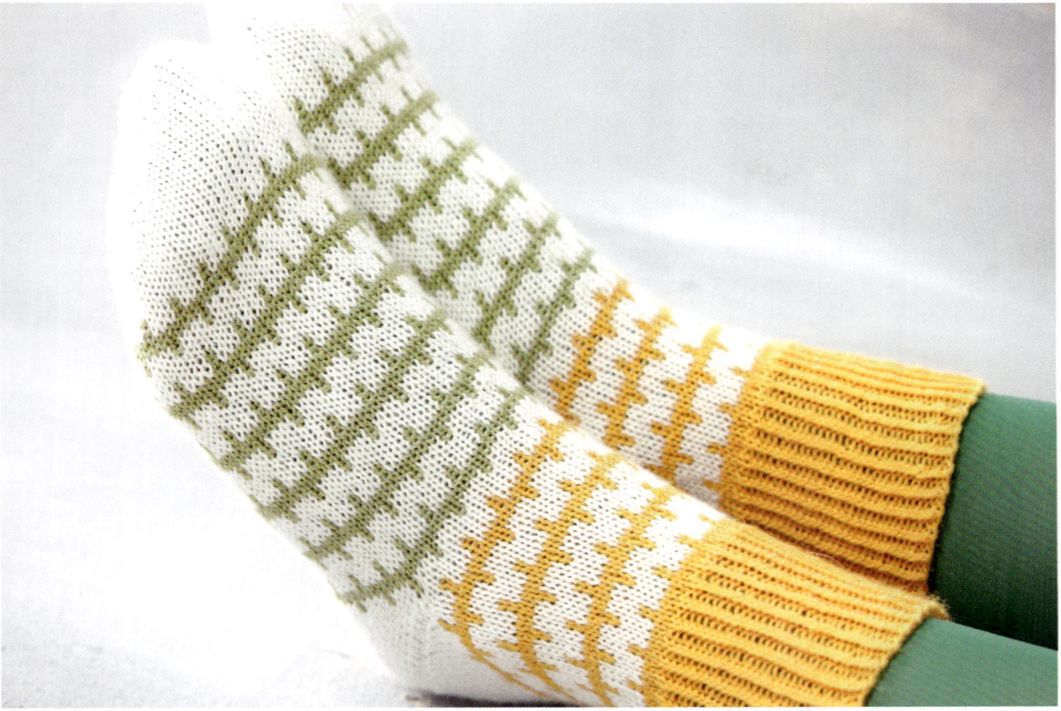

ANLEITUNG

64 M in Goldgelb anschl, gleichmäßig auf 4 Spielnd verteilen (= 16 M pro Nd) und zur Rd schließen.
Für das BÜNDCHEN 30 Rd (= 7 cm) im Bündchenmuster str.
Den SCHAFT im Jacquardmuster A in Offwhite und Goldgelb beginnen. Die 3.-8. Rd des Zählmusters 1x str, anschließend die 1.-8. Rd 2x arb, dann noch 1x die 1.-6. Rd str. Den Faden in Goldgelb abschneiden.

Nun die BUMERANGFERSE glatt rechts in Offwhite über die 32 M der 4. und 1. Nd nach der Grundanleitung arb (siehe Seite 181).
Den FUSS glatt rechts in Rd über alle M der 4 Spielnd im Jacquardmuster B in Offwhite und Kiwi str. Die 1.-8. Rd des Zählmusters 6x arb. Den Faden in Kiwi abschneiden und den Fuß in Offwhite weiterstr. Nach 17,5 cm ab Fersenmitte mit den Abnahmen für die Bandspitze beginnen.

Die BANDSPITZE nach der Grundanleitung (siehe Seite 187) in Offwhite arb. Anschließend den Faden abschneiden und nach innen ziehen.

Alle Fäden vernähen.

Die zweite Socke genauso arb.

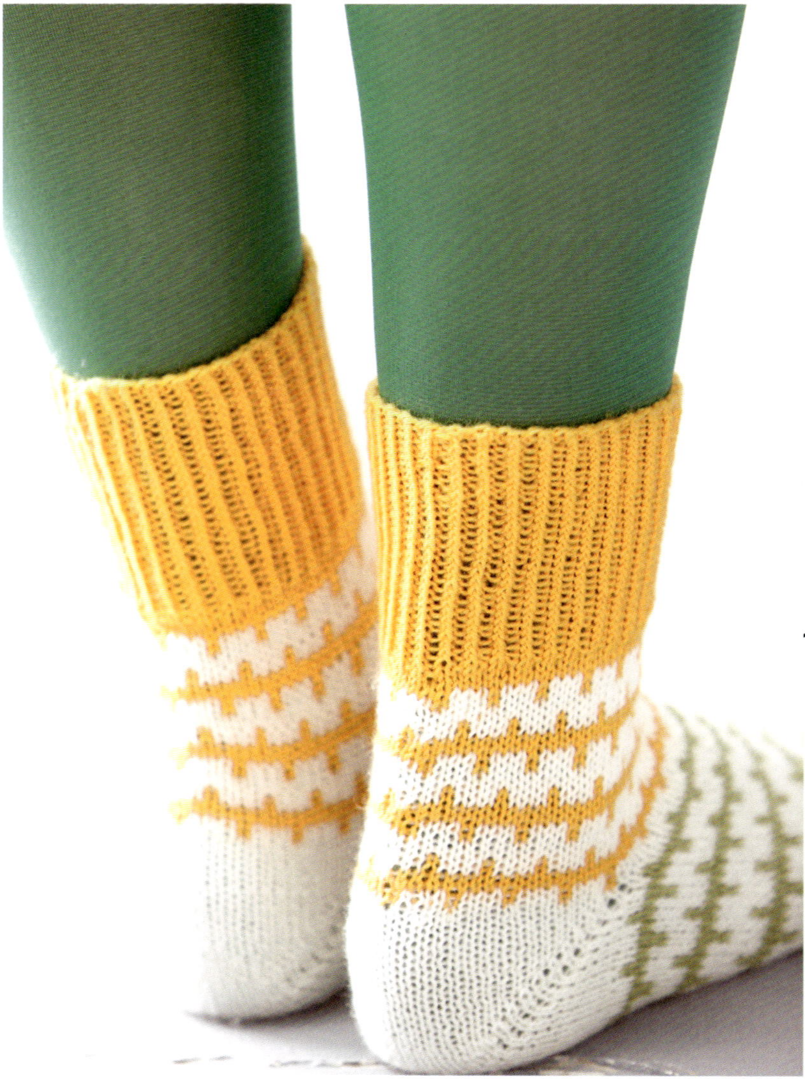

HINWEISE ZUM STRICKEN VON ANDEREN GRÖSSEN

GRÖSSE 36/37
64 M anschl (= 16 M pro Nd).
Fuß: Im Jacquardmuster B die 1.–8. Rd 5x str. Nach 16 cm ab Fersenmitte mit den Abnahmen für die Bandspitze beginnen.

GRÖSSE 40/41
68 M anschl (= 17 M pro Nd).
Fuß: Im Jacquardmuster B die 1.–8. Rd 6x str. Nach 19 cm ab Fersenmitte mit den Abnahmen für die Bandspitze beginnen.

GRÖSSE 42/43
68 M anschl (= 17 M pro Nd).
Fuß: Im Jacquardmuster B die 1.–8. Rd 7x str. Nach 20,5 cm ab Fersenmitte mit den Abnahmen für die Bandspitze beginnen.

GRÖSSE 44/45
72 M anschl (= 18 M pro Nd).
Fuß: Im Jacquardmuster B die 1.–8. Rd 7x str. Nach 22 cm ab Fersenmitte mit den Abnahmen für die Bandspitze beginnen.

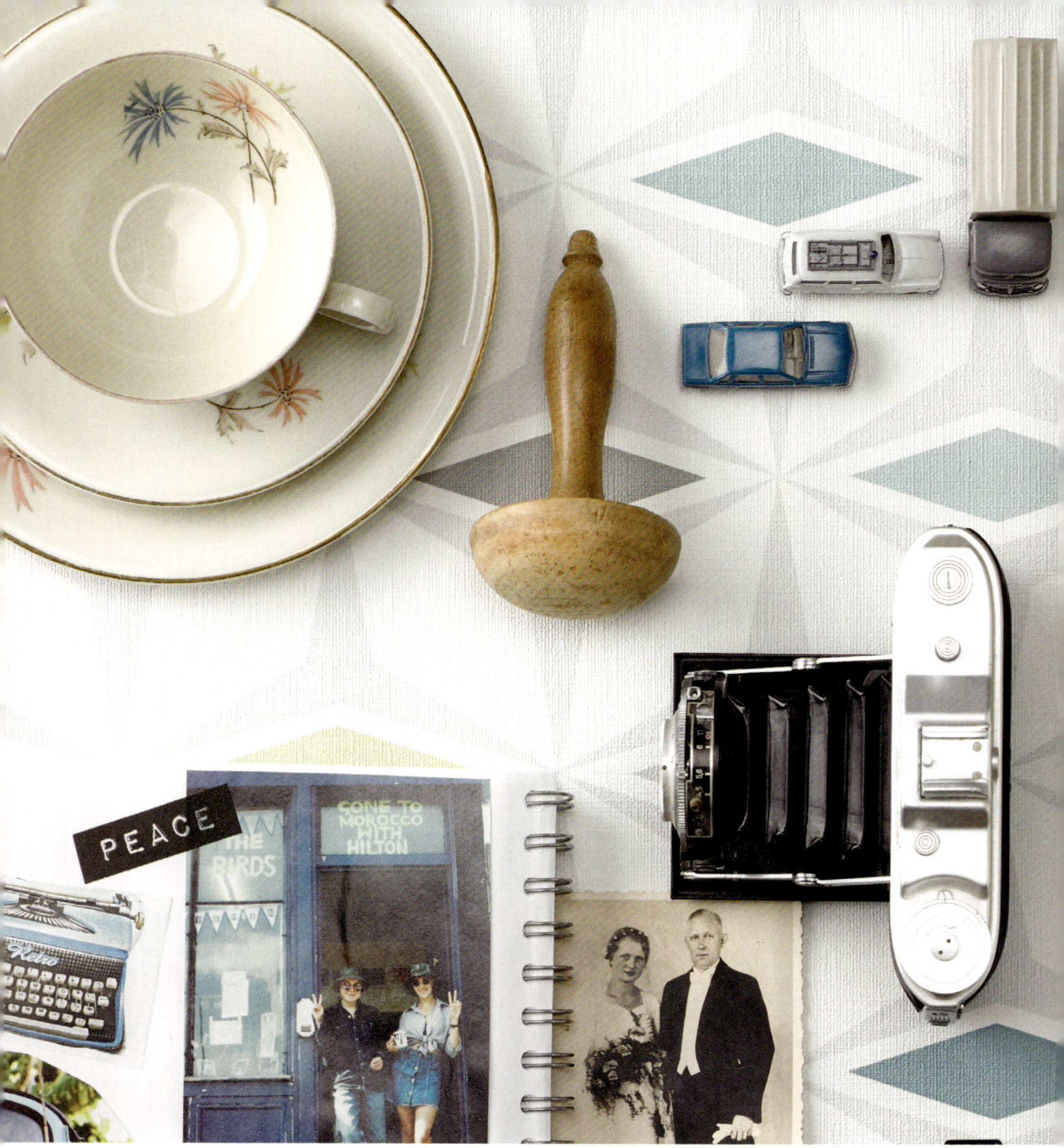

Das haut dich von

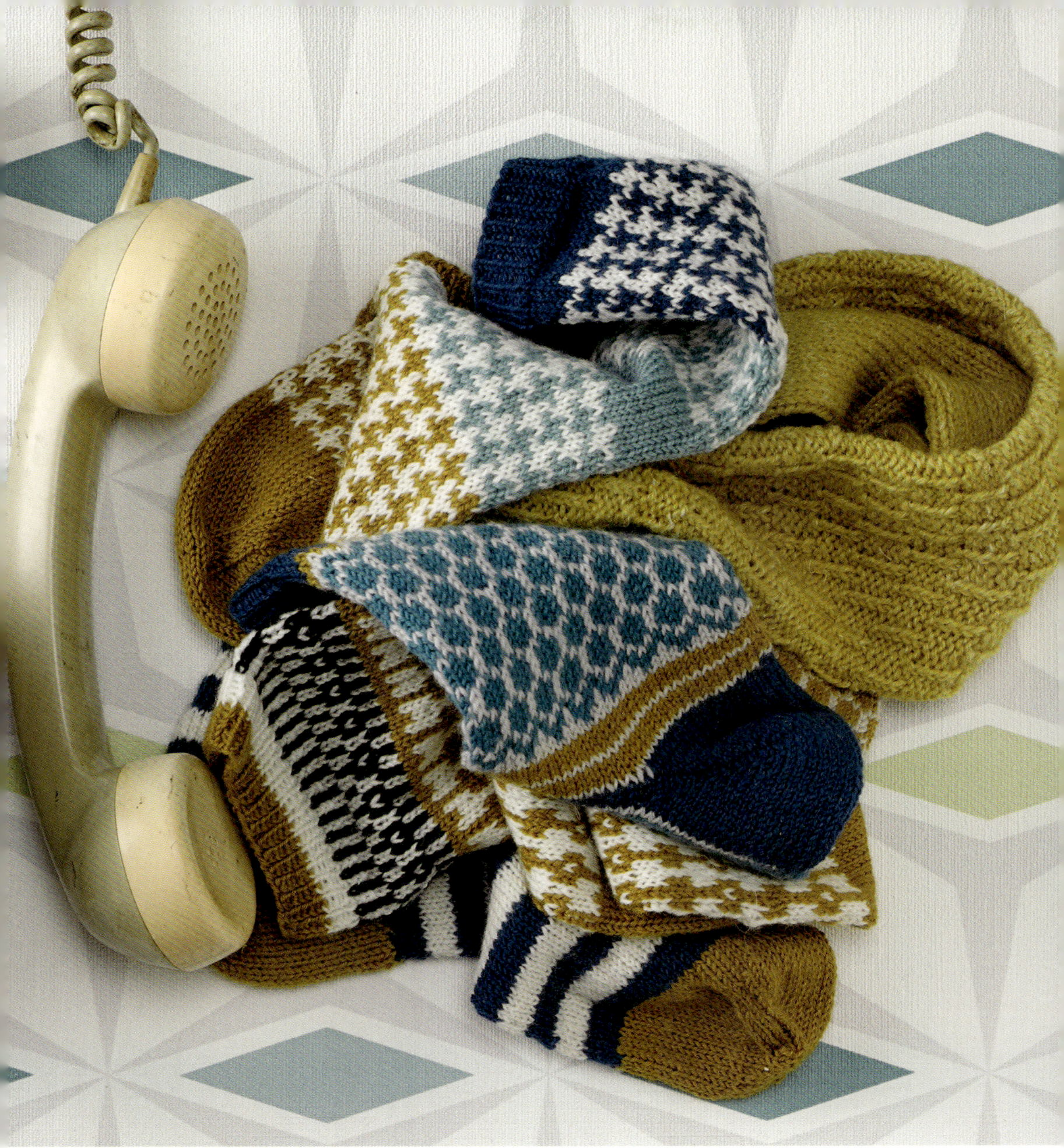

den Socken

SOXX NO. 7

SCHWIERIGKEITSGRAD 2

GRÖSSE

38/39

MATERIAL

Schoppel ALB Lino (LL 400 m/100 g)
in Savanne (Fb 581), 100 g

Nadelspiel 3,0–4,0 mm

MASCHENPROBE

Im Stäbchenmuster mit Nd 3,0–4,0 mm
30 M und 38 Rd = 10 cm x 10 cm

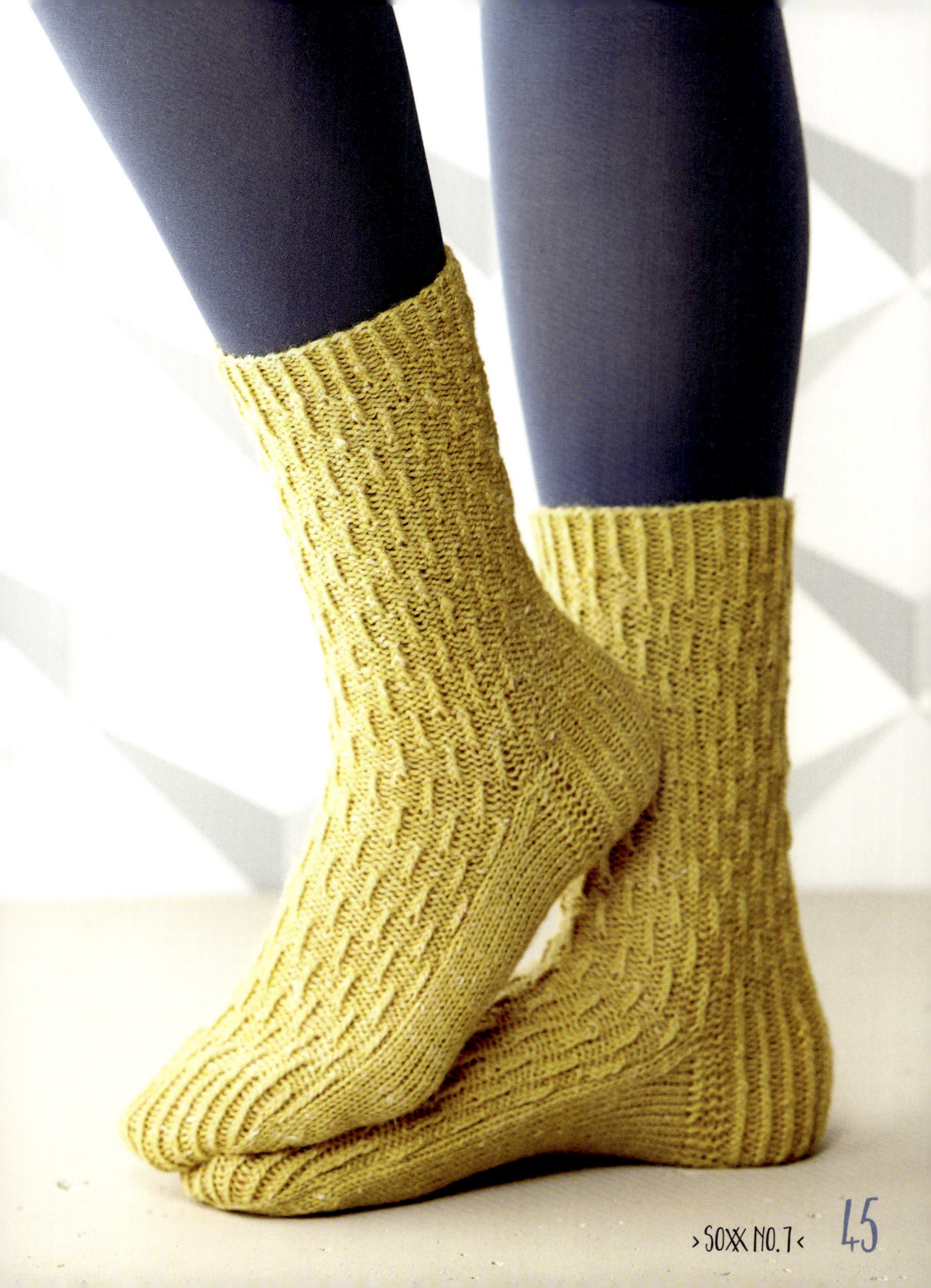

Glatt rechts

In Hinr rechte M, in Rückr linke M str, bzw. in Rd alle M rechts str.

Rechts verschränkte Maschen

In das hintere M-Glied von rechts nach links einstechen und die M rechts abstr, sodass sich die M verdreht.

Links verschränkte Maschen

In das hintere M-Glied von links nach rechts einstechen und die M links abstr, sodass sich die M verdreht.

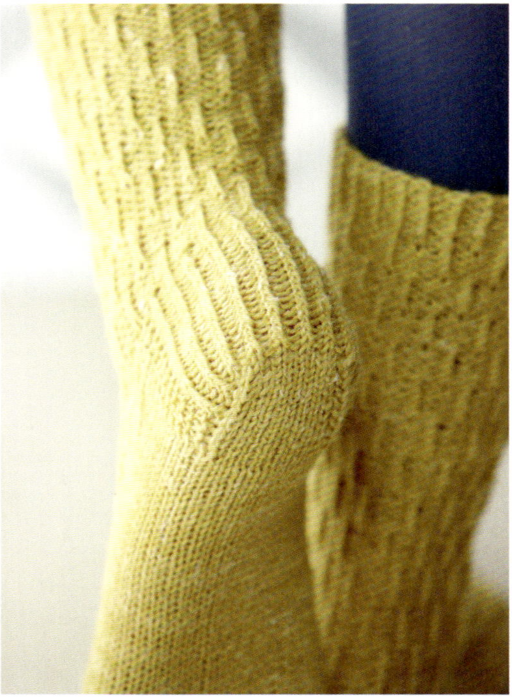

Bündchenmuster

1 M rechts verschränkt, 1 M links im Wechsel

Stäbchenmuster

M-Zahl teilbar durch 4.

In Rd nach der Strickschrift str. In der 1.–5. Rd mit den 2 M vor dem Rapport beginnen, den Rapport von 4 M (grau unterlegt) fortlaufend wdh, mit den 2 M nach dem Rapport enden. In der 6.–10. Rd den Rapport (grau unterlegt) von 4 M fortlaufend str. Die 1.–10. Rd fortlaufend wdh.

1.–5. Rd: 2 M links, * 1 M rechts verschränkt, 3 M links str, ab * fortlaufend wdh, enden mit 1 M rechts verschränkt, 1 M links.

6.–10. Rd: * 1 M rechts verschränkt, 3 M links str, ab * fortlaufend wdh.

Stäbchenmuster

–	–	–	◆	–	–	–	◆	10
–	–	–	◆	–	–	–	◆	9
–	–	–	◆	–	–	–	◆	8
–	–	–	◆	–	–	–	◆	7
–	–	–	◆	–	–	–	◆	6
–	◆	–	–	–	◆	–	–	5
–	◆	–	–	–	◆	–	–	4
–	◆	–	–	–	◆	–	–	3
–	◆	–	–	–	◆	–	–	2
–	◆	–	–	–	◆	–	–	1

– = 1 Masche links
◆ = 1 Masche rechts verschränkt

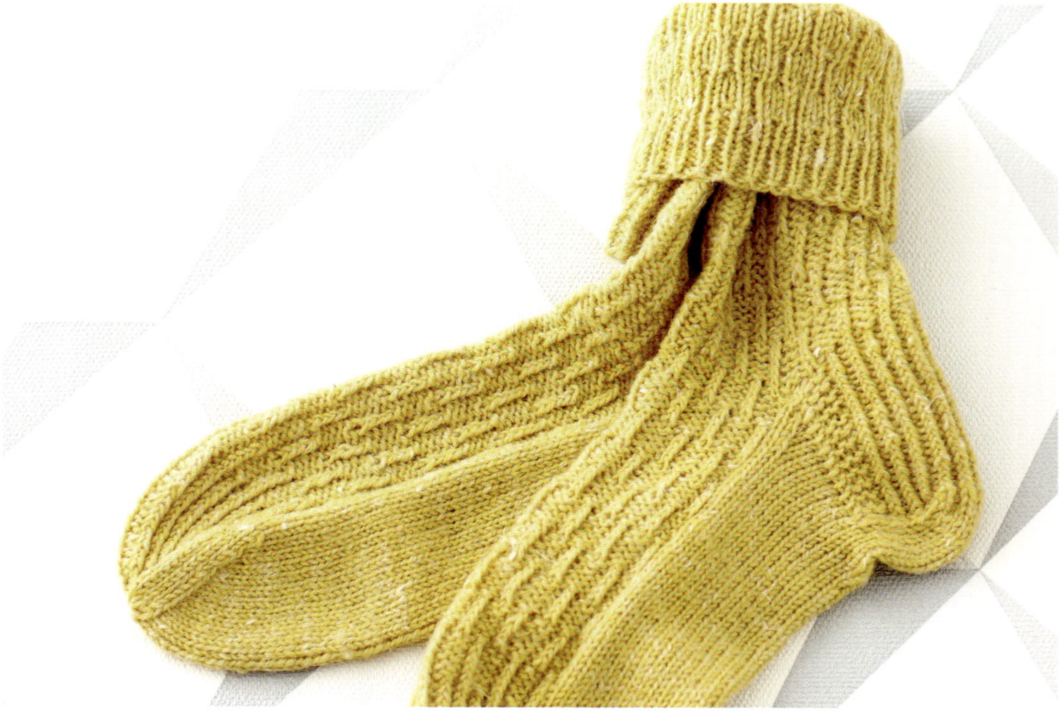

Fersenmuster

In R nach der Strickschrift str. Die 1. und 2. R fortlaufend wdh.

1. R (Hinr): 3 M rechts, * 1 M links, 1 M rechts verschränkt str, ab * fortlaufend wdh, enden mit 3 M rechts.

2. R (Rückr): 3 M rechts, * 1 M links verschränkt, 1 M rechts str, ab * fortlaufend wdh, enden mit 3 M rechts.

Fersenmuster, 4. und 1. Nadel

■	■	■	◇	■	◇	■	◇	■	◇	■	◇	■	◇	■	◇	■	◇	■	◇	■	◇	■	◇	■	■	■	■	2
■	■	■	◆	−	◆	−	◆	−	◆	−	◆	−	◆	−	◆	−	◆	−	◆	−	◆	−	◆	−	■	■	■	1

Muster = 28 Maschen

■ = 1 Masche rechts
− = 1 Masche links
◆ = 1 Masche rechts verschränkt
◇ = 1 Masche links verschränkt

HINWEISE ZUM STRICKEN VON ANDEREN GRÖSSEN

GRÖSSE 36/37

56 M anschl (= 14 M pro Nd)

Fuß: Den Oberfuß im Stäbchenmuster arb, die 1.-10. Rd 4x str, danach zum Bündchenmuster wechseln und nach 16 cm ab Fersenmitte mit den Abnahmen für die Bandspitze beginnen.

GRÖSSE 40/41

60 M anschl (= 15 M pro Nd).

Fuß: Den Oberfuß im Stäbchenmuster arb, im Stäbchenmuster die 1.-10. Rd 5x, dann die 1.-5. Rd 1x str, danach zum Bündchenmuster wechseln und nach 19 cm ab Fersenmitte mit den Abnahmen für die Bandspitze beginnen.

GRÖSSE 42/43

60 M anschl (= 15 M pro Nd).

Fuß: Den Oberfuß im Stäbchenmuster arb, im Stäbchenmuster die 1.-10. Rd 6x str, danach zum Bündchenmuster wechseln und nach 20,5 cm ab Fersenmitte mit den Abnahmen für die Bandspitze beginnen.

GRÖSSE 44/45

64 M anschl (= 16 M pro Nd).

Fuß: Den Oberfuß im Stäbchenmuster arb, im Stäbchenmuster die 1.-10. Rd 6x, dann die 1.-5. Rd 1x str, danach zum Bündchenmuster wechseln und nach 22 cm ab Fersenmitte mit den Abnahmen für die Bandspitze beginnen.

ANLEITUNG

56 M anschl, gleichmäßig auf 4 Spielnd verteilen (= 14 M pro Nd) und zur Rd schließen.
Für das BÜNDCHEN 10 Rd (= 3 cm) im Bündchenmuster str.
Anschließend den SCHAFT im Stäbchenmuster str. Nach der Strickschrift arb und dabei die 1.–10. Rd insgesamt 6x str.
Die KÄPPCHENFERSE im Fersenmuster nach der Grundanleitung (siehe Seite 184) str. Das Käppchen wird dabei glatt rechts gearbeitet.
Den FUSS in Rd über alle 4 Spielnd str. Über die M der 4. und 1. Nd die Sohle bis zum Ende glatt rechts str. Das Stäbchenmuster auf dem Oberfuß über die M der 2. und 3. Nd str, dabei die 1.–10. Rd 5x arb. Darauf achten, dass das Muster gleichmäßig versetzt werden. Danach beim Oberfuß zum Bündchenmuster wechseln. Nach 17,5 cm ab Fersenmitte mit den Abnahmen für die Bandspitze beginnen.

Die BANDSPITZE nach der Grundanleitung arb (siehe Seite 187). Den Faden abschneiden und nach innen ziehen.
Alle Fäden vernähen.
Die zweite Socke genauso arb.

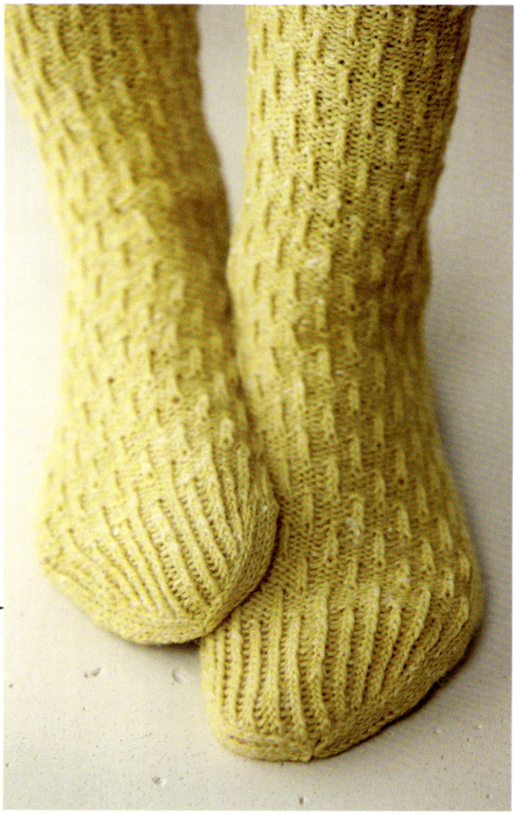

SOXX NO. 8

SCHWIERIGKEITSGRAD 3

GRÖSSE

38/39

MATERIAL

Lang Yarns Jawoll (LL ca. 210 m/50 g) in Offwhite (Fb 94), Schwarz (Fb 04) und Gold (Fb 150), je 50 g

Nadelspiel 2,5–3,0 mm

MASCHENPROBE

Im Jacquardmuster mit Nd 2,5–3,0 mm
32 M und 40 Rd = 10 cm x 10 cm

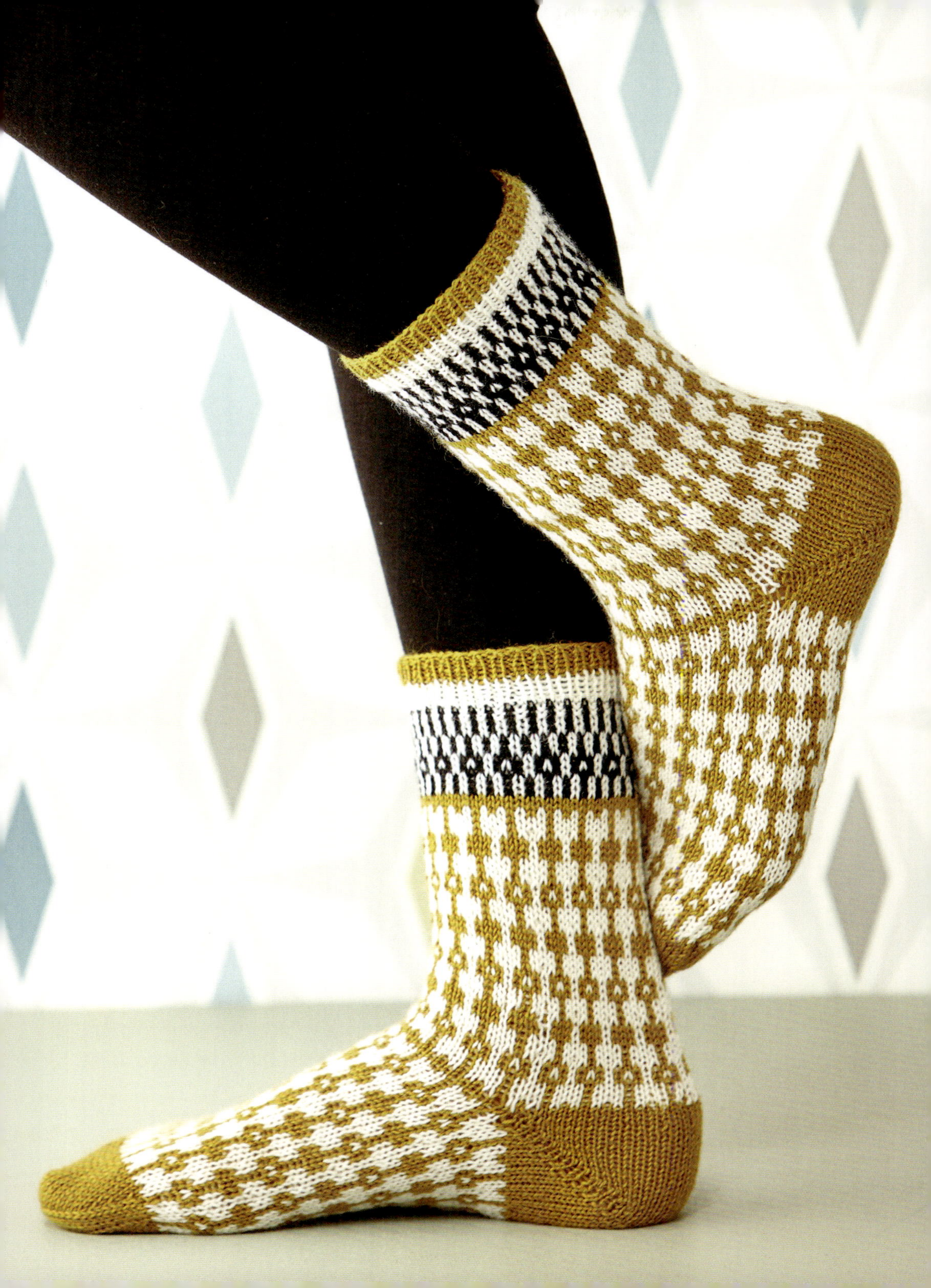

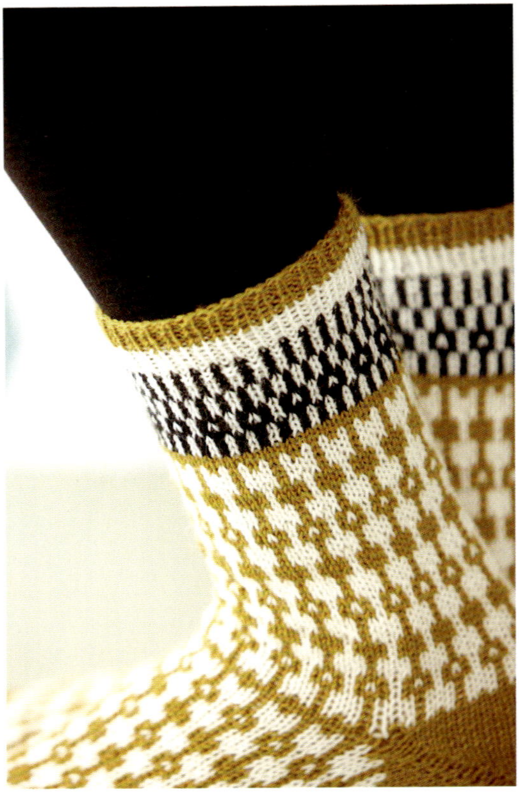

Glatt rechts

In Hinr rechte M, in Rückr linke M str, bzw. in Rd alle M rechts str.

Bündchenmuster

1 M rechts, 1 M links im Wechsel str.

Jacquardmuster A und B

M-Zahl jeweils teilbar durch 4.
In allen Rd glatt rechts nach dem jeweiligen Zählmuster str. Den Rapport von 4 M fortlaufend wdh.

Jacquardmuster A

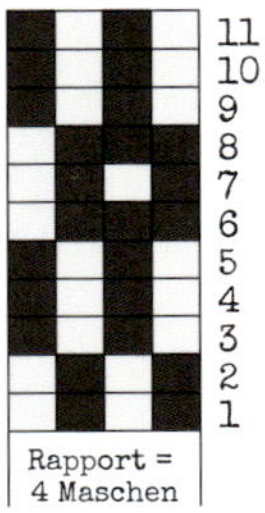

■ = Schwarz
□ = Offwhite

Jacquardmuster B

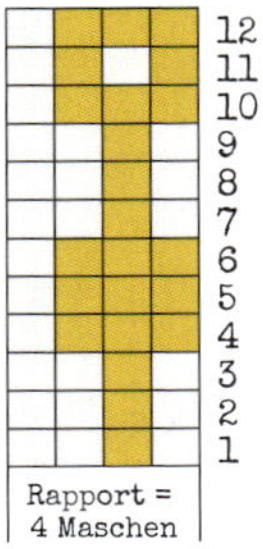

□ = Offwhite
■ = Gold

ANLEITUNG

64 M in Gold anschl, gleichmäßig auf 4 Spielnd verteilen (= 16 M pro Nd) und zur Rd schließen.
Für das BÜNDCHEN 5 Rd Gold, 5 Rd Offwhite im Bündchenmuster arb und anschließend 3 Rd 1 M rechts in Schwarz, 1 M links in Offwhite im Wechsel str (= 3 cm).

Den SCHAFT im Jacquardmuster A in Schwarz und Offwhite beginnen. Die 1.–11. Rd des Zählmusters 1x str. Den schwarzen Faden abschneiden und 2 Rd glatt rechts in Gold arb. Danach 1 Rd 1 M Offwhite, 1 M Gold im Wechsel str und anschließend im Jacquardmuster B in Offwhite und Gold weiterarb. Die 1.–12. Rd des Zählmusters 3x str, dann die 1.–3. Rd noch 1x arb. Den Schaft glatt rechts mit 1 Rd 1 M Offwhite, 1 M Gold im Wechsel beenden. Die Fäden abschneiden.

Nun die BUMERANGFERSE glatt rechts in Gold über die 32 M der 4. und 1. Nd nach der Grundanleitung str (siehe Seite 181). Den FUSS glatt rechts in Rd über alle M der 4 Spielnd arb. Mit 1 Rd 1 M Offwhite, 1 M Gold im Wechsel beginnen. Danach im Jacquardmuster B in Offwhite und Gold weiterarb. Die 7.–12. Rd des Zählmusters 1x str, anschließend die 1.–12. Rd 3x arb, dann noch 1x die 1.–3. Rd str. Dann 1 Rd 1 M Offwhite, 1 M Gold im Wechsel arb. Den Faden in Offwhite abschneiden

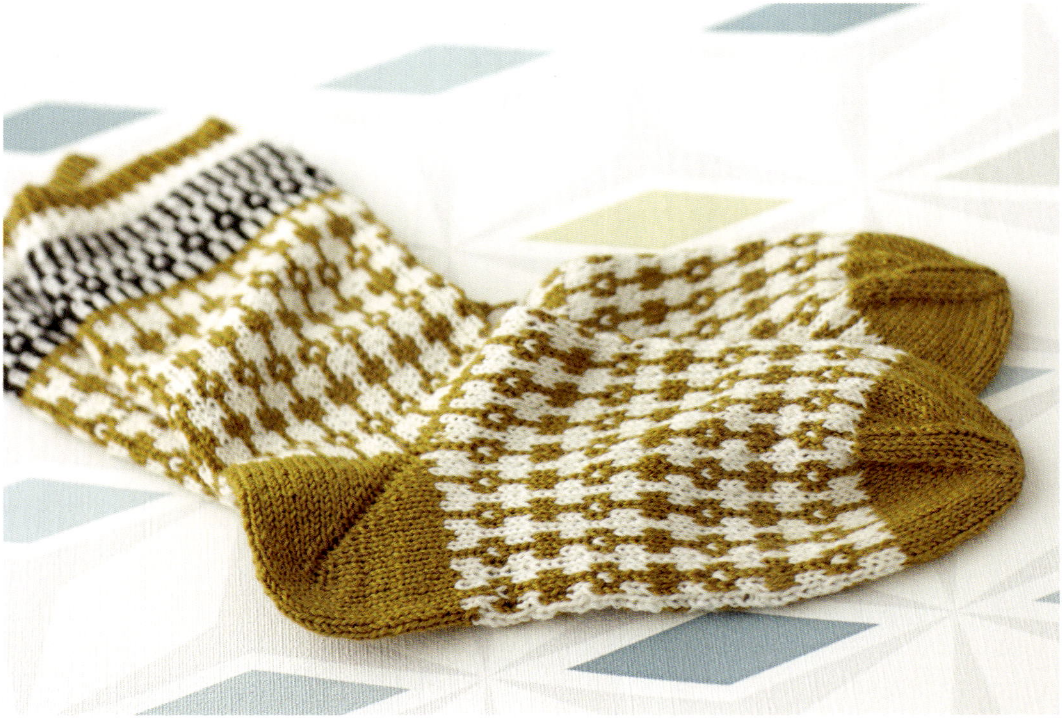

und mit Gold weiterstr. Nach 17,5 cm ab Fersenmitte mit den Abnahmen für die Bandspitze beginnen.
Die BANDSPITZE nach der Grundanleitung (siehe Seite 187) in Gold arb. Den Faden abschneiden und nach innen ziehen.

Alle Fäden vernähen.
Die zweite Socke genauso arb.

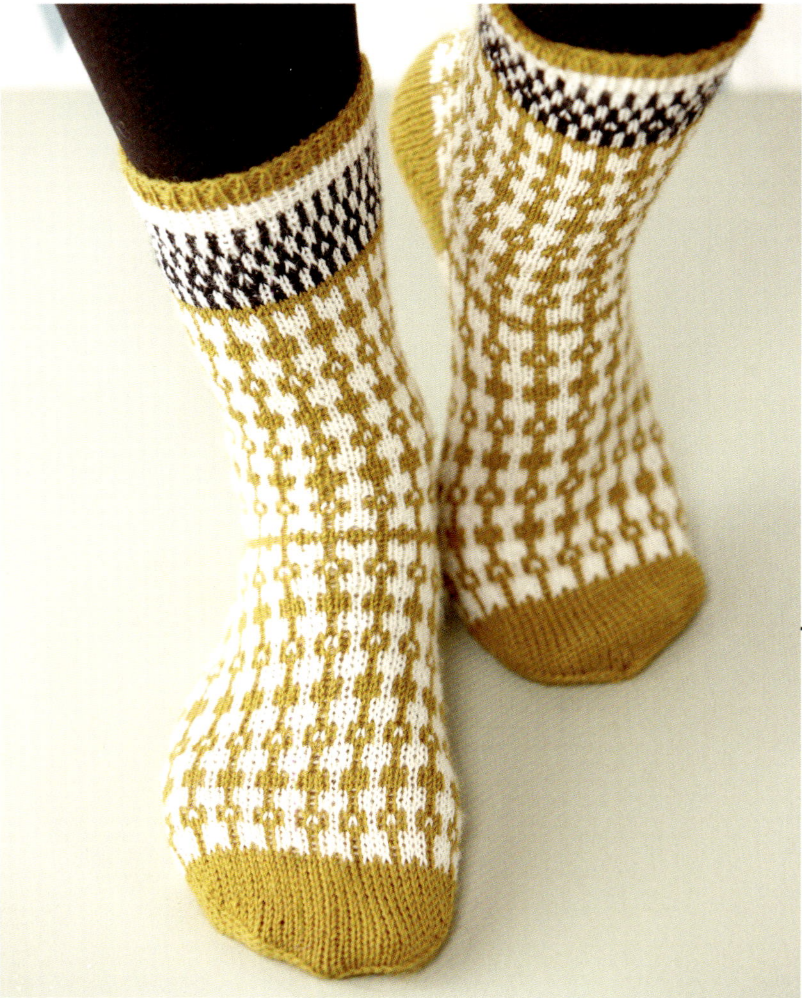

HINWEISE ZUM STRICKEN VON ANDEREN GRÖSSEN

GRÖSSE 36/37
64 M anschl (= 16 M pro Nd).
Fuß, Jacquardmuster B: Die 7.–12. Rd des Zählmusters 1x, die 1.–12. Rd 2x und die 1.–9. Rd 1x str. Nach Anleitung weiterstr und nach 16 cm ab Fersenmitte mit den Abnahmen für die Bandspitze beginnen.

GRÖSSE 40/41
68 M anschl (= 17 M pro Nd).
Fuß, Jacquardmuster B: Die 7.–12. Rd des Zählmusters 1x, die 1.–12. Rd 3x und die 1.–9. Rd 1x str. Nach Anleitung weiterstr und nach 19 cm ab Fersenmitte mit den Abnahmen für die Bandspitze beginnen.

GRÖSSE 42/43
68 M anschl (= 17 M pro Nd).
Fuß, Jacquardmuster B: Die 7.–12. Rd des Zählmusters 1x, die 1.–12. Rd 4x und die 1.–3. Rd 1x str. Nach Anleitung weiterstr und nach 20,5 cm ab Fersenmitte mit den Abnahmen für die Bandspitze beginnen.

GRÖSSE 44/45
72 M anschl (= 18 M pro Nd).
Fuß, Jacquardmuster B: Die 7.–12. Rd des Zählmusters 1x, die 1.–12. Rd 4x und die 1.–9. Rd 1x str. Nach Anleitung weiterstr und nach 22 cm ab Fersenmitte mit den Abnahmen für die Bandspitze beginnen.

SOXX NO. 9

SCHWIERIGKEITSGRAD 3

GRÖSSE

38/39

MATERIAL

Lang Yarns Jawoll (LL 210 m/50 g) in Gold (Fb 150), Acqua (Fb 372), Petrol (Fb 288) und Offwhite (Fb 94), je 50 g

Nadelspiel 2,5–3,0 mm

MASCHENPROBE

Im Jacquardmuster mit Nd 2,5–3 mm
34 M und 36 Rd = 10 cm x 10 cm

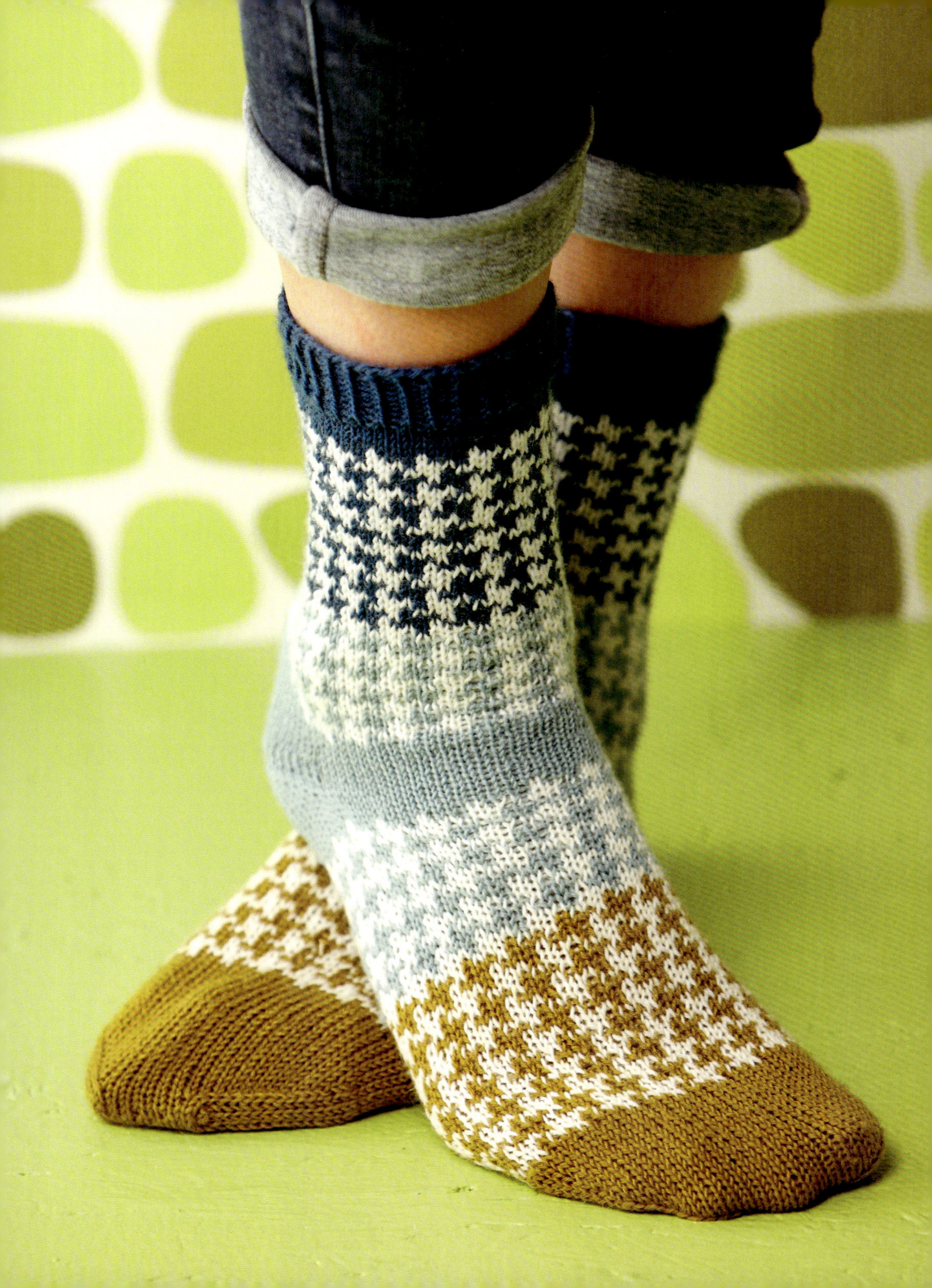

Glatt rechts

In Hinr. rechte M in Rückr linke M str, bzw. in Rd alle M rechts str.

Bündchenmuster

1 M rechts verschränkt, 1 M links im Wechsel str.

Rechts verschränkte Maschen

In das hintere M-Glied von rechts nach links einstechen und die M rechts abstr, sodass sich die M verdreht.

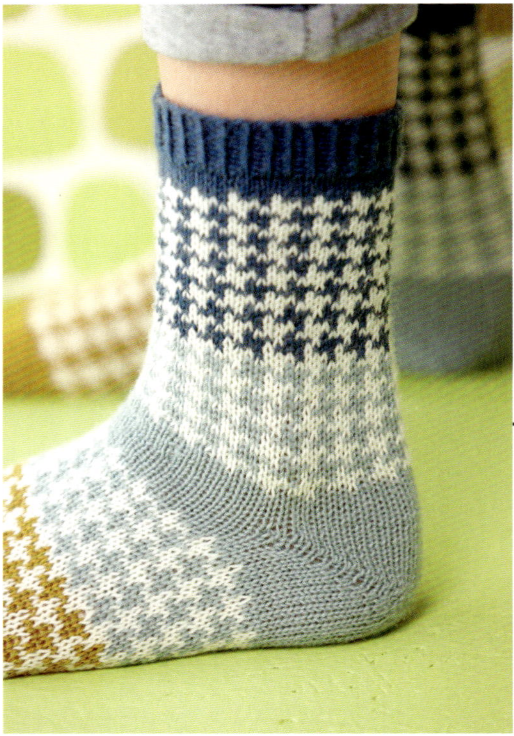

Jacquardmuster A, B und C

M-Zahl teilbar durch 4.
In allen Rd glatt rechts nach dem jeweiligen Zählmuster str. Den Rapport von 4 M fortlaufend wdh.

Jacquardmuster A

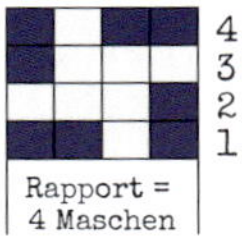

■ = Petrol
□ = Offwhite

Jacquardmuster B

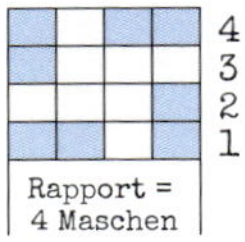

■ = Acqua
□ = Offwhite

Jacquardmuster C

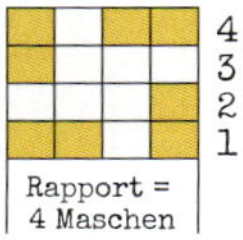

■ = Gold
□ = Offwhite

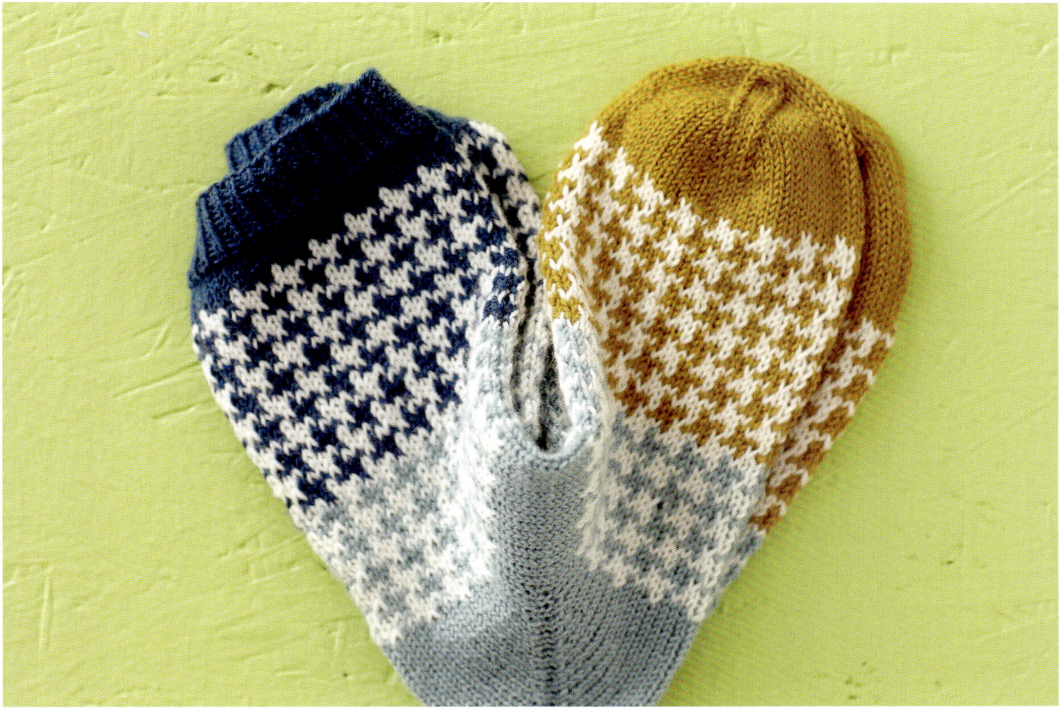

ANLEITUNG

64 M in Petrol anschl, gleichmäßig auf 4 Spielnd verteilen (= 16 M pro Nd) und zur Rd schließen.
Für das BÜNDCHEN 10 Rd (= 2,5 cm) im Bündchenmuster str.
Den SCHAFT mit 4 Rd glatt rechts in Petrol beginnen und anschließend im Jacquardmuster A in Petrol und Offwhite weiterstr. Die 1.–4. Rd des Zählmusters 6x str, dann die 1. und 2. Rd noch 1x arb. Den Faden in Petrol abschneiden und im Jacquardmuster B in Acqua und Offwhite die Arbeit fortsetzen. Die 3. und 4. Rd des Zählmusters 1x str, dann die 1.–4. Rd 4x arb. Den Faden in Offwhite abschneiden. Den Schaft mit 5 Rd glatt rechts in Acqua beenden.
Nun die BUMERANGFERSE in Acqua glatt rechts über die 32 M der 4. und 1. Nd nach der Grundanleitung arb (siehe Seite 181).
Den FUSS glatt rechts in Rd über alle 4 Spielnd str. Mit 5 Rd Acqua beginnen und anschließend im Jacquardmuster B

in Acqua und Offwhite weiterarb. Die 1.–4. Rd des Zählmusters 4x, dann die 1. und 2. Rd 1x str. Den Faden in Acqua abschneiden. Danach im Jacquardmuster C in Gold und Offwhite die Arbeit fortführen. Die 3. und 4. Rd des Zählmusters 1x str, dann die 1.–4. Rd 6x str. Den Faden in Offwhite abschneiden und die Socke in Gold beenden. Nach 20 cm ab Fersenmitte mit den Abnahmen für die stumpfe Spitze beginnen.

Die STUMPFE SPITZE nach der Grundanleitung arb (siehe Seite 187). Die Öffnung im M-Stich schließen (siehe Seite 188).

Alle Fäden vernähen.

Die zweite Socke genauso arb.

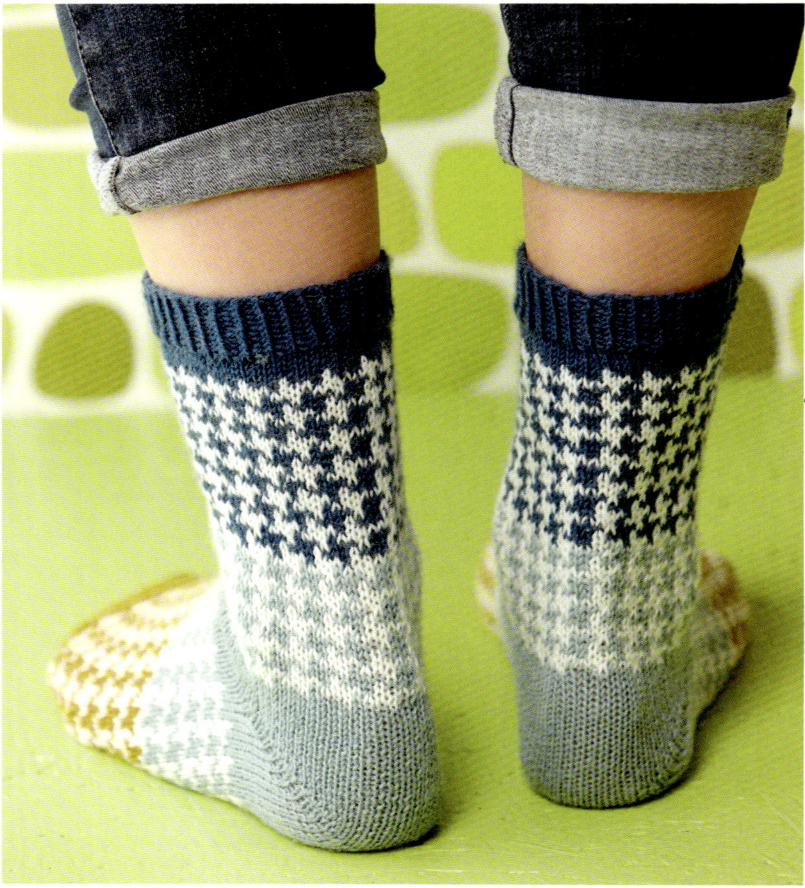

HINWEISE ZUM STRICKEN VON ANDEREN GRÖSSEN

GRÖSSE 36/37
64 M anschl (= 16 M pro Nd).
Fuß: Nach Anleitung arb. Im Jacquardmuster C 1x die 3. und 4. Rd und 5x die 1.-4. Rd in Gold und Offwhite str. Die Socke in Gold beenden, dabei nach 18,5 cm ab Fersenmitte mit den Abnahmen für die stumpfe Spitze beginnen.

GRÖSSE 40/41
68 M anschl (= 17 M pro Nd).
Fuß: Nach Anleitung arb. Im Jacquardmuster B 5x die 1.-4. Rd und 1x die 1. und 2. Rd in Acqua und Offwhite str. Jacquardmuster C nach Anleitung arb und die Socke in Gold beenden, dabei nach 21,5 cm ab Fersenmitte mit den Abnahmen für die stumpfe Spitze beginnen.

GRÖSSE 42/43
68 M anschl (= 17 M pro Nd).
Fuß: Nach Anleitung arb. Im Jacquardmuster B 6x die 1.-4. Rd und 1x die 1. und 2. Rd in Acqua und Offwhite str. Jacquardmuster C nach Anleitung arb und die Socke in Gold beenden, dabei nach 23 cm ab Fersenmitte mit den Abnahmen für die stumpfe Spitze beginnen.

GRÖSSE 44/45
72 M anschl (= 18 M pro Nd).
Fuß: Nach Anleitung arb. Im Jacquardmuster B 6x die 1.-4. Rd und 1x die 1. und 2. Rd in Acqua und Offwhite str. Im Jacquardmuster C 1x die 3. und 4. Rd und 7x die 1.-4. Rd in Gold und Offwhite str. Die Socke in Gold beenden, dabei nach 24,5 cm ab Fersenmitte mit den Abnahmen für die stumpfe Spitze beginnen.

SOXX No. 10

SCHWIERIGKEITSGRAD I

GRÖSSE

38/39

MATERIAL

Lang Yarns Jawoll (LL ca. 210 m/50 g) in Gold (Fb 150), Offwhite (Fb 94) und Petrol (Fb 288), je 50 g

Nadelspiel 2,5–3,0 mm

MASCHENPROBE

Glatt rechts mit Nd 2,5–3,0 mm
32 M und 36 Rd = 10 cm x 10 cm

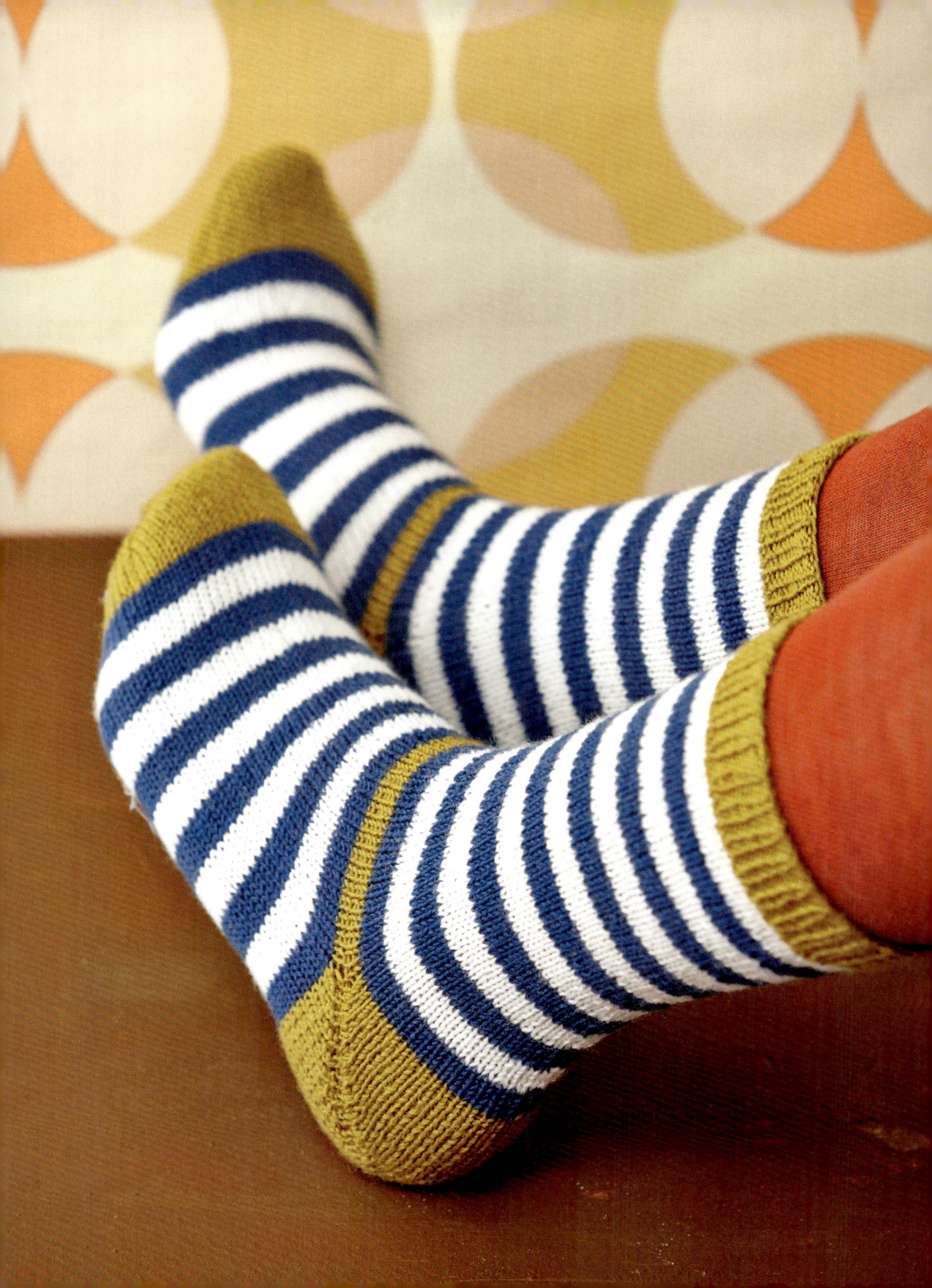

Glatt rechts

In Hinr rechte M, in Rückr linke M str, bzw. in Rd alle M rechts str.

Bündchenmuster

1 M rechts, 1 M links im Wechsel str.

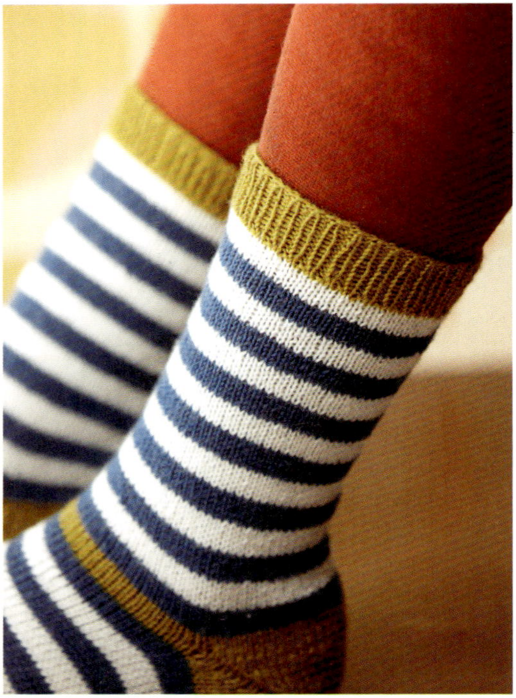

ANLEITUNG

60 M in Gold anschl, gleichmäßig auf 4 Spielnd verteilen (= 15 M pro Nd) und zur Rd schließen.

Für das BÜNDCHEN 12 Rd (= 3 cm) im Bündchenmuster str. Den Faden abschneiden.

Den SCHAFT glatt rechts arb. * 5 Rd Offwhite, 5 Rd Petrol str, ab * 6x wdh. Beide Fäden abschneiden und anschließend noch 2 Rd in Gold str.

Nun die BUMERANGFERSE glatt rechts in Gold über die 30 M der 4. und 1. Nd nach der Grundanleitung arb (siehe Seite 181).

Den FUSS in glatt rechts in Rd über alle M der 4 Spielnd str, dabei mit 1 Rd in Gold beginnen. Den Faden abschneiden. Danach * 5 Rd Petrol, 5 Rd Offwhite str, ab * 4x wdh. Anschließend noch 5 Rd in Petrol arb. Danach beide Fäden abschneiden und in Gold weiterstr. Nach 20 cm ab Fersenmitte mit den Abnahmen für die stumpfe Spitze beginnen.

Die STUMPFE SPITZE nach der Grundanleitung arb (siehe Seite 187). Die Öffnung im M-Stich schließen (siehe Seite 188).

Alle Fäden vernähen.

Die zweite Socke genauso arb.

HINWEISE ZUM STRICKEN VON ANDEREN GRÖSSEN

GRÖSSE 36/37

60 M anschl (= 15 M pro Nd).

Fuß: * 5 Rd Petrol, 5 Rd Offwhite str, ab * 3x wdh. Nach Anleitung weiterstr und nach 18,5 cm ab Fersenmitte mit den Abnahmen für die stumpfe Spitze beginnen.

GRÖSSE 40/41

64 M anschl (= 16 M pro Nd).

Fuß: * 5 Rd Petrol, 5 Rd Offwhite str, ab * 4x wdh. Nach Anleitung weiterstr und nach 21,5 cm ab Fersenmitte mit den Abnahmen für die stumpfe Spitze beginnen.

GRÖSSE 42/43

64 M anschl (= 16 M pro Nd).

Fuß: * 5 Rd Petrol, 5 Rd Offwhite str, ab * 5x wdh. Nach Anleitung weiterstr und nach 23 cm ab Fersenmitte mit den Abnahmen für die stumpfe Spitze beginnen.

GRÖSSE 44/45

68 M anschl (= 17 M pro Nd).

Fuß: * 5 Rd Petrol, 5 Rd Offwhite str, ab * 5x wdh. Nach Anleitung weiterstr und nach 24,5 cm ab Fersenmitte mit den Abnahmen für die stumpfe Spitze beginnen.

SOXX NO. 11

SCHWIERIGKEITSGRAD 3

GRÖSSE

38/39

MATERIAL

Lang Yarns Jawoll (LL ca. 210 m/50 g) in Beige (Fb 226), Gold (Fb 150), Petrol (Fb 288) und Hellpetrol (Fb 388), je 50 g

Nadelspiel 2,5–3,0 mm

MASCHENPROBE

Im Jacquardmuster mit Nd 2,5–3,0 mm
34 M und 38 Rd = 10 cm x 10 cm

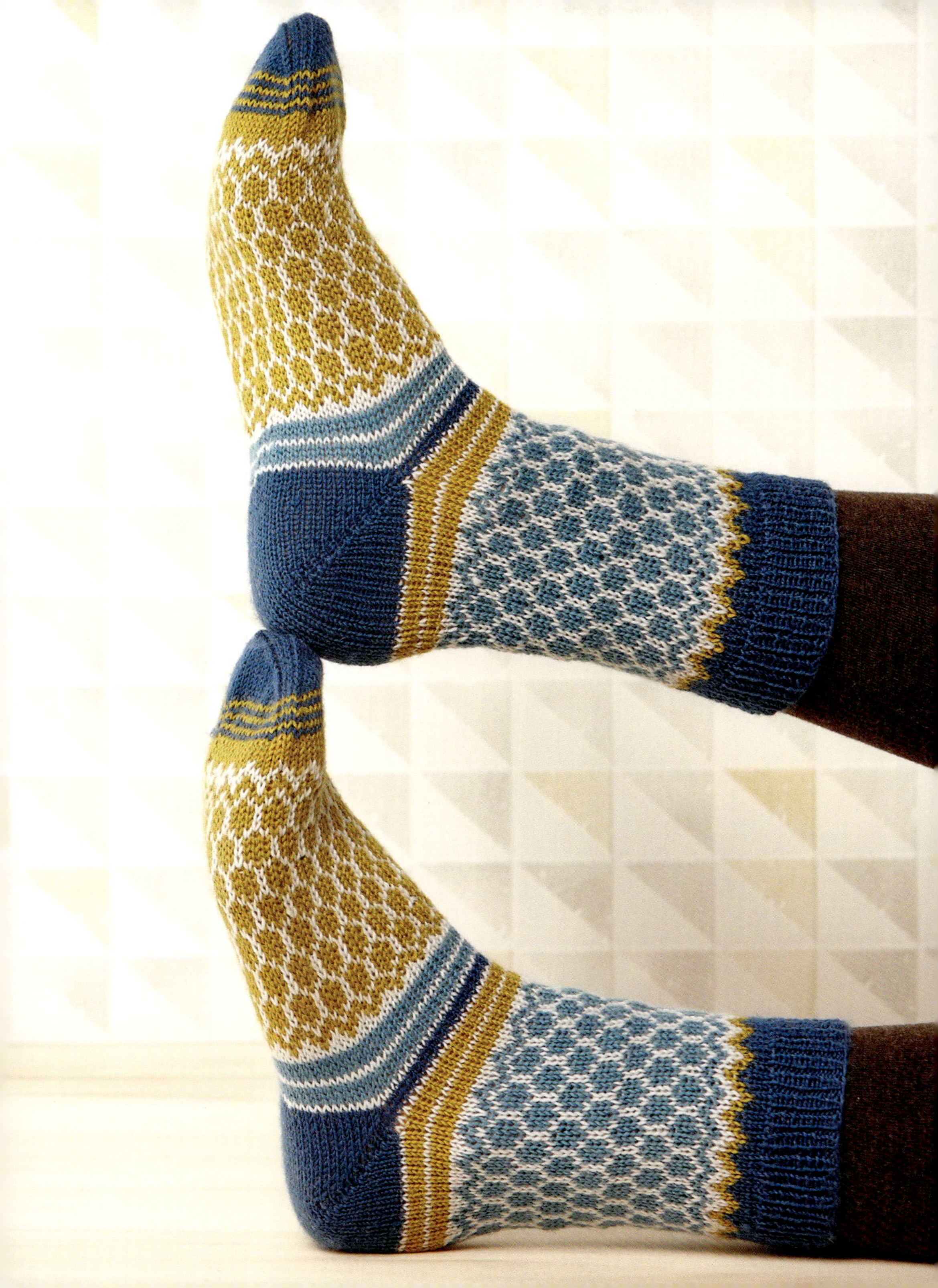

Glatt rechts

In Hinr rechte M, in Rückr linke M str, bzw. in Rd alle M rechts str.

Bündchenmuster

1 M rechts, 1 M links im Wechsel str.

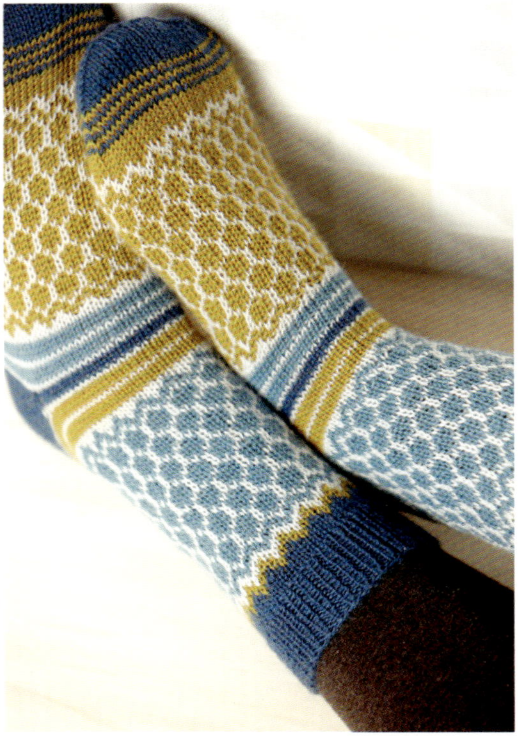

Jacquardmuster A-C

M-Zahl jeweils teilbar durch 4.
In allen Rd glatt rechts nach dem jeweiligen Zählmuster str. Den Rapport von 4 M fortlaufend wdh.

Jacquardmuster A

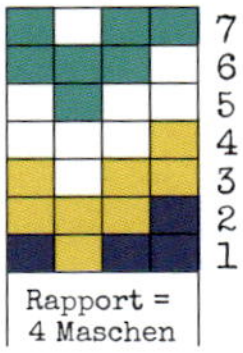

= Petrol
= Gold
= Beige
= Hellpetrol

Jacquardmuster B

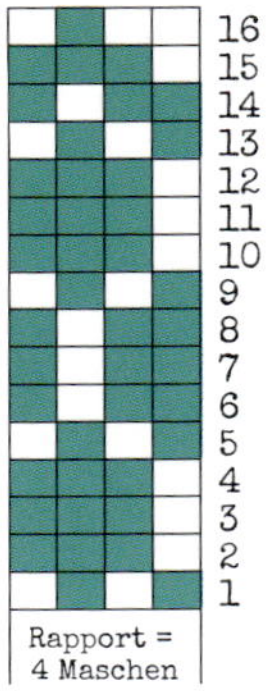

= Hellpetrol
= Beige

Jacquardmuster C

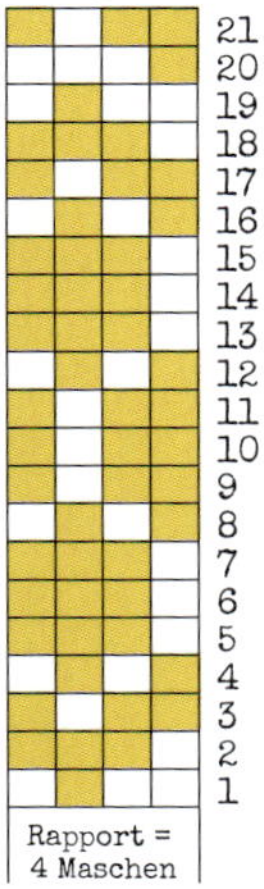

= Beige
= Gold

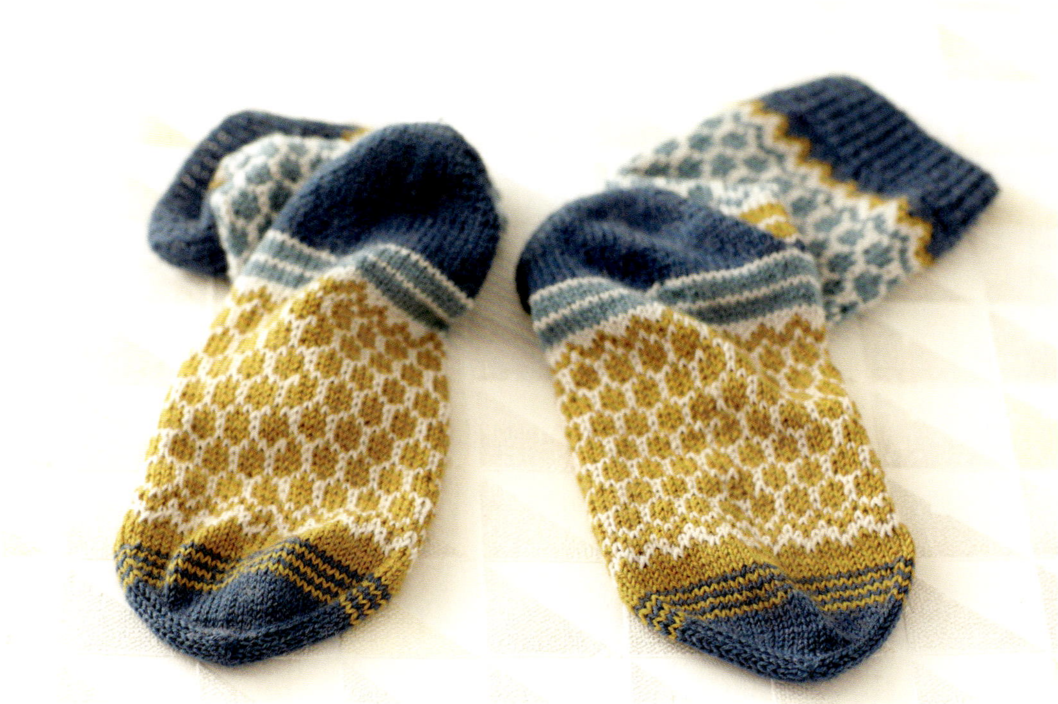

ANLEITUNG

64 M in Petrol anschl, gleichmäßig auf 4 Spielnd verteilen (= 16 M pro Nd) und zur Rd schließen.

Für das BÜNDCHEN 15 Rd (= 3 cm) im Bündchenmuster str.

Den SCHAFT mit 3 Rd glatt rechts in Petrol beginnen und anschließend im Jacquardmuster A in Petrol, Gold, Beige und Hellpetrol weiterarb. Die 1.–7. Rd des Zählmusters 1x str. Die Fäden in Petrol und Gold abschneiden. Nun im Jacquardmuster B in Hellpetrol und Beige weiterarb. Die 1.–8. Rd des Zählmusters 3x str, dann die 9.–16. Rd 1x arb. Danach 1 Rd Beige, * 3 Rd Gold, 1 Rd Beige str, ab *1x wdh. Beide Fäden abschneiden.

Nun die BUMERANGFERSE in Petrol glatt rechts über die 32 M der 4. und 1. Nd nach der Grundanleitung arb (siehe Seite 181).

Den FUSS glatt rechts in Rd über alle M der 4 Spielnd str. Zunächst 1 Rd in Petrol arb und anschließend den Faden abschneiden. Dann * 1 Rd Beige, 3 Rd Hellpetrol str, ab * 1x wdh und 1 Rd in Beige arb. Danach im Jacquardmuster C in Beige

und Gold weiterstr. Die 1.–4. Rd des Zählmusters 1x str, dann die 5.–12. Rd 3x arb und anschließend die 13.–21. Rd 1x str. Nun wie folgt glatt rechts weiterarb: 4 Rd in Gold, * 1 Rd Petrol, 1 Rd Gold str, ab * 2x wdh. Den Faden in Gold abschneiden und die Socke in Petrol beenden. Nach 17,5 cm ab Fersenmitte mit den Abnahmen für die Bandspitze beginnen.
Die BANDSPITZE nach der Grundanleitung (siehe Seite 187) in Petrol arb. Den Faden abschneiden und nach innen ziehen.
Alle Fäden vernähen.
Die zweite Socke genauso arb.

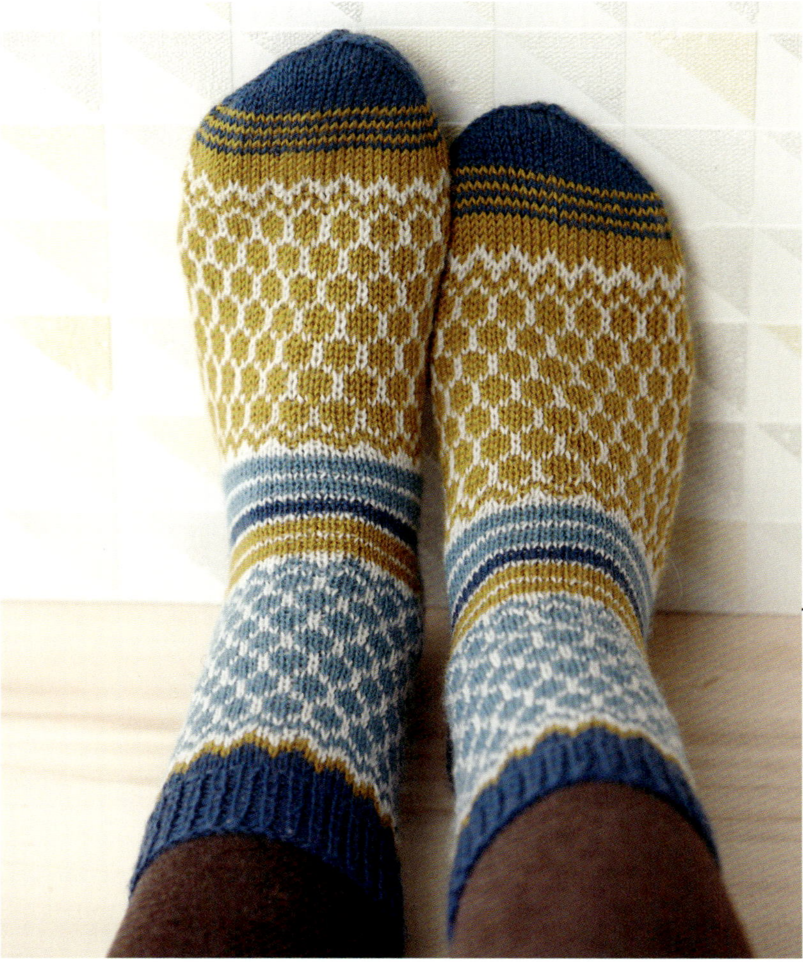

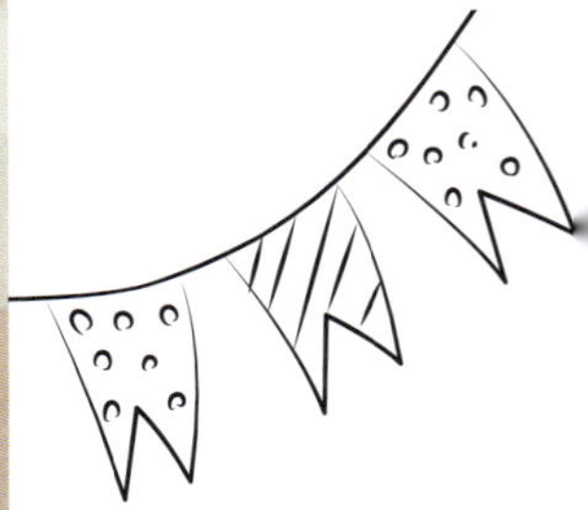

HINWEISE ZUM STRICKEN VON ANDEREN GRÖSSEN

GRÖSSE 36/37
64 M anschl (= 16 M pro Nd).
Fuß, Jacquardmuster C: Die 1.–4. Rd des Zählmusters 1x str, dann die 5.–12. Rd 2x arb und anschließend die 13.–19. Rd 1x str. Nach Anleitung weiterarb und nach 16 cm ab Fersenmitte mit den Abnahmen für die Bandspitze beginnen.

GRÖSSE 40/41
68 M anschl (= 17 M pro Nd).
Fuß, Jacquardmuster C: Die 1.–4. Rd des Zählmusters 1x str, dann die 5.–12. Rd 3x arb und anschließend die 13.–19. Rd 1x str. Nach Anleitung weiterarb und nach 19 cm ab Fersenmitte mit den Abnahmen für die Bandspitze beginnen.

GRÖSSE 42/43
68 M anschl (= 17 M pro Nd).
Fuß, Jacquardmuster C: Die 1.–4. Rd des Zählmusters 1x str, dann die 5.–12. Rd 4x arb und anschließend die 13.–19. Rd 1x str. Nach Anleitung weiterarb und nach 20,5 cm ab Fersenmitte mit den Abnahmen für die Bandspitze beginnen.

GRÖSSE 44/45
72 M anschl (= 18 M pro Nd).
Fuß, Jacquardmuster C: Die 1.–4. Rd des Zählmusters 1x str, dann die 5.–12. Rd 4x arb und anschließend die 13.–19. Rd 1x str. Nach Anleitung weiterarb und nach 22 cm ab Fersenmitte mit den Abnahmen für die Bandspitze beginnen.

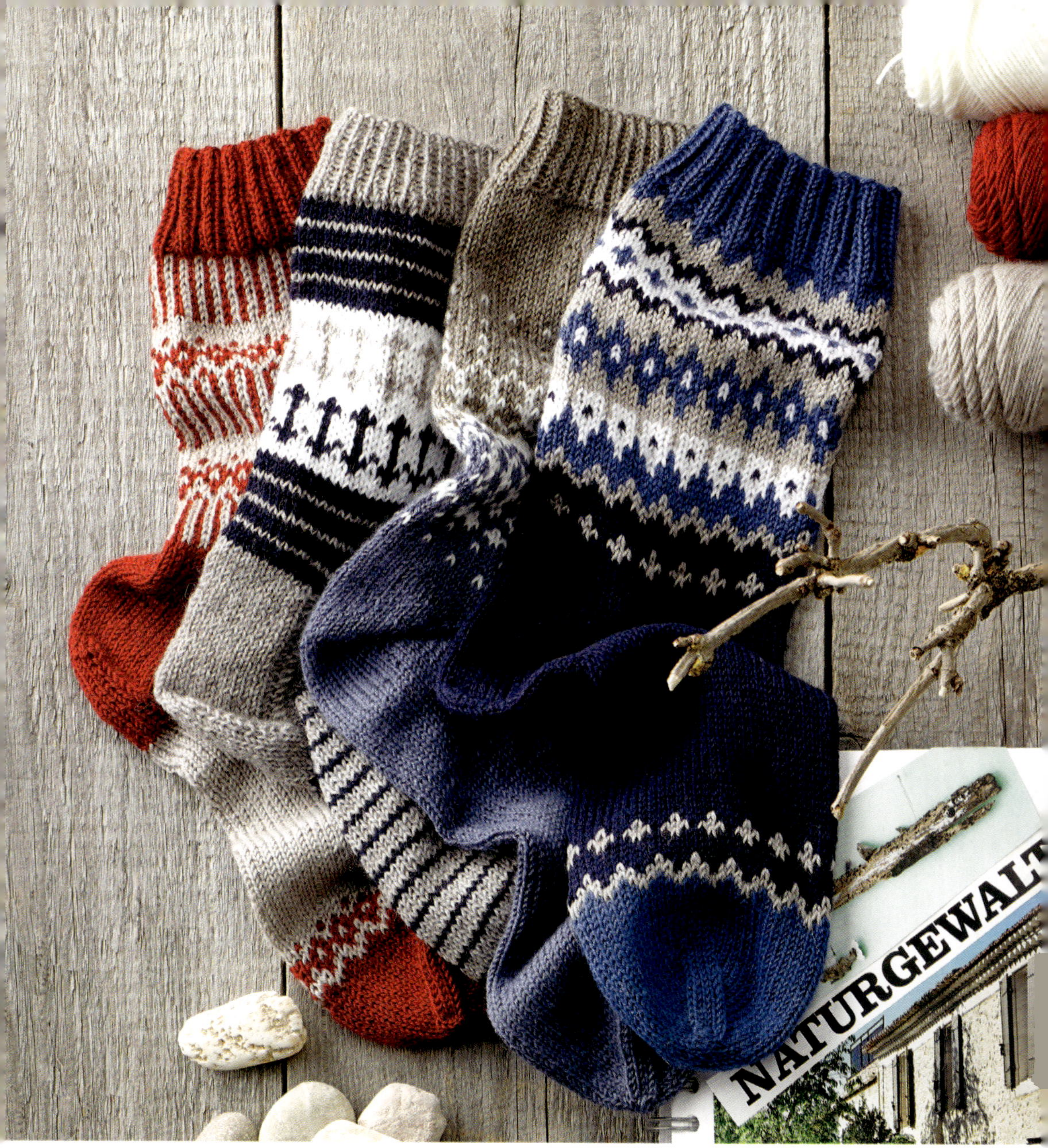

Mehr als nur 'ne

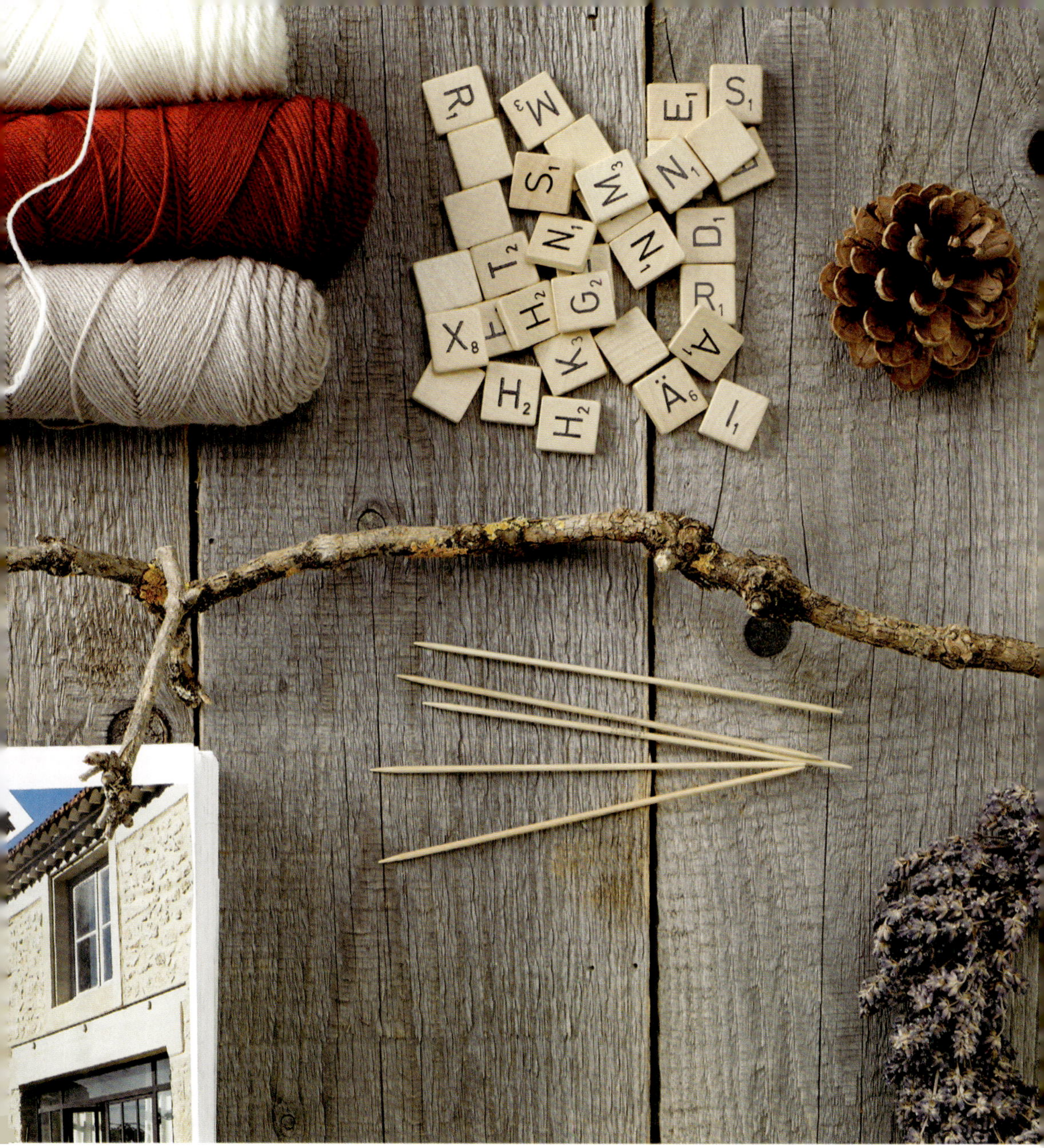

coole Socke >>>>>>>>

SOXX No. 12

SCHWIERIGKEITSGRAD 2

GRÖSSE

42/43

MATERIAL

Lang Yarns Jawoll (LL 210 m/50 g) in Hellbraun Mélange (Fb 45) und Offwhite (Fb 94), je 50 g, in Stahlblau (Fb 07), 100 g

Nadelspiel 2,5–3,0 mm

MASCHENPROBE

Im Jacquardmuster mit Nd 2,5–3,0 mm
32 M und 42 Rd = 10 cm x 10 cm

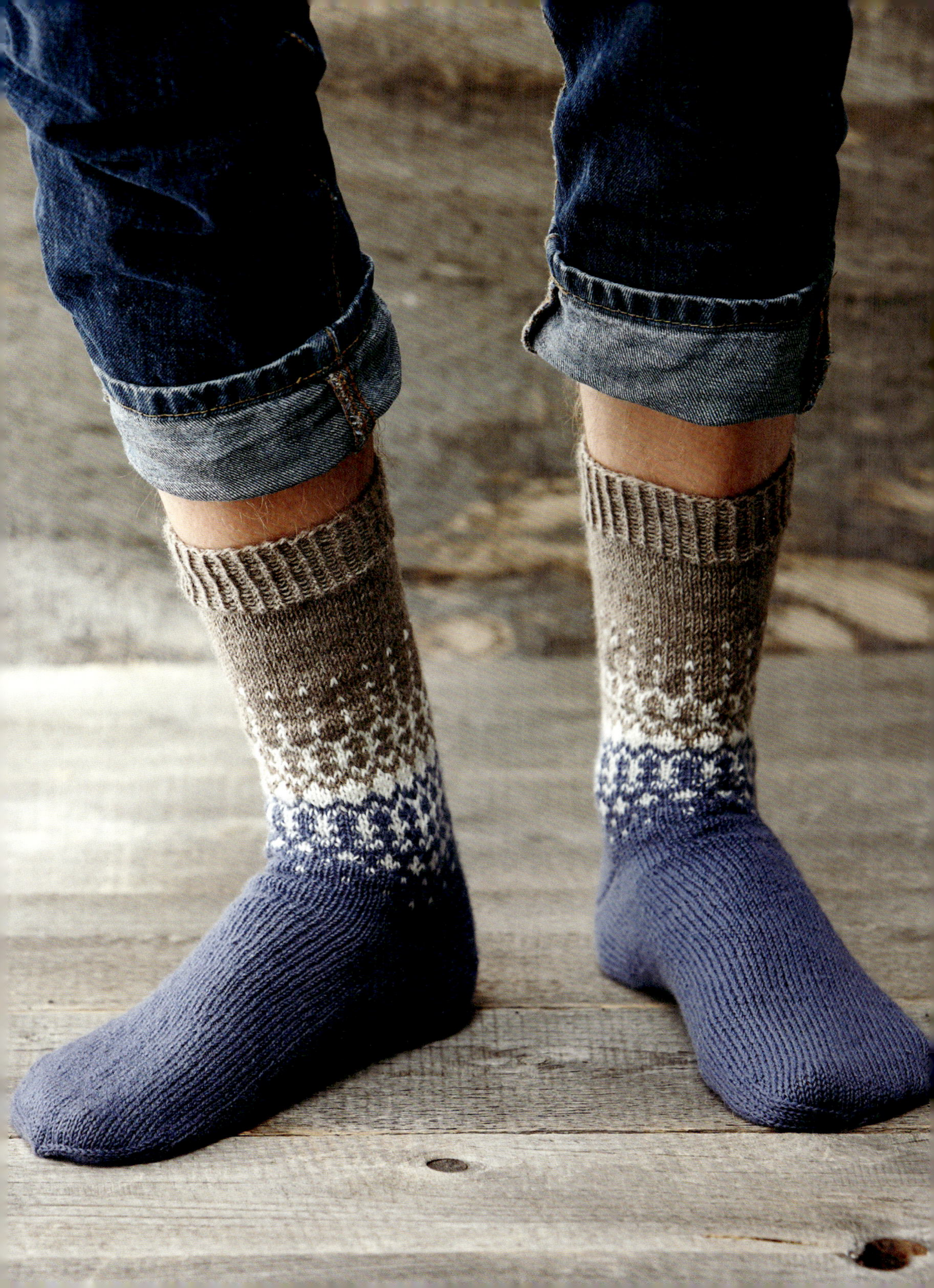

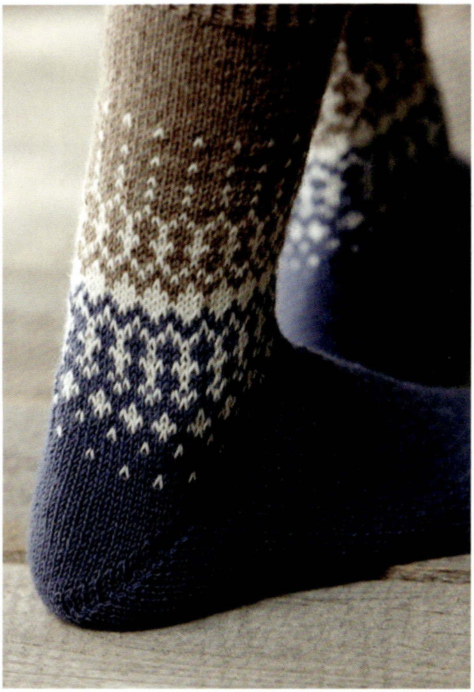

Jacquardmuster

M-Zahl teilbar durch 4.
In allen Rd glatt rechts nach dem Zählmuster str. Den Rapport von 4 M fortlaufend wdh.

Jacquardmuster

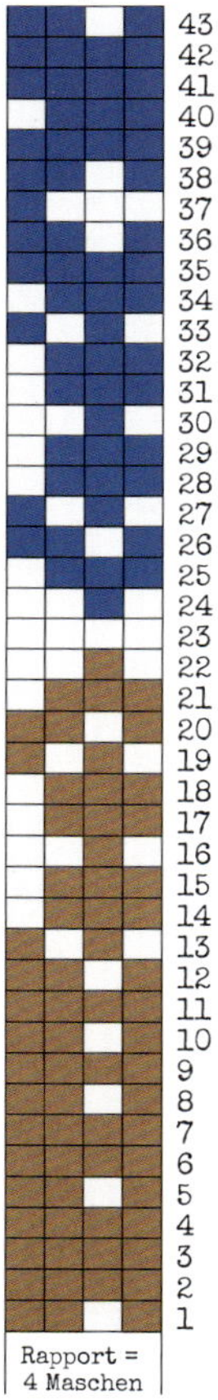

- = Hellbraun Mélange
- = Offwhite
- = Stahlblau

Glatt rechts

In Hinr rechte M, in Rückr linke M str, bzw. in Rd alle M rechts str.

Rechts verschränkte Maschen

In das hintere M-Glied von rechts nach links einstechen und die M rechts abstr, sodass sich die M verdreht.

Bündchenmuster

1 M rechts verschränkt, 1 M links im Wechsel str.

ANLEITUNG

68 M in Hellbraun Mélange anschl, gleichmäßig auf 4 Spielnd (= 17 M pro Nd) verteilen und zur Rd schließen.
Für das BÜNDCHEN 15 Rd (= 3,5 cm) Bündchenmuster str.
Mit 20 Rd glatt rechts den SCHAFT beginnen und anschließend das Jacquardmuster in Hellbraun Mélange, Offwhite und Stahlblau str. Die 1.–43. Rd des Zählmusters 1x arb. Den Faden in Hellbraun Mélange und den Faden in Offwhite abschneiden. Den Schaft in Stahlblau weiterstr. Nach einer Gesamtlänge von 20,5 cm mit der Bumerangferse beginnen.
Die BUMERANGFERSE in Stahlblau glatt rechts über die 34 M der 4. und 1. Nd nach der Grundanleitung arb (siehe Seite 181).

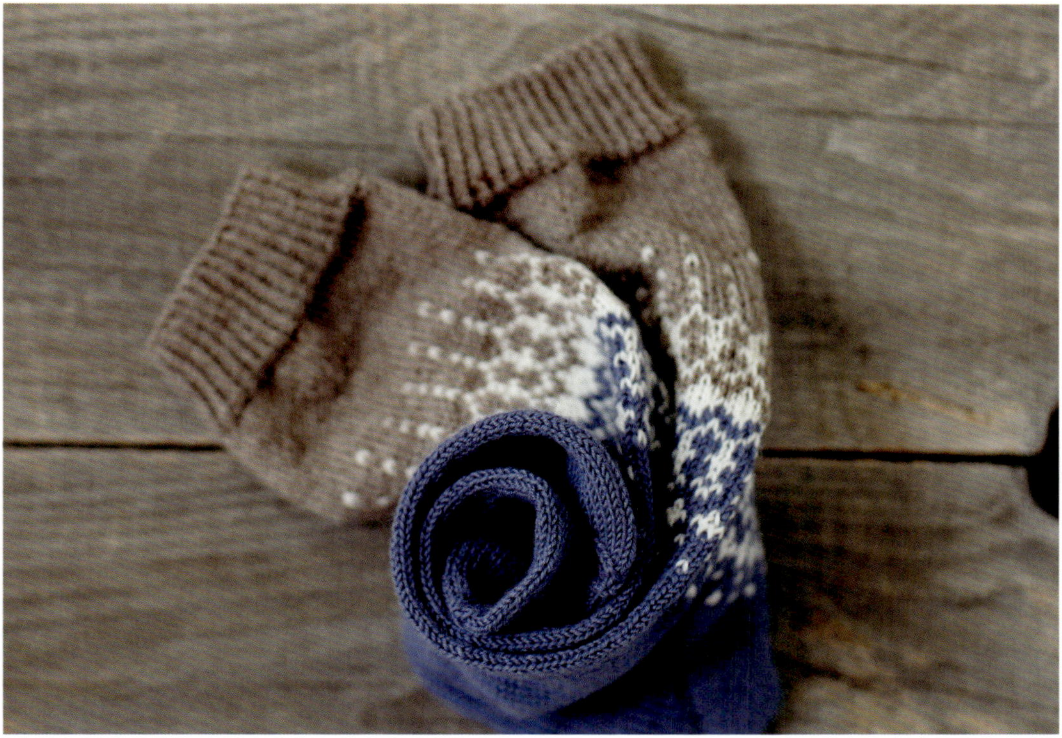

HINWEISE ZUM STRICKEN VON ANDEREN GRÖSSEN

GRÖSSE 40/41
68 M anschl (= 17 M pro Nd).
Fuß: Nach 19 cm ab Fersenmitte mit den Abnahmen für die Bandspitze beginnen.

GRÖSSE 44/45
72 M anschl (= 18 M pro Nd).
Fuß: Nach 22 cm ab Fersenmitte mit den Abnahmen für die Bandspitze beginnen.

GRÖSSE 46/47
76 M anschl (= 19 M pro Nd).
Fuß: Nach 23,5 cm ab Fersenmitte mit den Abnahmen für die Bandspitze beginnen.

Den FUSS weiter in Stahlblau glatt rechts in Rd über alle M der 4 Spielnd str. Nach 20,5 cm ab Fersenmitte mit den Abnahmen für die Bandspitze beginnen.

Die BANDSPITZE nach der Grundanleitung (siehe Seite 187) arb. Den Faden abschneiden und nach innen ziehen. Alle Fäden vernähen.
Die zweite Socke genauso arb.

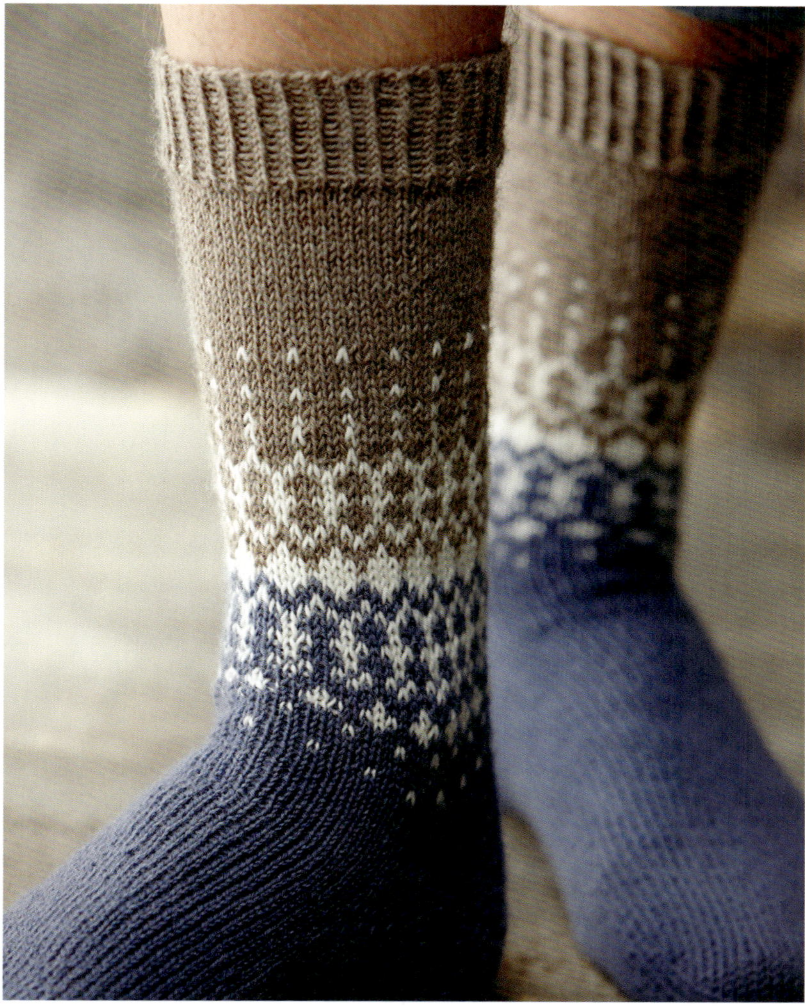

SOXX NO. 13

SCHWIERIGKEITSGRAD 2

GRÖSSE

38/39

MATERIAL

Lang Yarns Jawoll (LL ca. 210 m/50 g)
in Burgund (Fb 61) und
Hellbeige Mélange (Fb 22), je 50 g

Nadelspiel 2,5–3,0 mm

MASCHENPROBE

Im Jacquardmuster mit Nd 2,5–3,0 mm
32 M und 36 Rd = 10 cm x 10 cm

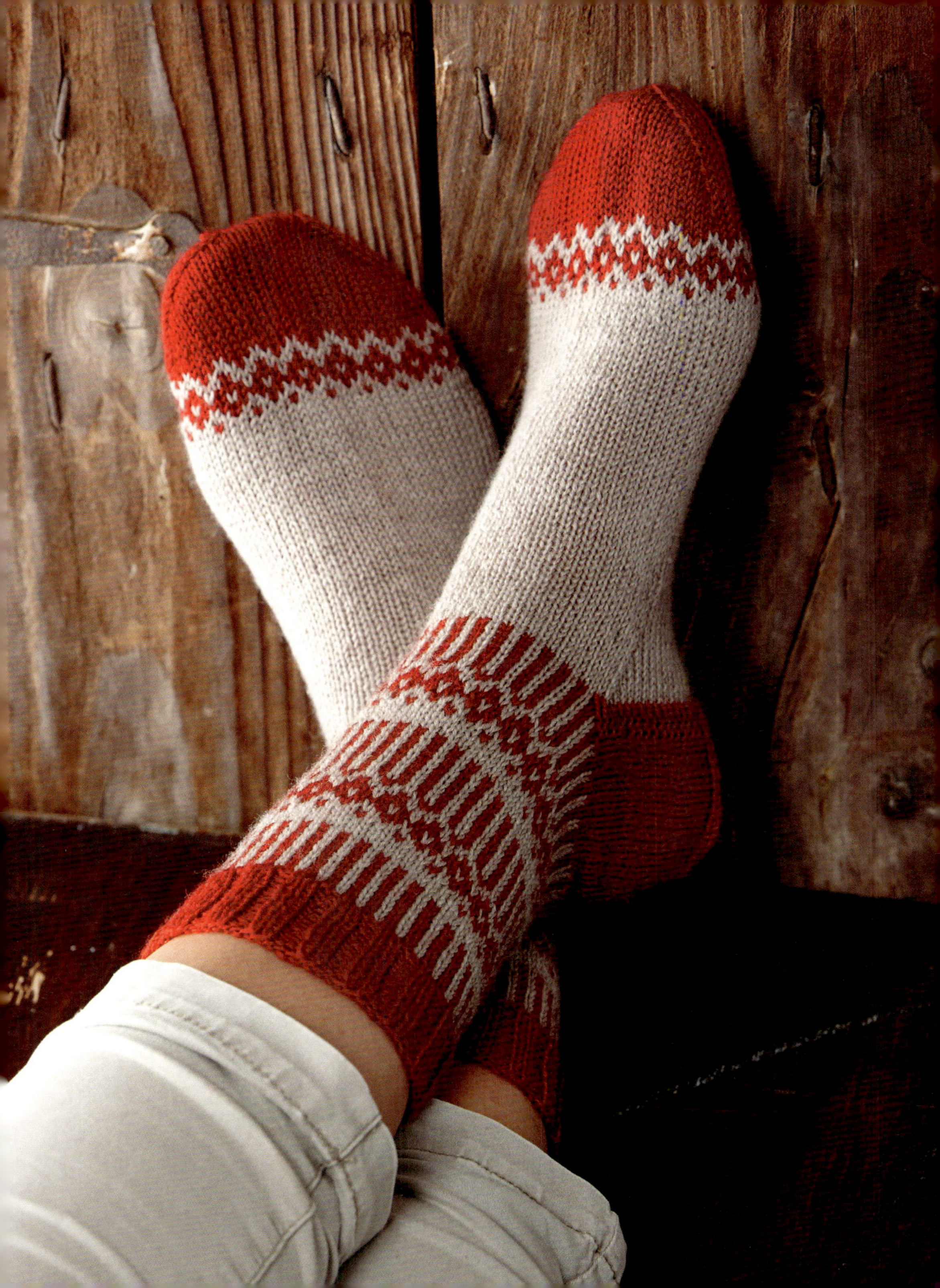

Glatt rechts

In Hinr rechte M, in Rückr linke M str, bzw. in Rd alle M rechts str.

Bündchenmuster

2 M rechts, 2 M links im Wechsel str.

Jacquardmuster A und B

M-Zahl jeweils teilbar durch 4.
In allen Rd glatt rechts nach dem jeweiligen Zählmuster str. Den Rapport von 4 M fortlaufend wdh.

Jacquardmuster A

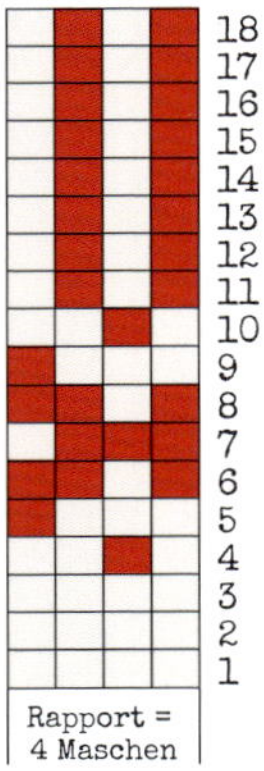

= Hellbeige Mélange
= Burgund

Jacquardmuster B

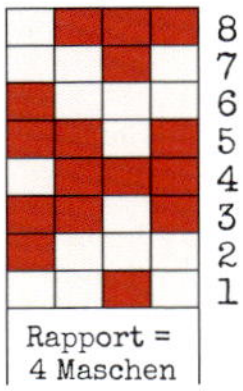

= Hellbeige Mélange
= Burgund

ANLEITUNG

64 M in Burgund anschl, gleichmäßig auf 4 Spielnd verteilen (= 16 M pro Nd) und zur Rd schließen.
Für das BÜNDCHEN 15 Rd (= 3,5 cm) im Bündchenmuster str.
Für den SCHAFT zunächst 1 Rd rechte M in Burgund arb und anschließend 8 Rd glatt rechts 1 M Hellbeige Mélange, 1 M Burgund im Wechsel str. Danach im Jacquardmuster A weiterarb. Die 1.–18. Rd des Zählmusters 2x str. Beide Fäden abschneiden.
Die KÄPPCHENFERSE glatt rechts in Burgund über die 32 M der 4. und 1. Nd nach der Grundanleitung str (siehe Seite 184).
Den Faden in Burgund abschneiden.
Den FUSS glatt rechts in Rd in Hellbeige Mélange über alle M der 4 Spielnd str.
Nach 16,5 cm ab Fersenmitte das Jacquardmuster B in Burgund und Hellbeige Mélange arb. Die 1.–8. Rd des Zählmusters 1x str. Den Faden in Hellbeige Mélange abschneiden und die Socke in Burgund beenden. Dabei nach 20 cm ab Fersenmitte mit den Abnahmen für die stumpfe Spitze beginnen.
Die STUMPFE SPITZE nach der Grundanleitung arb (siehe Seite 187). Die Öffnung im M-Stich schließen (siehe Seite 188).
Alle Fäden vernähen.
Die zweite Socke genauso arb.

HINWEISE ZUM STRICKEN VON ANDEREN GRÖSSEN

GRÖSSE 36/37
64 M anschl (= 16 M pro Nd).
Fuß: Nach 15 cm ab Fersenmitte das Jacquardmuster B in Burgund und Hellbeige Mélange arb. Die 1.–8. Rd 1x str. Nach Anleitung weiterarb und nach 18,5 cm ab Fersenmitte mit den Abnahmen für die stumpfe Spitze beginnen.

Ab Größe 40/41 benötigst du von Hellbeige Mélange 100 g.

GRÖSSE 40/41
68 M anschl (= 17 M pro Nd).
Fuß: Nach 18 cm ab Fersenmitte das Jacquardmuster B in Burgund und Hellbeige Mélange arb. Die 1.–8. Rd 1x str. Nach Anleitung weiterarb und nach 21,5 cm ab Fersenmitte mit den Abnahmen für die stumpfe Spitze beginnen.

GRÖSSE 42/43
68 M anschl (= 17 M pro Nd).
Fuß: Nach 19,5 cm ab Fersenmitte das Jacquardmuster B in Burgund und Hellbeige Mélange arb. Die 1.–8 Rd 1x str. Nach Anleitung weiterarb und nach 23 cm ab Fersenmitte mit den Abnahmen für die stumpfe Spitze beginnen.

GRÖSSE 44/45
72 M anschl (= 18 M pro Nd).
Fuß: Nach 21 cm ab Fersenmitte das Jacquardmuster B in Burgund und Hellbeige Mélange arb. Die 1.–8. Rd 1x str. Nach Anleitung weiterarb und nach 24,5 cm ab Fersenmitte mit den Abnahmen für die stumpfe Spitze beginnen.

SOXX No. 14

SCHWIERIGKEITSGRAD 2

GRÖSSE

38/39

MATERIAL

Schachenmayr Regia 4-fädig (LL 210 m/50 g) in Holz meliert (Fb 2070), Marine (Fb 324) und Superweiß (Fb 2080), je 50 g

Nadelspiel 2,5–3,0 mm

MASCHENPROBE

Im Jacquardmuster mit Nd 2,5–3,0 mm
32 M und 38 Rd = 10 cm x 10 cm

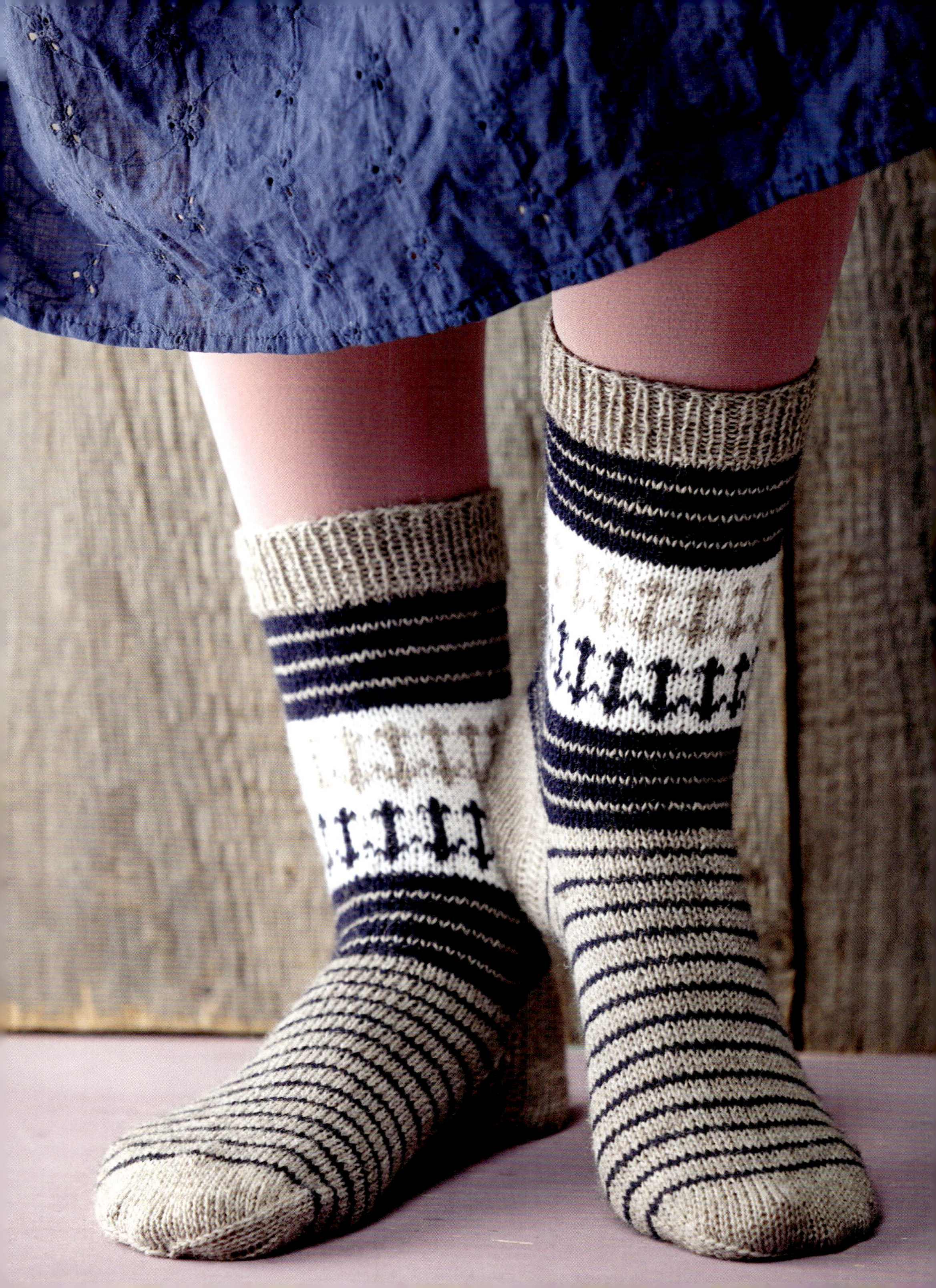

Glatt rechts

In Hinr rechte M, in Rückr linke M str, bzw. in Rd alle M rechts str.

Bündchenmuster

1 M rechts, 1 M links im Wechsel str.

Jacquardmuster

M-Zahl teilbar durch 4.
In allen Rd glatt rechts nach dem Zählmuster str. Den Rapport von 4 M fortlaufend wdh.

Jacquardmuster

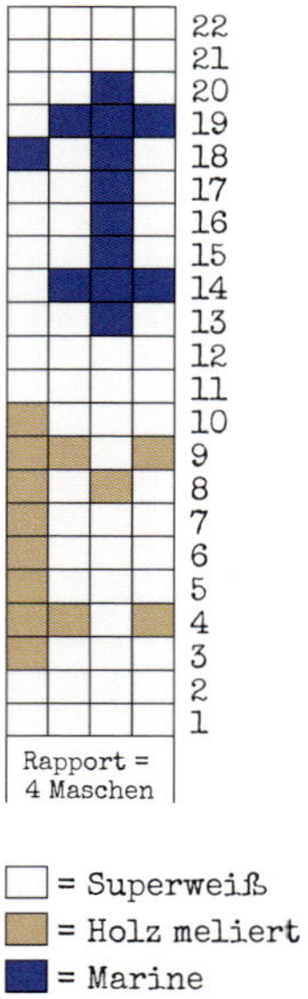

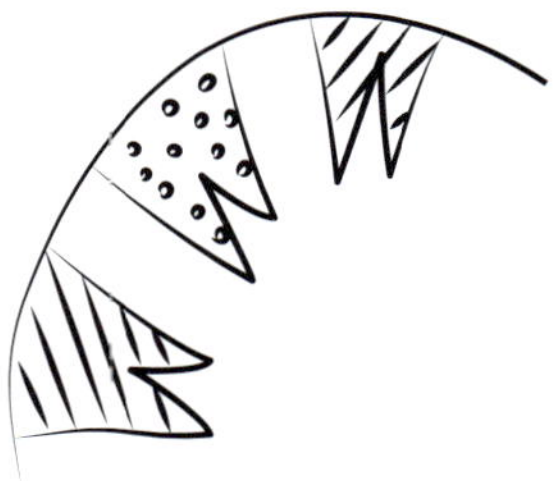

ANLEITUNG

60 M in Holz meliert anschl, gleichmäßig auf 4 Spielnd verteilen (= 15 M pro Nd) und zur Rd schließen.
Für das BÜNDCHEN 13 Rd (= 3 cm) im Bündchenmuster str.
Den SCHAFT glatt rechts in Rd arb: * 1 Rd Holz meliert, 3 Rd Marine str, ab * 3x wdh. Im Jacquardmuster in Superweiß, Holz meliert und Marine weiterarb. Die 1.–22. Rd des Zählmusters 1x str. Den Faden in Superweiß abschneiden.
Anschließend * 3 Rd Marine, 1 Rd Holz meliert arb, ab * 2x wdh. Den Schaft mit 3 Rd Marine beenden. Die Fäden abschneiden.
Nun die KÄPPCHENFERSE glatt rechts in Holz meliert über die 30 M der 4. und 1. Nd nach der Grundanleitung (siehe Seite 184) str.
Den FUSS glatt rechts in Rd über alle M der 4 Spielnd arb. * 3 Rd Holz meliert, 1 Rd Marine str, ab * 12x wdh. Den Faden in Marine abschneiden und die Socke in Holz meliert beenden. Nach 17,5 cm ab Fersenmitte mit den Abnahmen für die Bandspitze beginnen.
Die BANDSPITZE nach der Grundanleitung (siehe Seite 187) arb. Den Faden abschneiden und nach innen ziehen.
Alle Fäden vernähen.
Die zweite Socke genauso arb.

HINWEISE ZUM STRICKEN VON ANDEREN GRÖSSEN

GRÖSSE 36/37
60 M anschl (= 15 M pro Nd).
Fuß: * 3 Rd Holz meliert, 1 Rd Marine str, ab * 10x wdh. Nach Anleitung weiterarb und nach 16 cm ab Fersenmitte mit den Abnahmen für die Bandspitze beginnen.

GRÖSSE 40/41
64 M anschl (= 16 M pro Nd).
Fuß: * 3 Rd Holz meliert, 1 Rd Marine str, ab * 13x wdh. Nach Anleitung weiterarb und nach 19 cm ab Fersenmitte mit den Abnahmen für die Bandspitze beginnen.

GRÖSSE 42/43
64 M anschl (= 16 M pro Nd).
Fuß: * 3 Rd Holz meliert, 1 Rd Marine str, ab * 15x wdh. Nach Anleitung weiterarb und nach 20,5 cm ab Fersenmitte mit den Abnahmen für die Bandspitze beginnen.

GRÖSSE 44/45
68 M anschl (= 17 M pro Nd).
Fuß: * 3 Rd Holz meliert, 1 Rd Marine str, ab * 16x wdh. Nach Anleitung weiterarb und nach 22 cm ab Fersenmitte mit den Abnahmen für die Bandspitze beginnen.

SOXX No. 15

SCHWIERIGKEITSGRAD 3

GRÖSSE

38/39

MATERIAL

Lang Yarns Jawoll (LL ca. 210 m/50 g) in Navy (Fb 25), Weiß (Fb 01), Jeans (Fb 32) und Hellbeige Mélange (Fb 22), je 50 g

Nadelspiel 2,5–3,0 mm

MASCHENPROBE

Im Jacquardmuster mit Nd 2,5–3,0 mm
32 M und 38 Rd = 10 cm x 10 cm

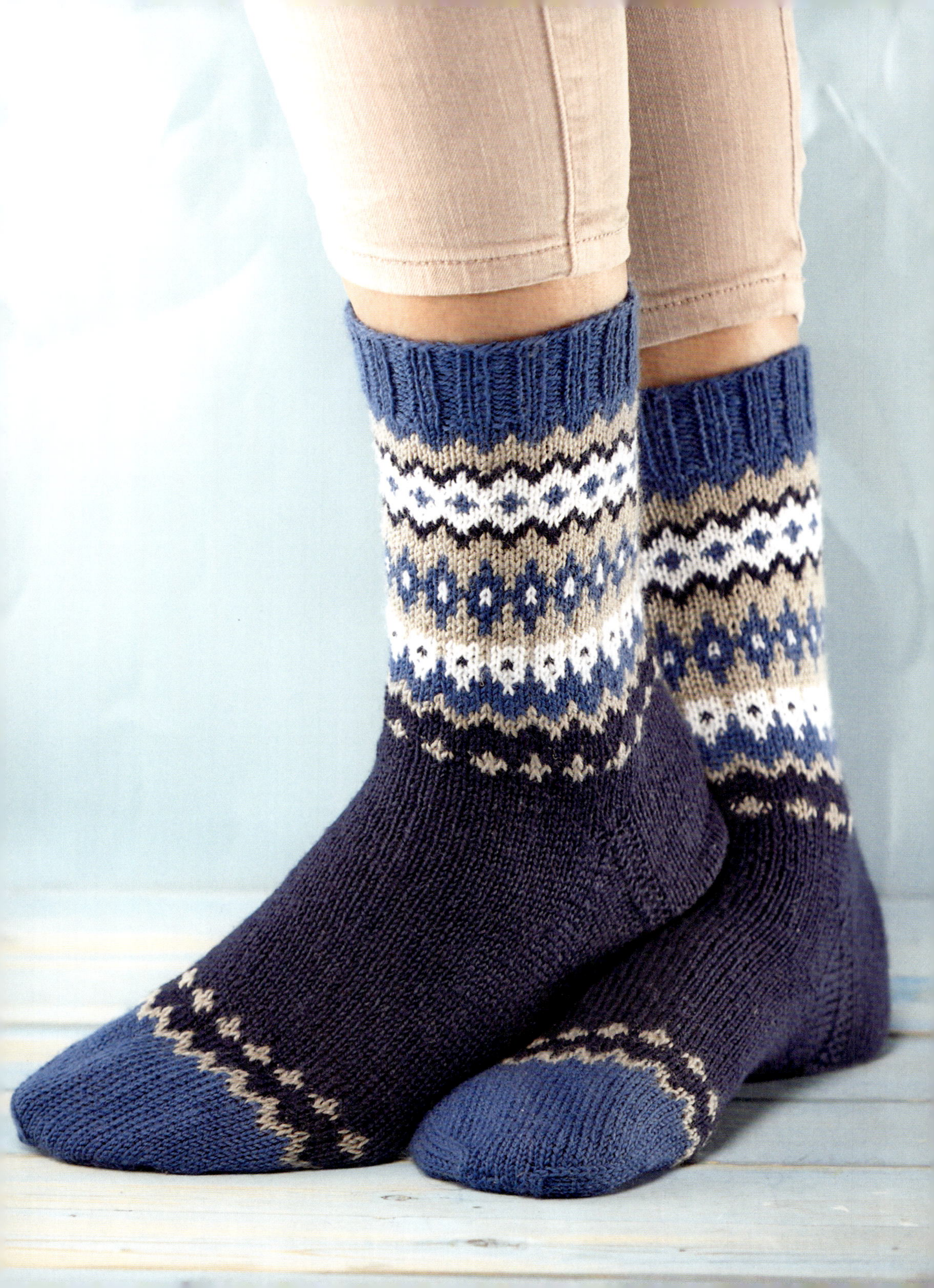

Glatt rechts

In Hinr rechte M, in Rückr linke M str, bzw. in Rd alle M rechts str.

Bündchenmuster

2 M rechts, 2 M links im Wechsel str.

Jacquardmuster A und B

M-Zahl jeweils teilbar durch 4.
In allen Rd glatt rechts nach dem jeweiligen Zählmuster str. Den Rapport von jeweils 4 M fortlaufend wdh.

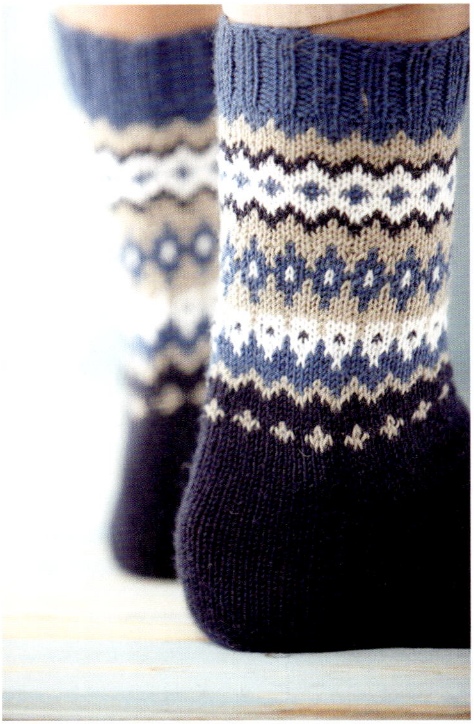

Jacquardmuster A

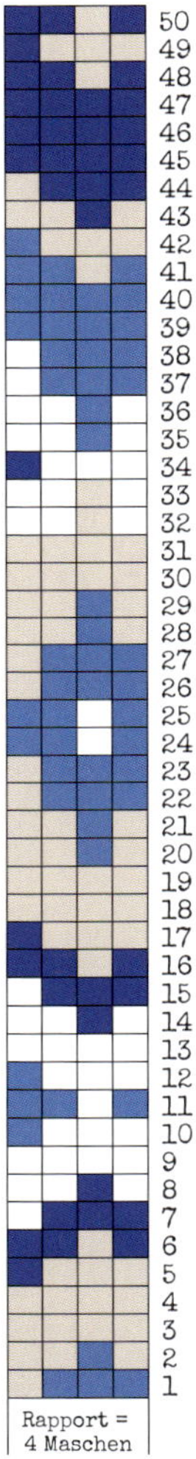

= Jeans
= Hellbeige Mélange
= Navy
= Weiß

Jacquardmuster B

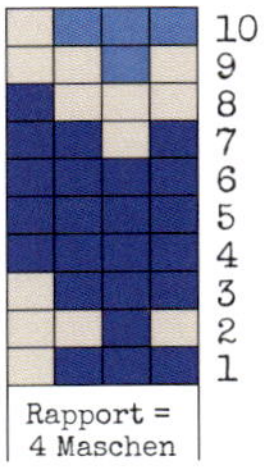

= Navy
= Hellbeige Mélange
= Jeans

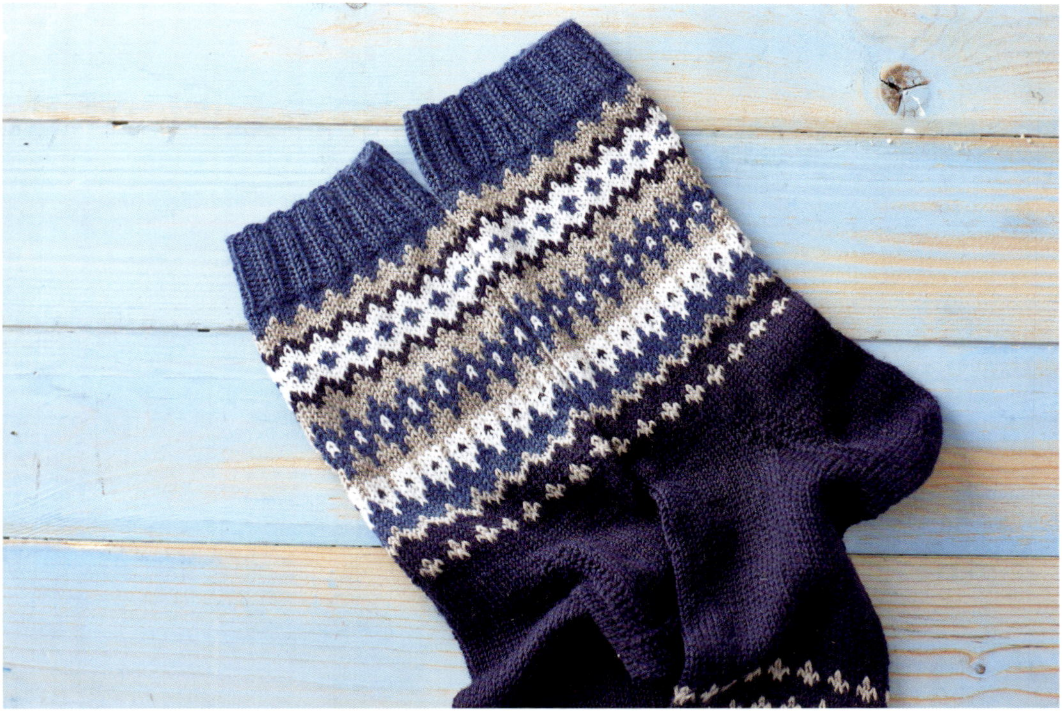

ANLEITUNG

64 M in Jeans anschl, gleichmäßig auf 4 Spielnd verteilen (= 16 M pro Nd) und zur Rd schließen.
Für das BÜNDCHEN 15 Rd (= 3,5 cm) im Bündchenmuster str.
Den SCHAFT glatt rechts mit 2 Rd Jeans beginnen und anschließend im Jacquardmuster A in Jeans, Hellbeige Mélange, Navy und Weiß weiterarb. Die 1.-50. Rd des Zählmusters 1x str. Den Faden in Jeans, Weiß und Hellbeige Mélange abschneiden und 10 Rd in Navy weiterarb.

Die KÄPPCHENFERSE glatt rechts in Navy über die 32 M der 4. und 1. Nd nach der Grundanleitung (siehe Seite 184) str.
Den FUSS weiter in Navy glatt rechts in Rd über alle M der 4 Spielnd str. Nach 14 cm ab Fersenmitte im Jacquardmuster B in Navy, Hellbeige Mélange und Jeans weiterarb. Die 1.-10. Rd des Zählmusters 1x str. Den Faden in Navy und den Faden in Hellbeige Mélange abschneiden. Anschließend in Jeans weiterstr, dabei nach 20 cm ab Fersenmitte mit den Abnahmen für die stumpfe Spitze beginnen.

Die STUMPFE SPITZE nach der Grundanleitung arb (siehe Seite 187). Die Öffnung im M-Stich schließen (siehe Seite 188).

Alle Fäden vernähen.
Die zweite Socke genauso arb.

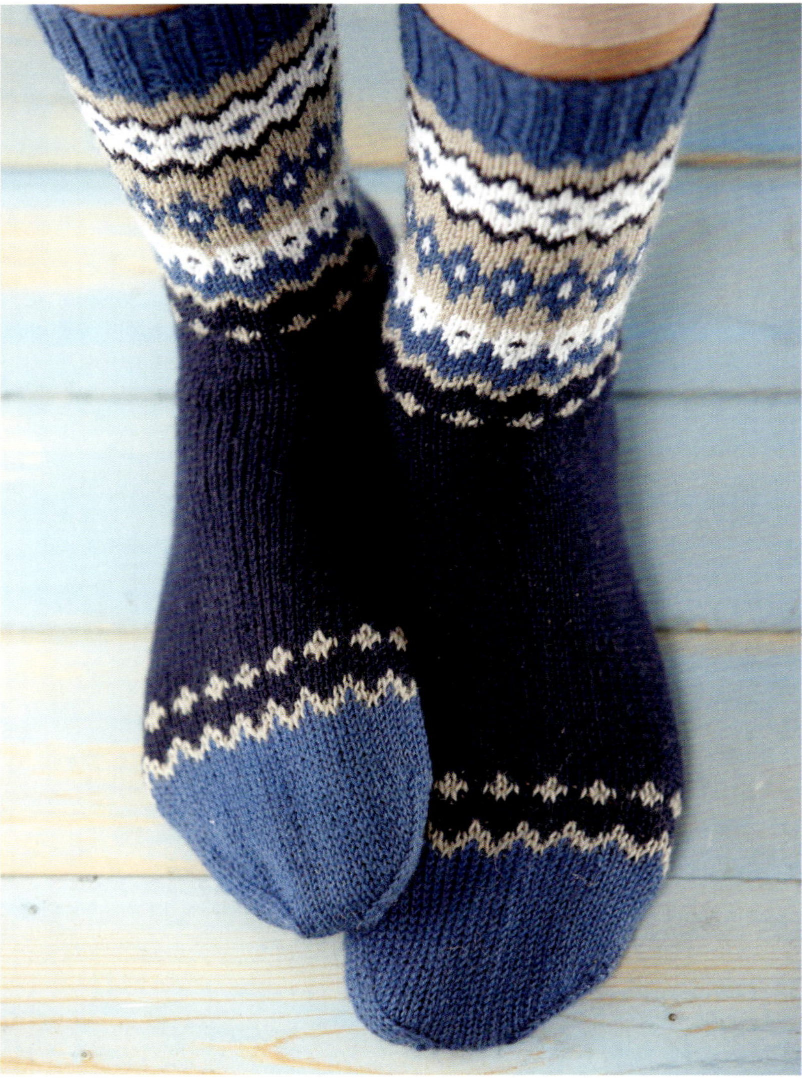

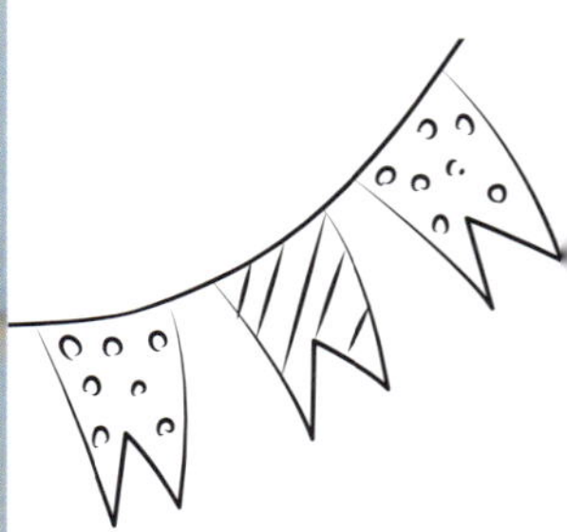

HINWEISE ZUM STRICKEN VON ANDEREN GRÖSSEN

GRÖSSE 36/37
64 M anschl (= 16 M pro Nd).
Fuß: Nach 12,5 cm ab Fersenmitte im Jacquardmuster B in Navy, Hellbeige Mélange und Jeans weiterarb. Die 1.–10. Rd des Zählmusters 1x str. Nach Anleitung weiterarb und nach 18,5 cm ab Fersenmitte mit den Abnahmen für die stumpfe Spitze beginnen.

GRÖSSE 40/41
68 M anschl (= 17 M pro Nd).
Fuß: Nach 15,5 cm ab Fersenmitte im Jacquardmuster B in Navy, Hellbeige Mélange und Jeans weiterarb. Die 1.–10. Rd des Zählmusters 1x str. Nach Anleitung weiterarb und nach 21,5 cm ab Fersenmitte mit den Abnahmen für die stumpfe Spitze beginnen.

GRÖSSE 42/43
68 M anschl (= 17 M pro Nd).
Fuß: Nach 17 cm ab Fersenmitte im Jacquardmuster B in Navy, Hellbeige Mélange und Jeans weiterarb. Die 1.–10. Rd des Zählmusters 1x str. Nach Anleitung weiterarb und nach 23 cm ab Fersenmitte mit den Abnahmen für die stumpfe Spitze beginnen.

GRÖSSE 44/45
72 M anschl (= 18 M pro Nd).
Fuß: Nach 18,5 cm ab Fersenmitte im Jacquardmuster B in Navy, Hellbeige Mélange und Jeans weiterarb. Die 1.–10. Rd des Zählmusters 1x str. Nach Anleitung weiterarb und nach 24,5 cm ab Fersenmitte mit den Abnahmen für die stumpfe Spitze beginnen.

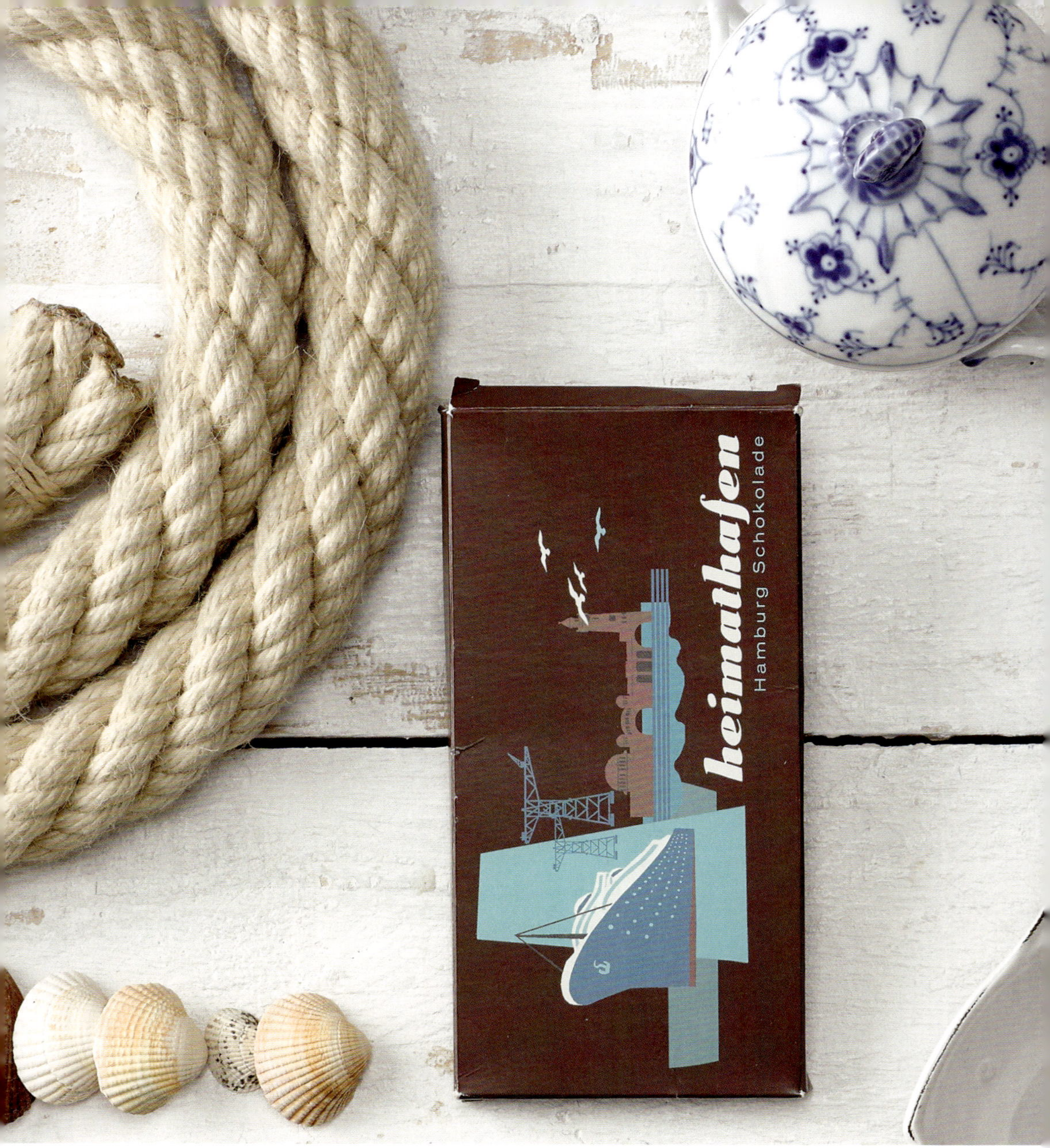

Hier steppt die

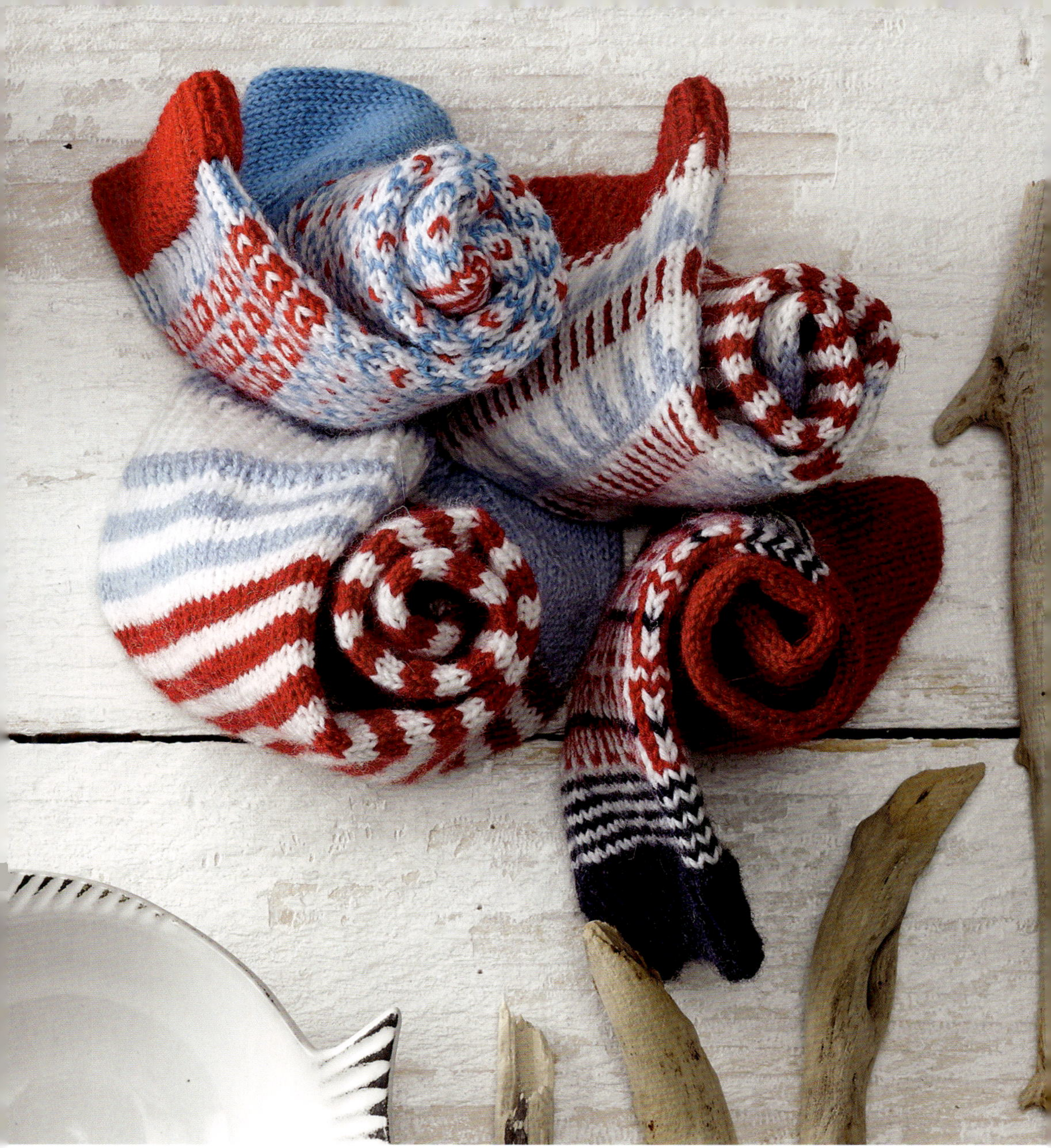

Socke

SOXX NO. 16

SCHWIERIGKEITSGRAD 3

GRÖSSE

38/39

MATERIAL

Lang Yarns Jawoll (LL ca. 210 m/50 g) in Blau (Fb 110), Rot (Fb 60) und Weiß (Fb 01), je 50 g

Nadelspiel 2,5–3,0 mm

MASCHENPROBE

Im Jacquardmuster mit Nd 2,5–3,0 mm
34 M und 38 Rd = 10 cm x 10 cm

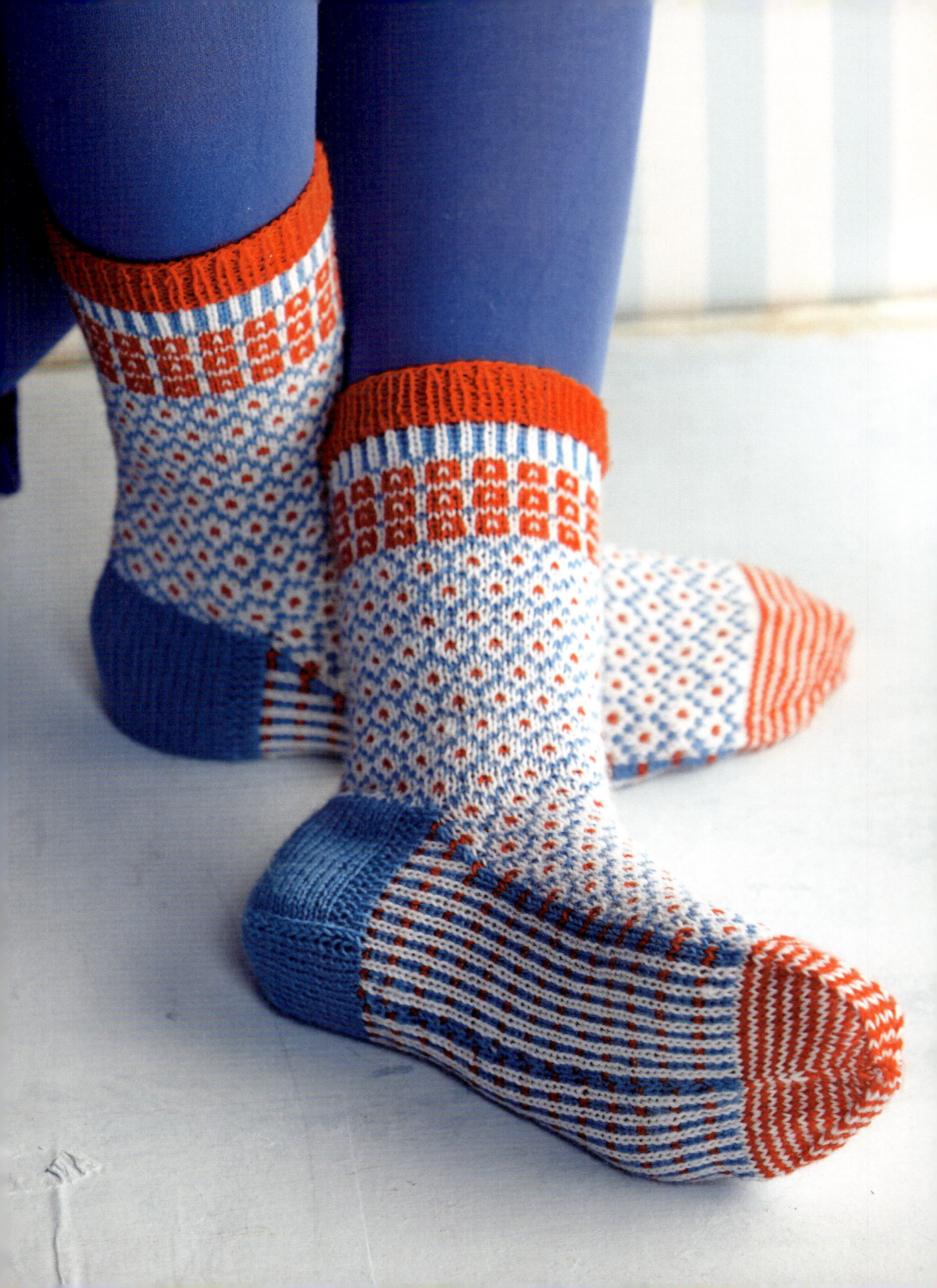

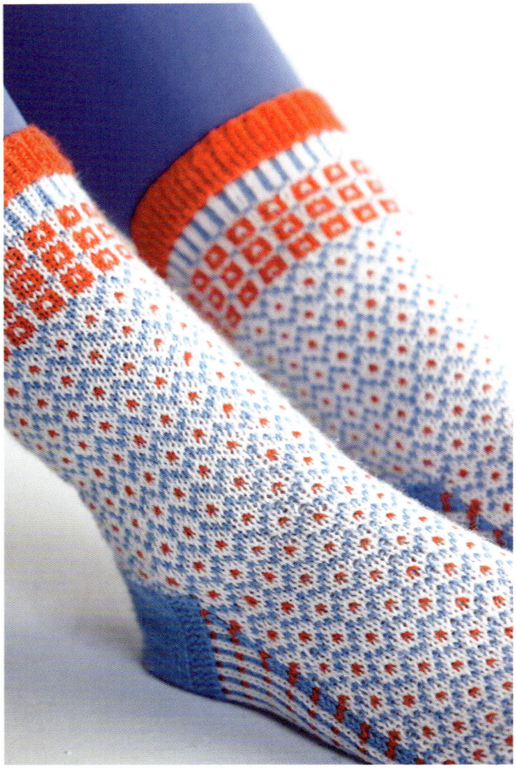

Jacquardmuster A und B

M-Zahl jeweils teilbar durch 4.

In allen Rd glatt rechts nach dem jeweiligen Zählmuster str. Den Rapport von 4 M fortlaufend wdh.

Jacquardmuster A

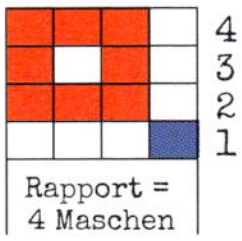

- ■ = Blau
- □ = Weiß
- ■ = Rot

Jacquardmuster B

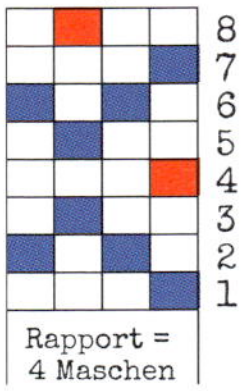

- ■ = Blau
- □ = Weiß
- ■ = Rot

Glatt rechts

In Hinr rechte M, in Rückr linke M str, bzw. in Rd alle M rechts str.

Bündchenmuster

1 M rechts, 1 M links im Wechsel str.

Jacquardmuster C

M-Zahl teilbar durch 2.

In allen Rd glatt rechts nach dem Zählmuster str. Den Rapport von 2 M fortlaufend wdh.

Bei ungerader M-Zahl pro Nd mit der 2. M beginnen.

Jacquardmuster C

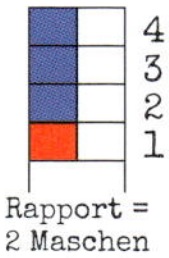

- □ = Weiß
- ■ = Rot
- ■ = Blau

ANLEITUNG

64 M in Rot anschl, gleichmäßig auf 4 Spielnd verteilen (= 16 M pro Nd) und zur Rd schließen.

Für das BÜNDCHEN 10 Rd (= 2 cm) im Bündchenmuster str.

Den SCHAFT glatt rechts mit 5 Rd 1 M Weiß, 1 M Blau im Wechsel beginnen. Anschließend im Jacquardmuster A in Blau, Weiß und Rot weiterarb. Die 1.–4. Rd des Zählmusters 3x str. Danach im Jacquardmuster B weiterarb. Die 1.–8. Rd des Zählmusters 4x arb, dann die 1.–7. Rd noch 1x str. Die Fäden abschneiden.

Die KÄPPCHENFERSE glatt rechts in Blau über die 32 M der 4. und 1. Nd nach der Grundanleitung str (siehe Seite 184). Das Auffassen der M aus den Rdm der Fersenwand erfolgt im Jacquardmuster C mit 1 M Rot, 1 M Weiß im Wechsel.

Den FUSS glatt rechts in Rd über alle M der 4 Spielnd str. Den Oberfuß (2. und 3. Nd) im Jacquardmuster B in Blau, Weiß und Rot fortführen. Die 8. Rd des Zählmusters 1x, die 1.–8. Rd 6x und abschließend die 1.–3. Rd 1x str. Gleichzeitig die Fußsohle (4. und 1. Nd) im Jacquard-

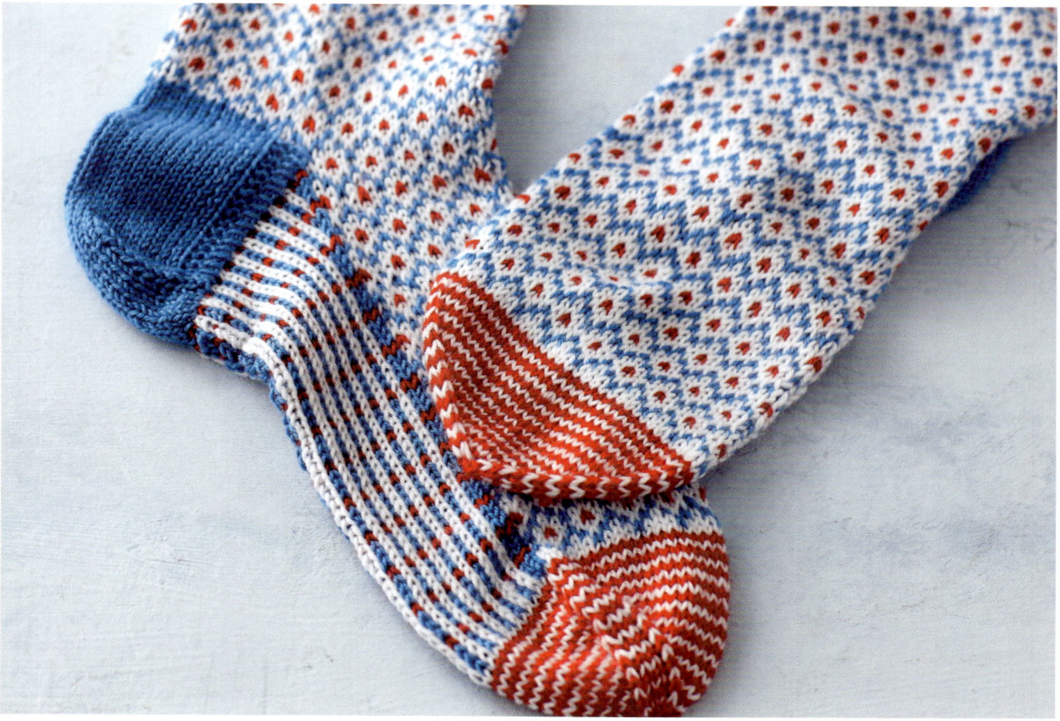

muster C arb. Die 1.–4. Rd des Zählmusters 13x str. Damit der Übergang von der Fußsohle zum Oberfuß besonders schön aussieht, die letzte M der 1. Nd und die erste M der 4. Nd im Jacquardmuster B str. Den Faden in Blau abschneiden und je 1 Rd Weiß, 1 Rd Rot im Wechsel str. Nach 17,5 cm ab Fersenmitte mit den Abnahmen für die Bandspitze beginnen.

Die BANDSPITZE nach der Grundanleitung (siehe Seite 187) arb, dabei die Ringel in Weiß und Rot fortführen. Den Faden in Weiß und den Faden in Rot abschneiden und nach innen ziehen.
Alle Fäden vernähen.
Die zweite Socke genauso arb.

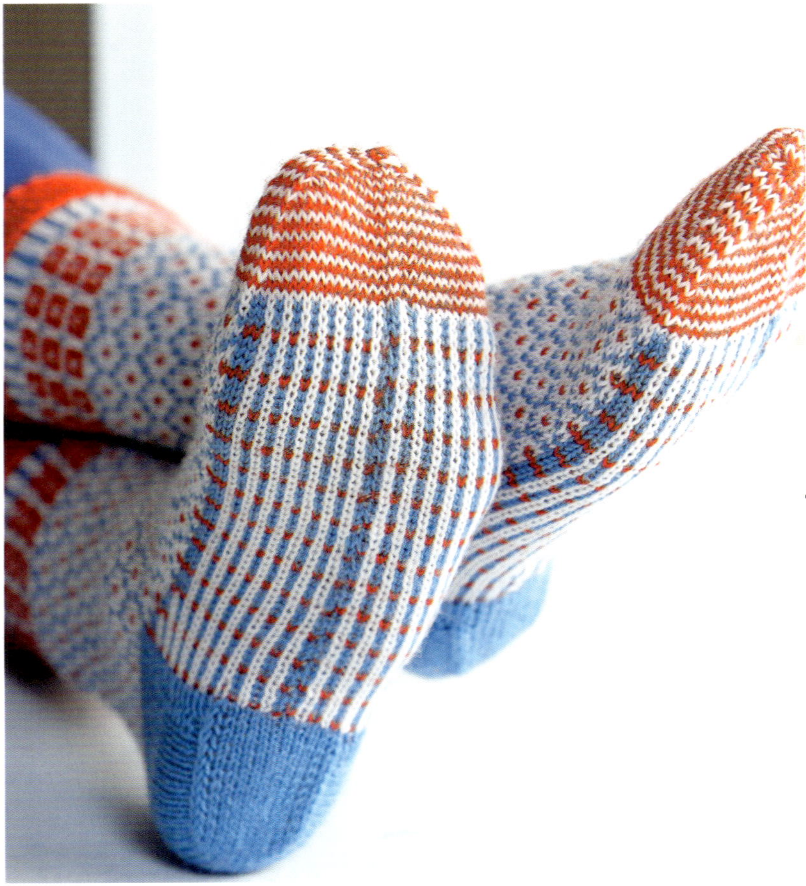

HINWEISE ZUM STRICKEN VON ANDEREN GRÖSSEN

GRÖSSE 36/37
64 M anschl (= 16 M pro Nd).
Fuß, Jacquardmuster B: 1x die 8. Rd arb, anschließend 5x die 1.–8. Rd und 1x die 1.–3. Rd str. Nach Anleitung weiterarb und nach 16 cm ab Fersenmitte mit den Abnahmen für die Bandspitze beginnen.

GRÖSSE 40/41
68 M anschl (= 17 M pro Nd).
Fuß, Jacquardmuster B: 1x die 8. Rd arb, anschließend 6x die 1.–8. Rd und die 1x 1.–7. Rd str. Nach Anleitung weiterarb und nach 19 cm ab Fersenmitte mit den Abnahmen für die Bandspitze beginnen.

GRÖSSE 42/43
68 M anschl (= 17 M pro Nd).
Fuß, Jacquardmuster B: 1x die 8. Rd arb, anschließend 7x die 1.–8. Rd und 1x die 1.–3. Rd str. Nach Anleitung weiterarb und nach 20,5 cm ab Fersenmitte mit den Abnahmen für die Bandspitze beginnen.

GRÖSSE 44/45
72 M anschl (= 18 M pro Nd).
Fuß, Jacquardmuster B: 1x die 8. Rd arb, anschließend 8x die 1.–8. Rd und 1x die 1.–3. Rd str. Nach Anleitung weiterarb und nach 22 cm ab Fersenmitte mit den Abnahmen für die Bandspitze beginnen.

SOXX NO. 17

SCHWIERIGKEITSGRAD 2

GRÖSSE

38/39

MATERIAL

Schachenmayr Regia 4-fädig (LL 210 m/50 g) in Kirsche (Fb 2002), Superweiß (Fb 2080) und Marine (Fb 324), je 50 g

Nadelspiel 2,5–3,0 mm

MASCHENPROBE

Im Jacquardmuster mit Nd 2,5–3,0 mm
32 M und 34 Rd = 10 cm x 10 cm

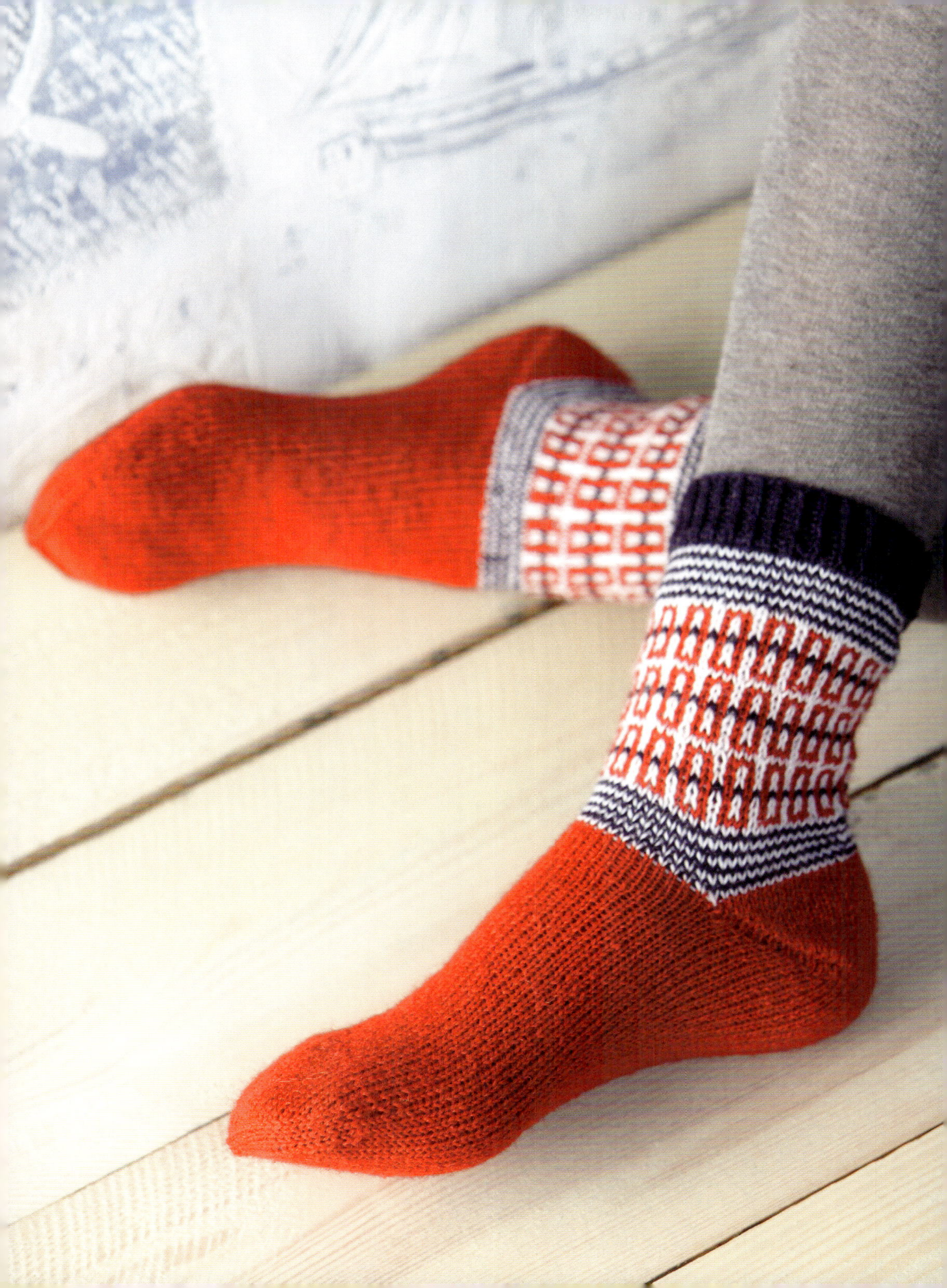

HINWEISE ZUM STRICKEN VON ANDEREN GRÖSSEN

GRÖSSE 36/37
60 M anschl (= 15 M pro Nd).
Fuß: Nach 16 cm ab Fersenmitte mit den Abnahmen für die Bandspitze beginnen.

GRÖSSE 40/41
64 M anschl (= 16 M pro Nd).
Fuß: Nach 19 cm ab Fersenmitte mit den Abnahmen für die Bandspitze beginnen.

GRÖSSE 42/43
64 M anschl (= 16 M pro Nd).
Fuß: nach 20,5 cm ab Fersenmitte mit den Abnahmen für die Bandspitze beginnen.

GRÖSSE 44/45
68 M anschl (= 17 M pro Nd).
Fuß: Nach 22 cm ab Fersenmitte mit den Abnahmen für die Bandspitze beginnen.

Glatt rechts

In Hinr rechte M, in Rückr linke M str, bzw. in Rd alle M rechts str.

Bündchenmuster

1 M rechts verschränkt, 1 M links im Wechsel str.

Rechts verschränkte Maschen

In das hintere M-Glied von rechts nach links einstechen und die M rechts abstr, sodass sich die M verdreht.

Jacquardmuster

M-Zahl teilbar durch 4.

In allen Rd glatt rechts nach dem Zählmuster str. Den Rapport von jeweils 4 M fortlaufend wdh.

Jacquardmuster

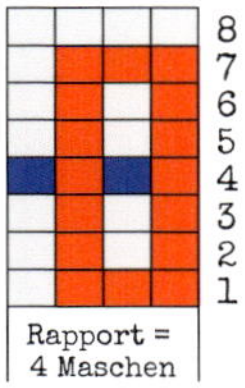

= Kirsche

= Superweiß

= Marine

ANLEITUNG

60 M in Marine anschl, gleichmäßig auf 4 Spielnd verteilen (= 15 M pro Nd) und zur Rd schließen.

Für das BÜNDCHEN 10 Rd (= 2,5 cm) im Bündchenmuster str.

Für den SCHAFT glatt rechts * 1 Rd Marine, 1 Rd Superweiß str, ab * 3x wdh. Anschließend im Jacquardmuster in Kirsche, Superweiß und Marine weiterarb. Die 1.–8. Rd des Zählmusters 3x str. Danach * 1 Rd Marine, 1 Rd Superweiß arb, ab * 3x wdh. Den Faden in Marine und den Faden in Superweiß abschneiden.

Die BUMERANGFERSE glatt rechts in Kirsche über die 30 M der 4. und 1. Nd nach der Grundanleitung str (siehe Seite 181).

Anschließend den FUSS glatt rechts in Rd über alle M der 4 Spielnd in Kirsche str. Nach 17,5 cm ab Fersenmitte mit den Abnahmen für die Bandspitze beginnen.

Die BANDSPITZE nach Grundanleitung arb (siehe Seite 187). Den Faden abschneiden und nach innen ziehen.

Alle Fäden vernähen.

Die zweite Socke genauso arb.

SOXX No. 18

SCHWIERIGKEITSGRAD I

GRÖSSE

38/39

MATERIAL

Schachenmayr Regia 4-fädig (LL 210 m/50 g) in Kirsche (Fb 2002), Superweiß (Fb 2080) und Hellblau (Fb 1945), je 50 g

Nadelspiel 2,5–3,0 mm

MASCHENPROBE

Glatt rechts mit Nd 2,5–3,0 mm
30 M und 34 Rd = 10 cm x 10 cm

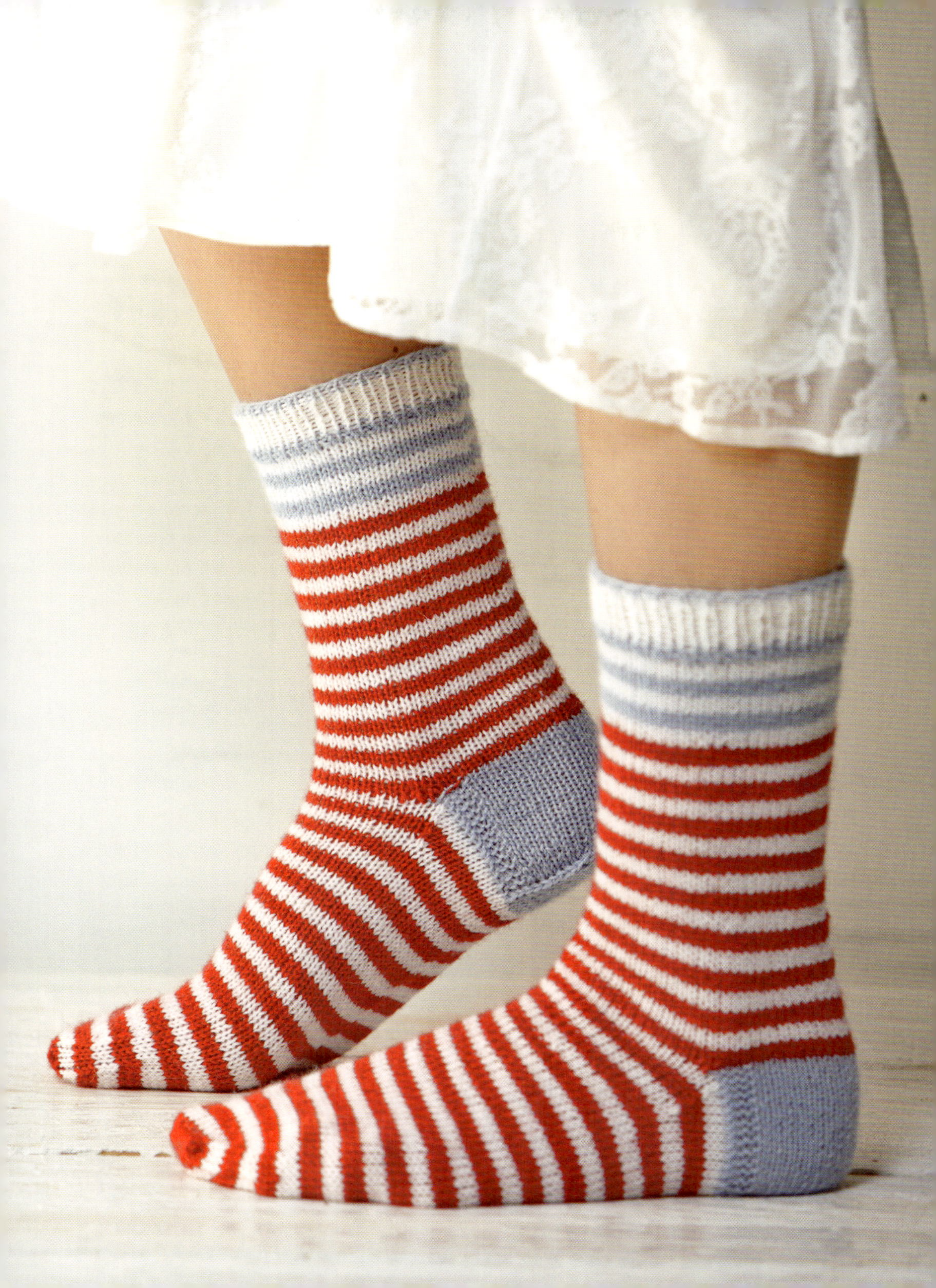

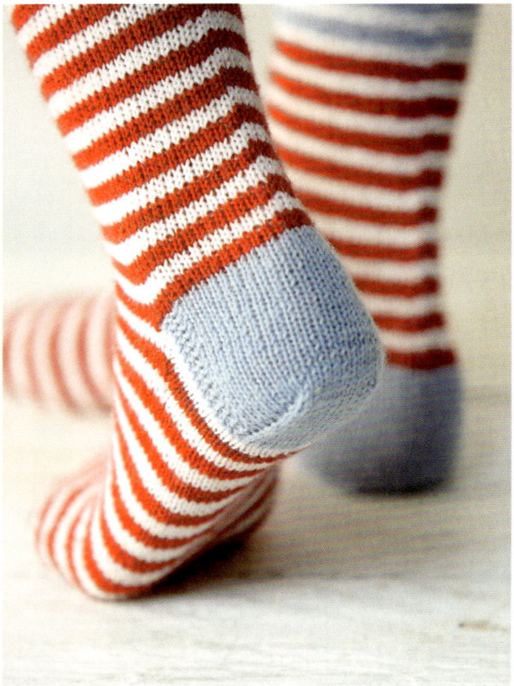

Glatt rechts

In Hinr rechte M, in Rückr linke M str, bzw. in Rd alle M rechts str.

Bündchenmuster

1 M rechts, 1 M links im Wechsel str.

ANLEITUNG

60 M in Hellblau anschl, gleichmäßig auf 4 Spielnd verteilen (= 15 M pro Nd) und zur Rd schließen.
Das BÜNDCHEN in folgender Streifenfolge im Bündchenmuster str: 1 Rd Hellblau, 9 Rd Superweiß, 3 Rd Hellblau (= 3 cm).
Anschließend für den SCHAFT wie folgt glatt rechts weiterarb: * 3 Rd Superweiß, 3 Rd Hellblau str, ab * 1x wdh. Den Faden in Hellblau abschneiden und * 3 Rd Superweiß, 3 Rd Kirsche arb, ab * 8x wdh. Den Faden in Kirsche und den Faden in Superweiß abschneiden.
Die KÄPPCHENFERSE glatt rechts in Hellblau über die 30 M der 4. und 1. Nd nach der Grundanleitung str (siehe Seite 184).
Den Faden in Hellblau abschneiden.
Den FUSS glatt rechts in Rd über alle M der 4 Spielnd str und die Ringel mit 3 Rd Superweiß, 3 Rd Kirsche im Wechsel bis zum Ende fortführen. Nach 20 cm ab Fersenmitte mit den Abnahmen für die stumpfe Spitze beginnen.
Die STUMPFE SPITZE nach der Grundanleitung arb (siehe Seite 187). Die Öffnung im M-Stich schließen (siehe Seite 188).
Alle Fäden vernähen.
Die zweite Socke genauso arb.

HINWEISE ZUM STRICKEN VON ANDEREN GRÖSSEN

GRÖSSE 36/37
60 M anschl (= 15 M pro Nd).
Fuß: Nach 18,5 cm ab Fersenmitte mit den Abnahmen für die stumpfe Spitze beginnen.

GRÖSSE 40/41
64 M anschl (= 16 M pro Nd).
Fuß: Nach 21,5 cm ab Fersenmitte mit den Abnahmen für die stumpfe Spitze beginnen.

GRÖSSE 42/43
64 M anschl (= 16 M pro Nd).
Fuß: Nach 23 cm ab Fersenmitte mit den Abnahmen für die stumpfe Spitze beginnen.

GRÖSSE 44/45
68 M anschl (= 17 M pro Nd).
Fuß: Nach 24,5 cm ab Fersenmitte mit den Abnahmen für die stumpfe Spitze beginnen.

SOXX No. 19

SCHWIERIGKEITSGRAD 2

GRÖSSE

38/39

MATERIAL

Schachenmayr Regia 4-fädig (LL 210 m/50 g) in Kirsche (Fb 2002), Superweiß (Fb 2080) und Hellblau (Fb 1945), je 50 g

Nadelspiel 2,5–3,0 mm

MASCHENPROBE

Im Jacquardmuster mit Nd 2,5–3,0 mm
32 M und 34 Rd = 10 cm x 10 cm

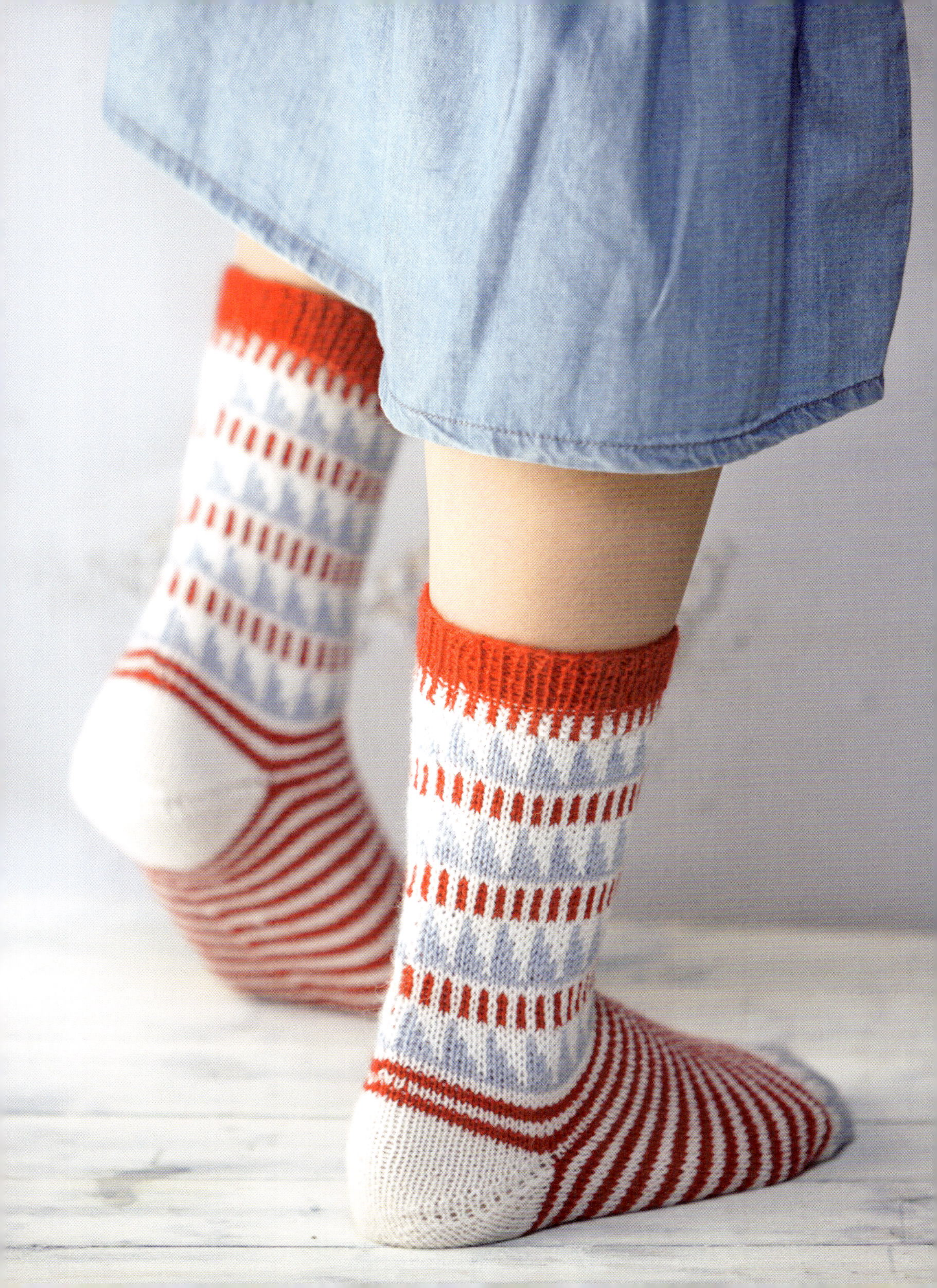

Glatt rechts

In Hinr rechte M, in Rückr linke M str, bzw. in Rd alle M rechts str.

Bündchenmuster

1 M rechts, 1 M links im Wechsel str.

Jacquardmuster A und B

M-Zahl jeweils teilbar durch 4.
In allen Rd glatt rechts nach dem jeweiligen Zählmuster str. Den Rapport von 4 M fortlaufend wdh.

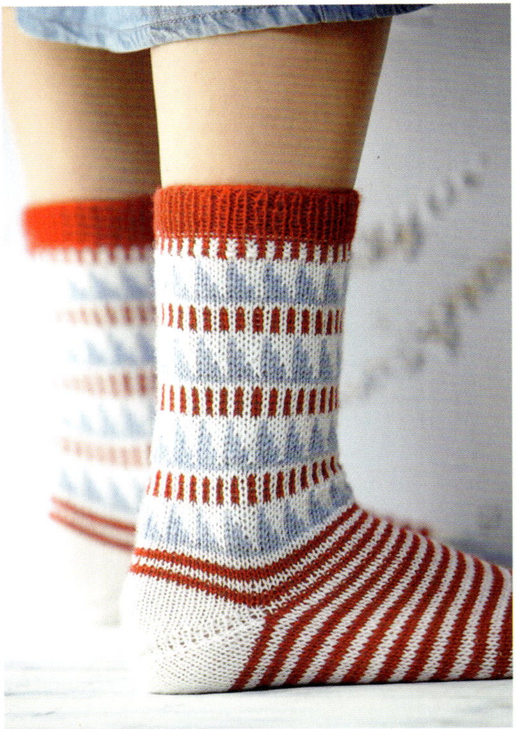

Jacquardmuster A

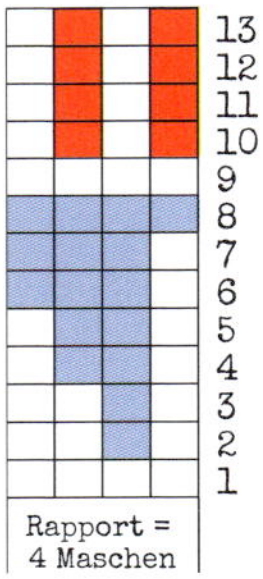

= Superweiß
= Hellblau
= Kirsche

Jacquardmuster B

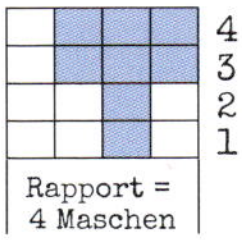

= Superweiß
= Hellblau

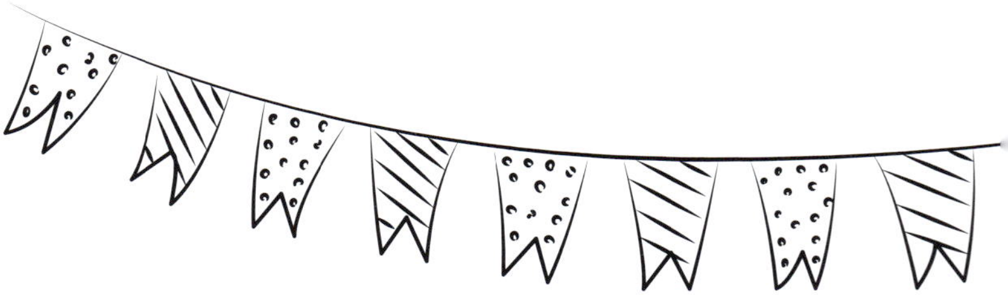

ANLEITUNG

64 M in Kirsche anschl, gleichmäßig auf 4 Spielnd verteilen (= 16 M pro Nd) und zur Rd schließen.

Für das BÜNDCHEN im Bündchenmuster 11 Rd in Kirsche und 4 Rd 1 M rechts in Kirsche, 1 M links in Superweiß im Wechsel str (= 3,5 cm).

Den SCHAFT glatt rechts im Jacquardmuster A in Superweiß, Hellblau und Kirsche arb. Die 1.–13. Rd des Zählmusters 3x str, dann noch 1x die 1.–8. Rd arb. Anschließend * 2 Rd Superweiß, 2 Rd Kirsche str, ab * 1x wdh. Alle Fäden abschneiden.

Nun die BUMERANGFERSE glatt rechts in Superweiß über die 32 M der 4. und 1. Nd nach der Grundanleitung arb (siehe Seite 181).

Den FUSS glatt rechts in Rd über alle M der 4 Spielnd str. * 2 Rd Kirsche, 2 Rd Superweiß arb, ab * 11x wdh. Den Faden in Kirsche abschneiden. Anschließend im Jacquardmuster B in Superweiß und Hellblau weiterstr. Die 1.–4. Rd des

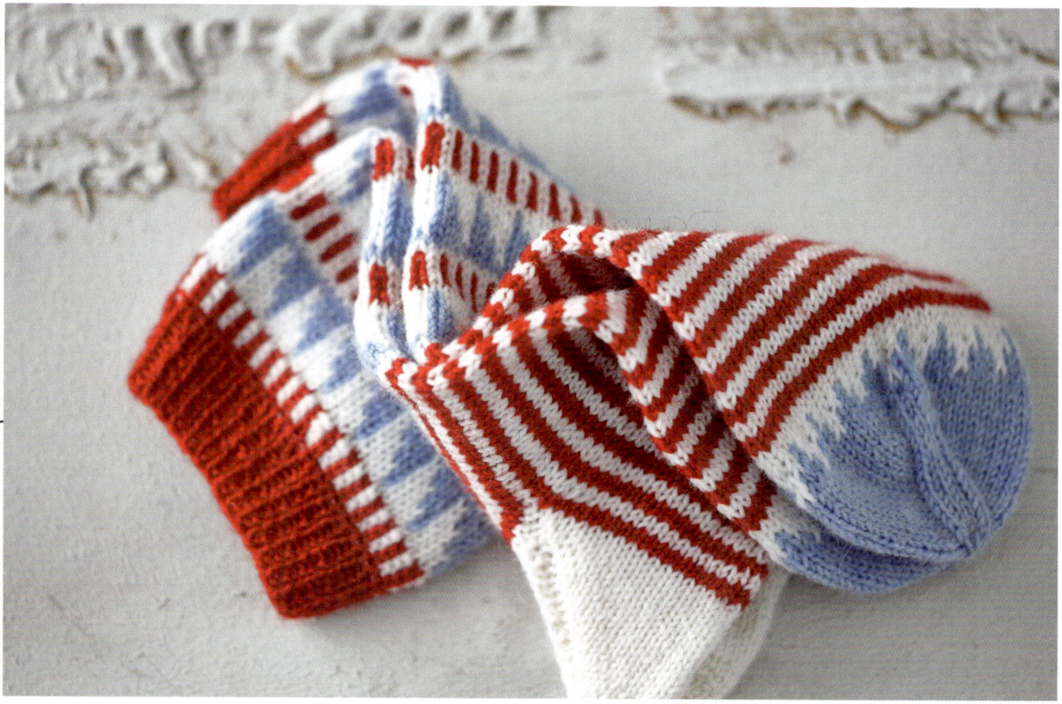

Zählmusters 1x arb. Den Faden in Superweiß abschneiden und die Socke in Hellblau beenden. Nach 17,5 cm ab Fersenmitte mit den Abnahmen für die Bandspitze beginnen.

Die BANDSPITZE nach der Grundanleitung arb (siehe Seite 187). Den Faden abschneiden und nach innen ziehen.
Alle Fäden vernähen.
Die zweite Socke genauso arb.

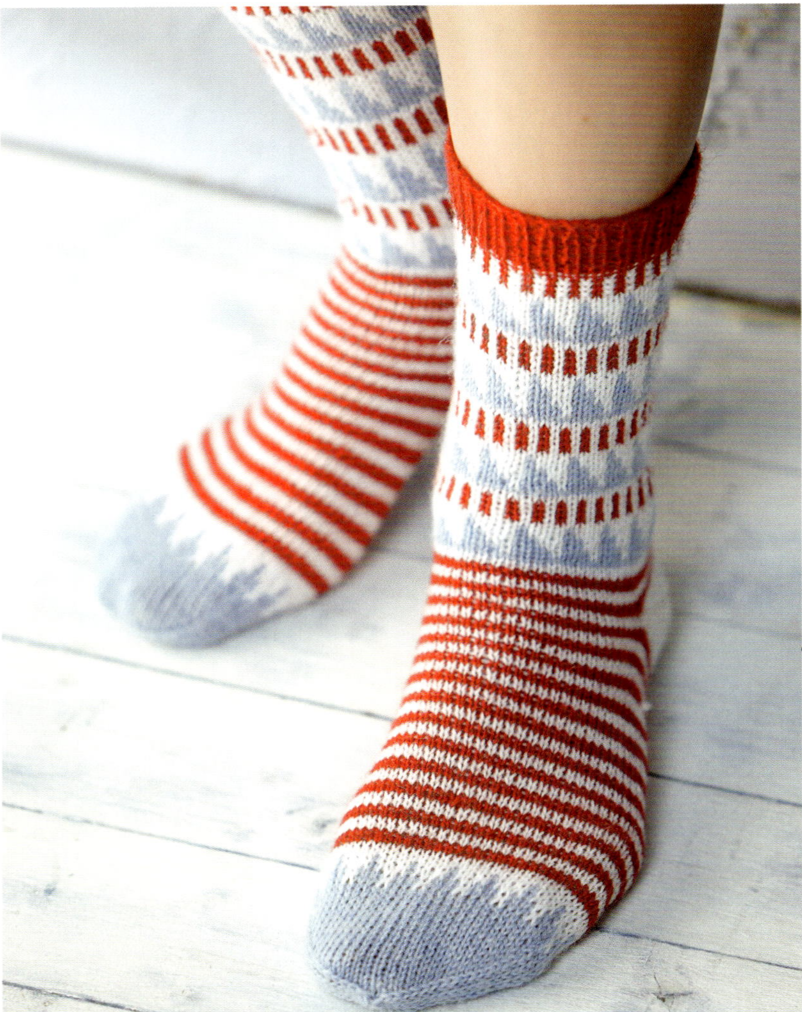

HINWEISE ZUM STRICKEN VON ANDEREN GRÖSSEN

GRÖSSE 36/37
64 M anschl (= 16 M pro Nd).
Fuß: * 2 Rd Kirsche, 2 Rd Superweiß str, ab * 9x wdh.
Anschließend das Jacquardmuster B arb und nach 16 cm ab Fersenmitte mit den Abnahmen für die Bandspitze beginnen.

GRÖSSE 40/41
68 M anschl (= 17 M pro Nd).
Fuß: * 2 Rd Kirsche, 2 Rd Superweiß str, ab * 12 wdh.
Anschließend das Jacquardmuster B arb, nach 19 cm ab Fersenmitte mit den Abnahmen für die Bandspitze beginnen.

GRÖSSE 42/43
68 M anschl (= 17 M pro Nd).
Fuß: * 2 Rd Kirsche, 2 Rd Superweiß str, ab * 13 x wdh.
Anschließend das Jacquardmuster B arb, nach 20,5 cm ab Fersenmitte mit den Abnahmen für die Bandspitze beginnen.

GRÖSSE 44/45
72 M anschl (= 18 M pro Nd).
Fuß: * 2 Rd Kirsche, 2 Rd Superweiß str, ab * 14x wdh.
Anschließend das Jacquardmuster B arb, nach 22 cm ab Fersenmitte mit den Abnahmen für die Bandspitze beginnen.

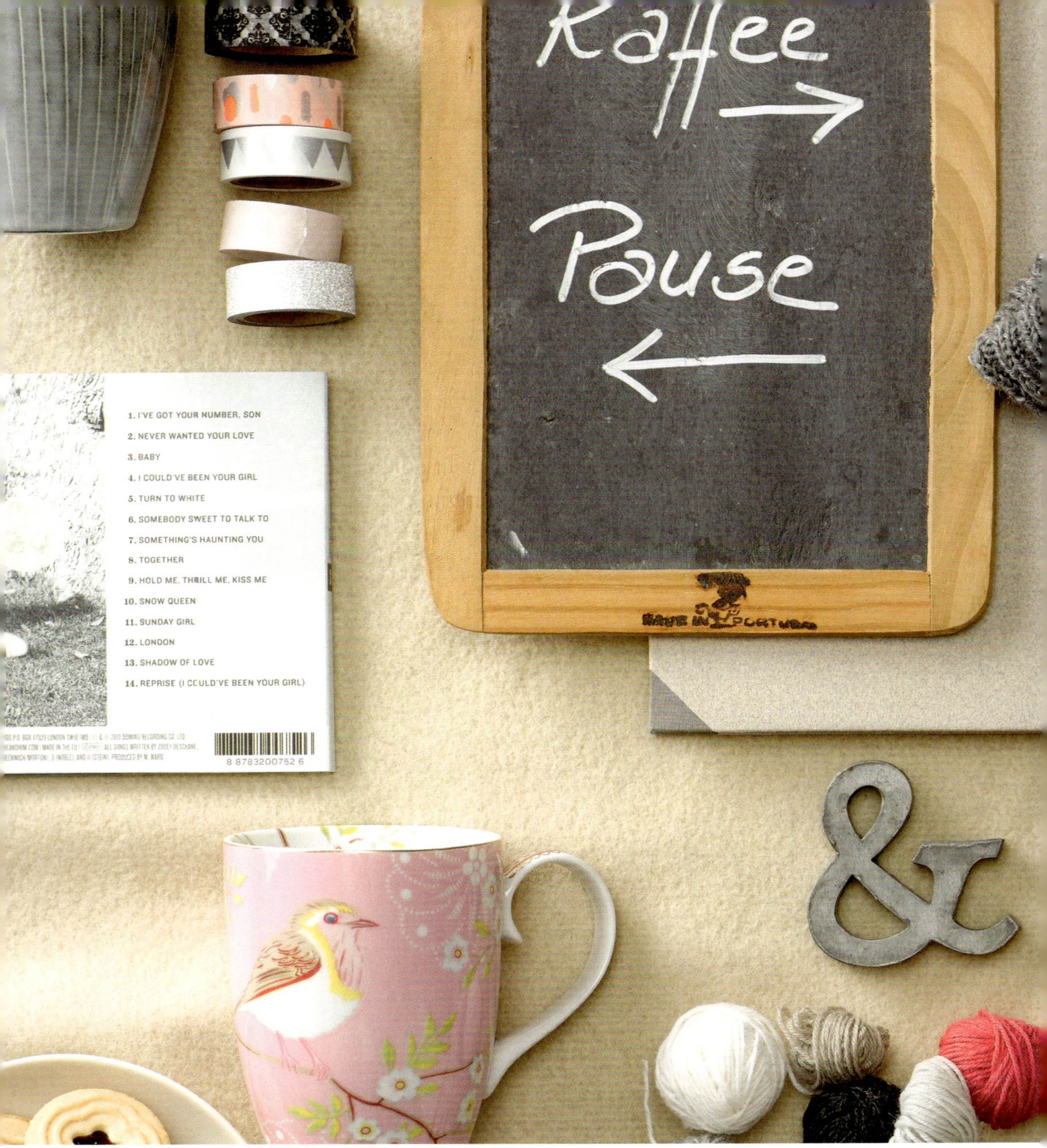

Nichts für faule

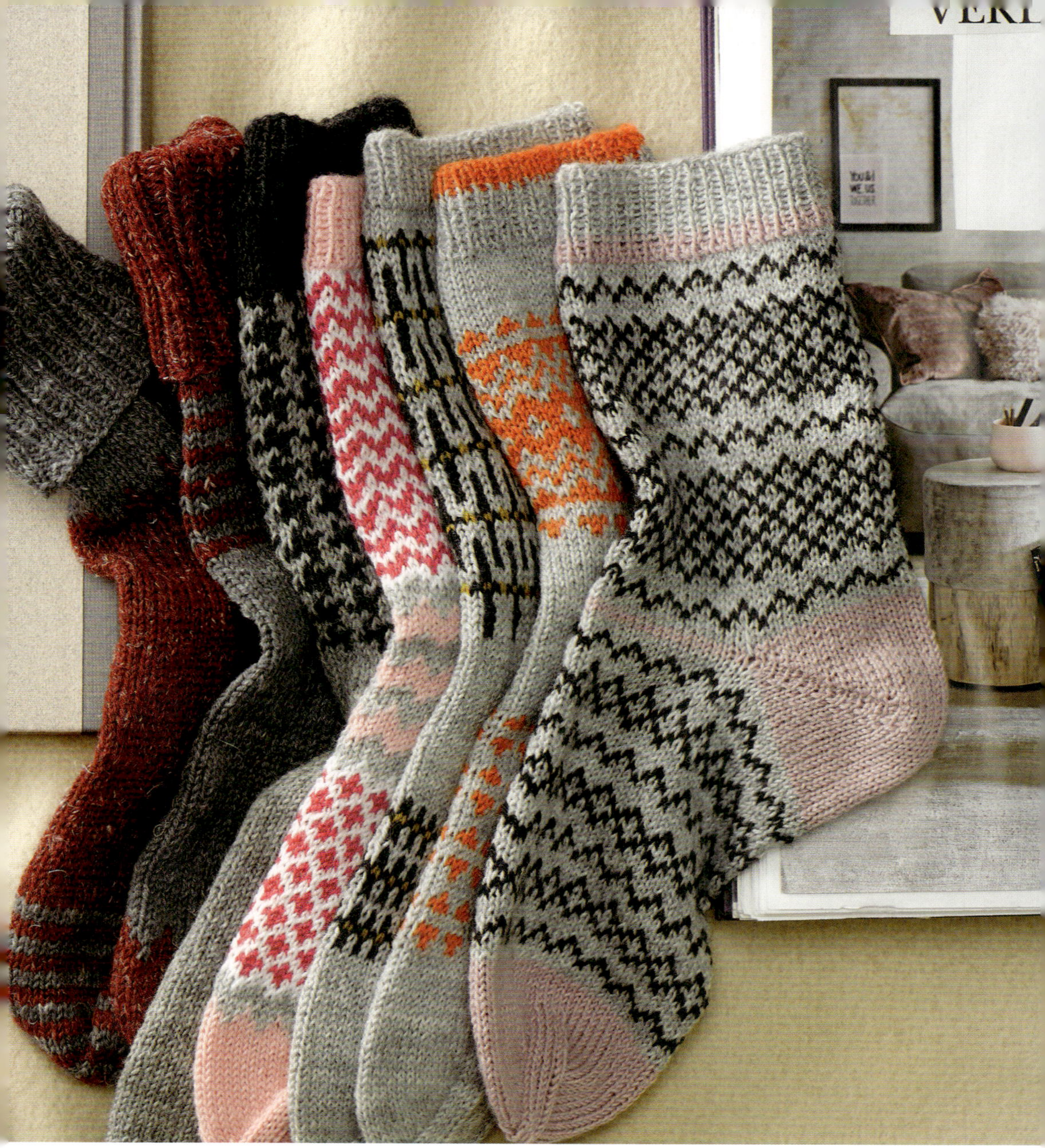

Socken

SOXX No. 20

SCHWIERIGKEITSGRAD 3

GRÖSSE

38/39

MATERIAL

Lang Yarns Jawoll (LL ca. 210 m/50 g) in Hellgrau Mélange (Fb 23), Anthrazit Mélange (Fb 70) und Gold (Fb 150), je 50 g

Nadelspiel 2,5–3,0 mm

MASCHENPROBE

Im Jacquardmuster mit Nd 2,5–3,0 mm 32 M und 34 Rd = 10 cm x 10 cm

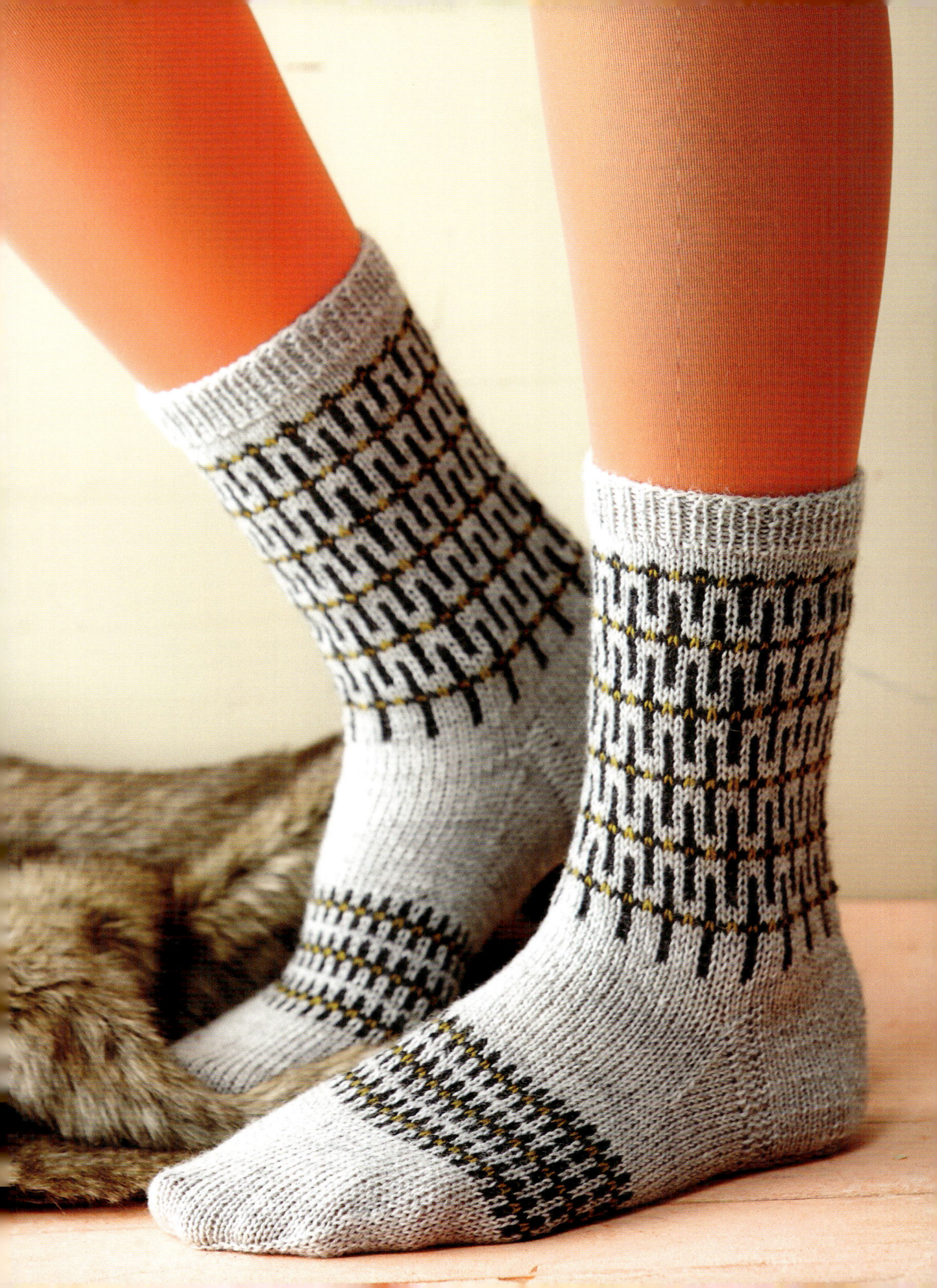

Glatt rechts

In Hinr rechte M, in Rückr linke M str, bzw. in Rd alle M rechts str.

Bündchenmuster

1 M rechts, 1 M links im Wechsel str.

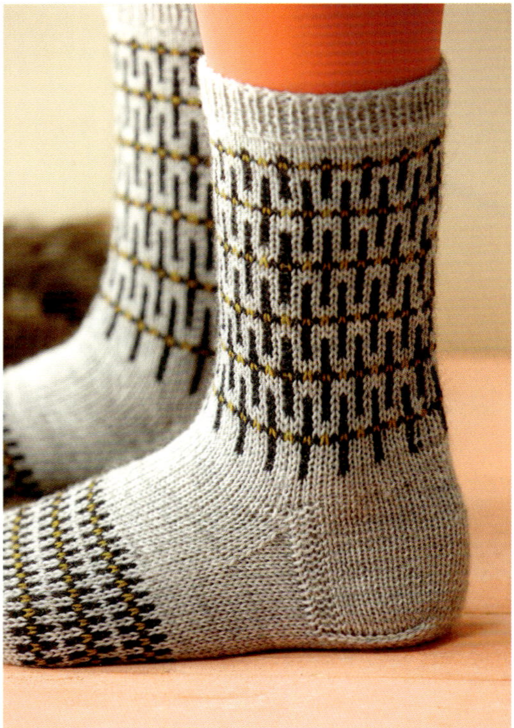

Jacquardmuster A und B

M-Zahl jeweils teilbar durch 4.
In allen Rd glatt rechts nach dem jeweiligen Zählmuster str. Den Rapport von 4 M fortlaufend wdh.

Jacquardmuster A

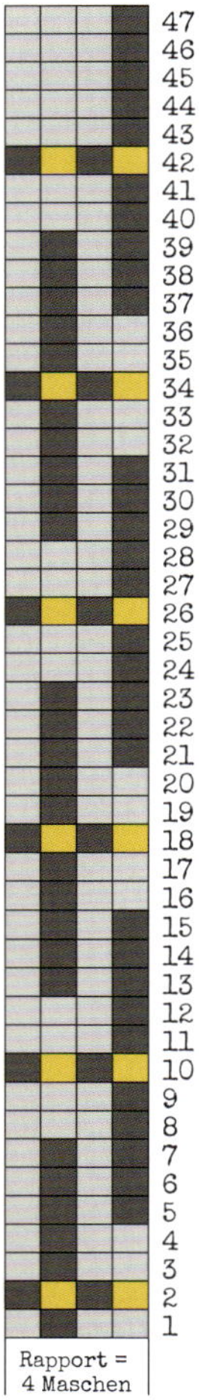

Jacquardmuster B

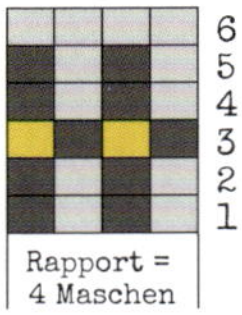

= Hellgrau Mélange
= Anthrazit Mélange
= Gold

= Hellgrau Mélange
= Anthrazit Mélange
= Gold

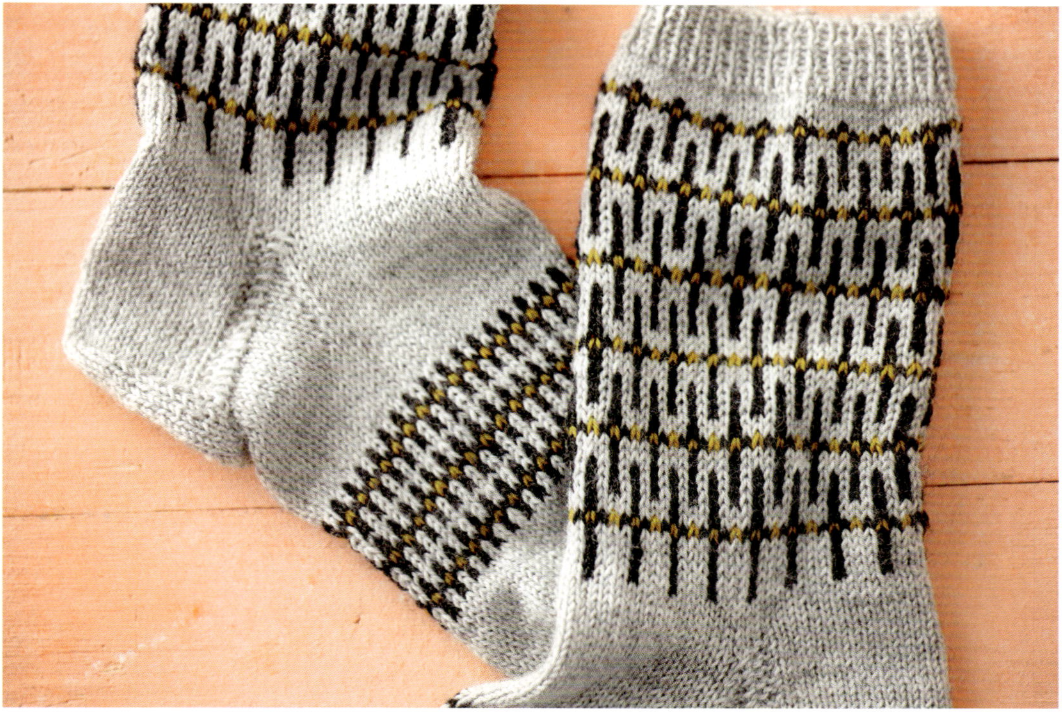

ANLEITUNG

64 M in Hellgrau Mélange anschl, gleichmäßig auf 4 Spielnd verteilen (= 16 M pro Nd) und zur Rd schließen. Für das BÜNDCHEN 10 Rd (= 2 cm) im Bündchenmuster str.
Den SCHAFT glatt rechts mit 3 Rd Hellgrau beginnen und anschließend im Jacquardmuster A in Hellgrau Mélange, Anthrazit Mélange und Gold weiterarb. Die 1.–47. Rd des Zählmusters 1x str. Den Faden in Gold abschneiden und weitere 5 Rd in Hellgrau Mélange arb.

Nun die KÄPPCHENFERSE glatt rechts in Hellgrau Mélange über die 32 M der 4. und 1. Nd nach der Grundanleitung str (siehe Seite 184).
Den FUSS glatt rechts in Rd über alle M der 4 Spielnd arb. Mit 20 Rd in Hellgrau Mélange beginnen. Anschließend im Jacquardmuster B in Hellgrau Mélange, Anthrazit Mélange und Gold weiterarb. Die 1.–6. Rd des Zählmusters 3x str. Den Faden in Anthrazit Mélange und den Faden in Gold abschneiden, in Hellgrau

Mélange weiterstr. Nach 17,5 cm ab Fersenmitte mit den Abnahmen für die Bandspitze beginnen.

Die BANDSPITZE Hellgrau Mélange nach der Grundanleitung arb (siehe Seite 187). Den Faden abschneiden und nach innen ziehen.

Alle Fäden vernähen.

Die zweite Socke genauso arb.

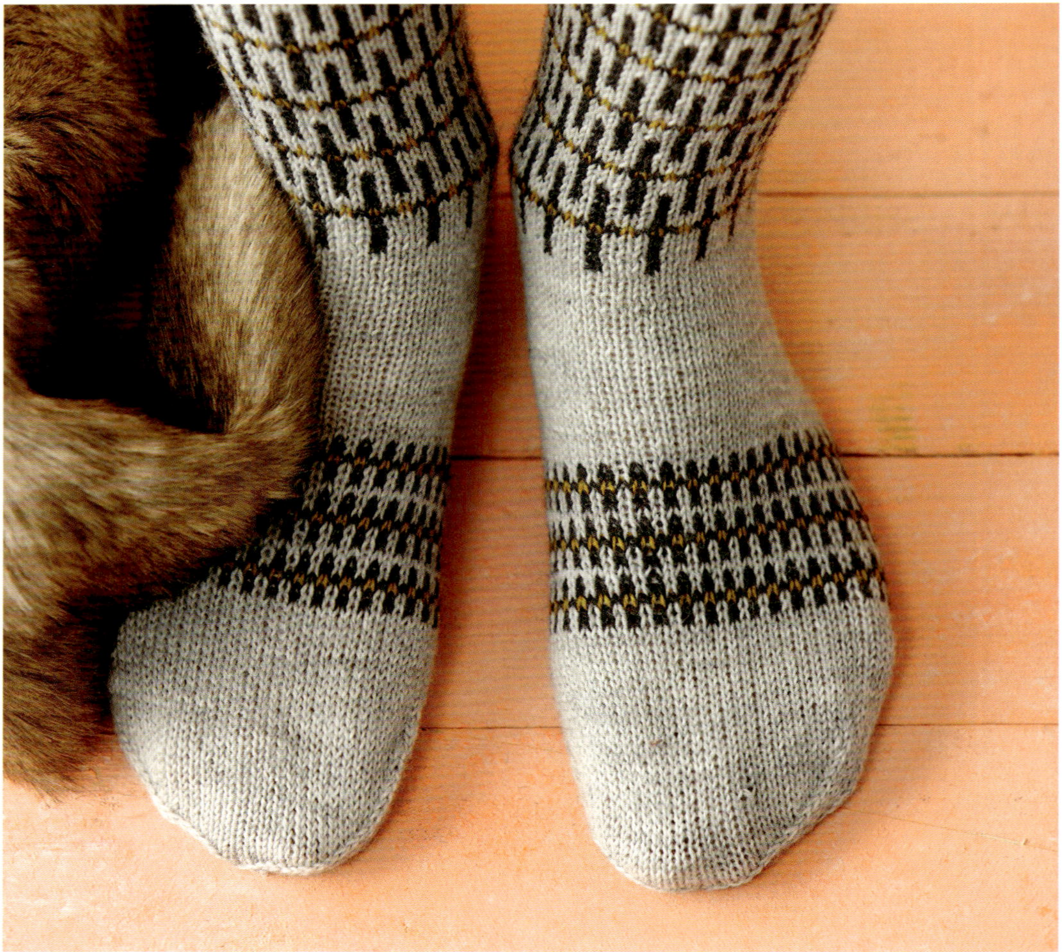

HINWEISE ZUM STRICKEN VON ANDEREN GRÖSSEN

GRÖSSE 36/37
64 M anschl (= 16 M pro Nd).
Fuß, Jacquardmuster B: Die 1.–6. Rd 2x str. Nach Anleitung weiterarb und nach 16 cm ab Fersenmitte mit den Abnahmen für die Bandspitze beginnen.

GRÖSSE 40/41
68 M anschl (= 17 M pro Nd).
Fuß, Jacquardmuster B: Die 1.–6. Rd 4x str. Nach Anleitung weiterarb und nach 19 cm ab Fersenmitte mit den Abnahmen für die Bandspitze beginnen.

Ab Größe 42/43 benötigst du von Hellgrau Mélange 100 g.

GRÖSSE 42/43
68 M anschl (= 17 M pro Nd).
Fuß, Jacquardmuster B: Die 1.–6. Rd 5x str. Nach Anleitung weiterarb und nach 20,5 cm ab Fersenmitte mit den Abnahmen für die Bandspitze beginnen.

GRÖSSE 44/45
72 M anschl (= 18 M pro Nd).
Fuß, Jacquardmuster B: Die 1.–6. Rd 6x str. Nach Anleitung weiterarb und nach 22 cm ab Fersenmitte mit den Abnahmen für die Bandspitze beginnen.

SOXX No. 21

SCHWIERIGKEITSGRAD 2

GRÖSSE

42/43

MATERIAL

Schachenmayr Regia 4-fädig (LL 210 m/50 g bzw. 420 m/100 g) in Anthrazit meliert (Fb 522), 50 g, in Flanell meliert (Fb 33), 100 g

Nadelspiel 2,5–3,0 mm

MASCHENPROBE

Im Jacquardmuster mit Nd 2,5–3,0 mm
32 M und 42 Rd = 10 cm x 10 cm

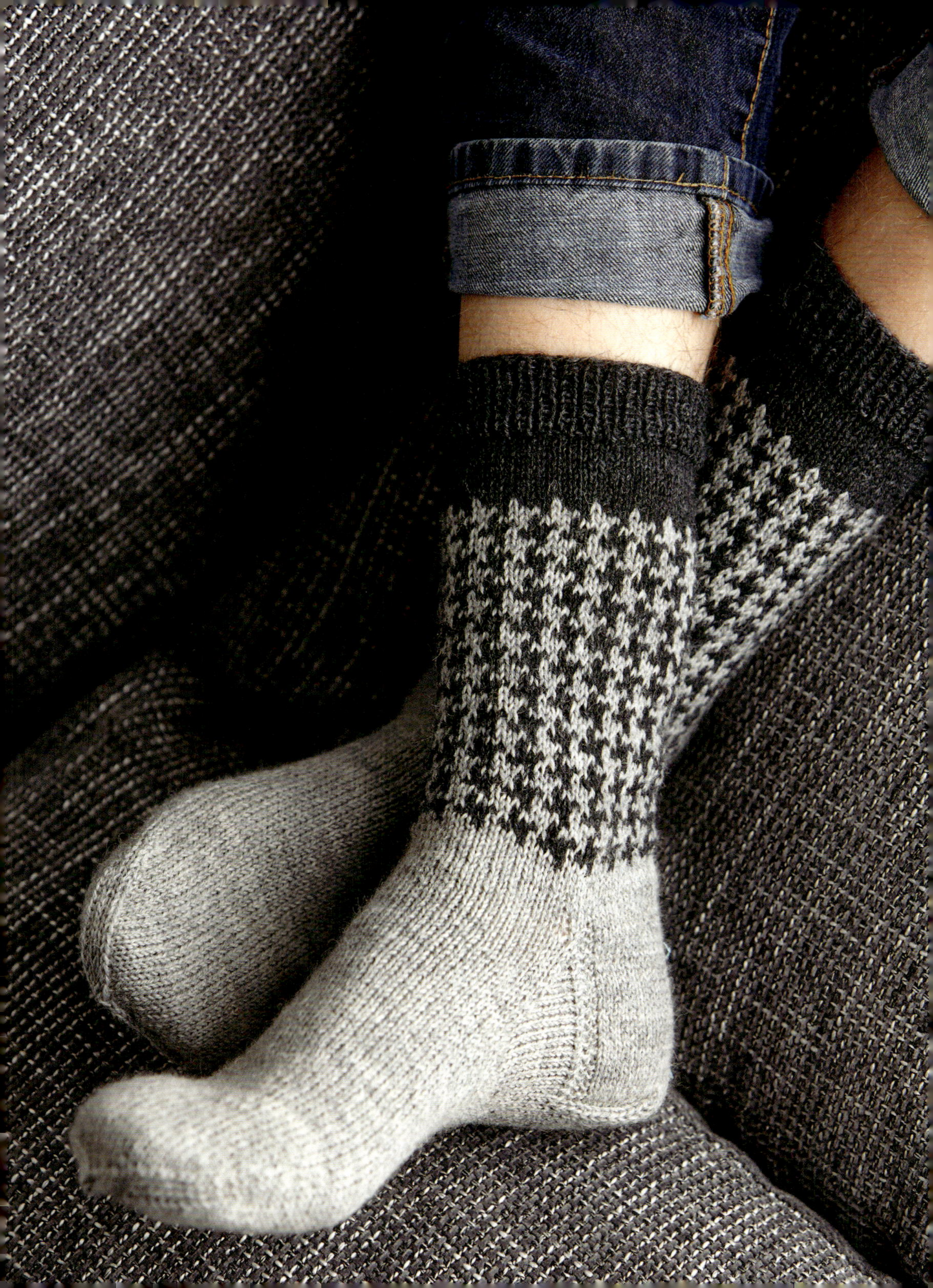

Glatt rechts

In Hinr rechte M, in Rückr linke M str, bzw. in Rd alle M rechts str.

Bündchenmuster

1 M rechts, 1 M links im Wechsel str.

Jacquardmuster

M-Zahl teilbar durch 4.
In allen Rd glatt rechts nach Zählmuster str. Den Rapport von 4 M fortlaufend wdh.

Jacquardmuster

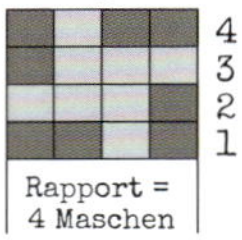

■ = Anthrazit meliert
□ = Flanell meliert

ANLEITUNG

68 M in Anthrazit meliert anschl, gleichmäßig auf 4 Spielnd (= 17 M pro Nd) verteilen und zur Rd schließen.
Für das BÜNDCHEN 10 Rd (= 3 cm) Bündchenmuster str.
Mit 10 Rd glatt rechts den SCHAFT beginnen und anschließend das Jacquardmuster in Anthrazit meliert und Flanell meliert str. Die 1.–4. Rd des Zählmusters 10x str, dann die 1. und 2. Rd 1x arb. Den Faden in Anthrazit meliert abschneiden und den Schaft in Flanell meliert wei-

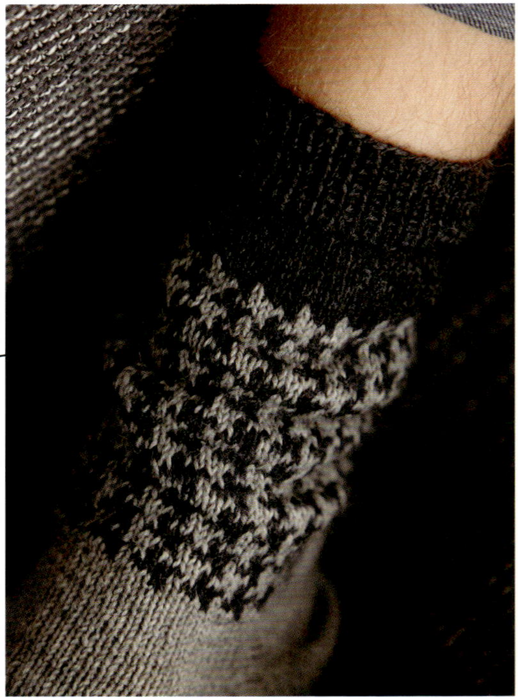

HINWEISE ZUM STRICKEN VON ANDEREN GRÖSSEN

GRÖSSE 40/41
68 M anschl (= 17 M pro Nd).
Fuß: Nach 19 cm ab Fersenmitte mit den Abnahmen für die Bandspitze beginnen.

GRÖSSE 44/45
72 M anschl (= 18 M pro Nd).
Fuß: Nach 22 cm ab Fersenmitte mit den Abnahmen für die Bandspitze beginnen.

GRÖSSE 46/47
76 M anschl (= 19 M pro Nd).
Fuß: Nach 23,5 cm ab Fersenmitte mit den Abnahmen für die Bandspitze beginnen.

terstr. Nach einer Gesamtlänge von 19 cm mit der Käppchenferse beginnen.
Die KÄPPCHENFERSE in Flanell meliert über die 34 M der 4. und 1. Nd nach der Grundanleitung str (siehe Seite 184).
Den Fuß in Rd über alle M der 4 Spielnd glatt rechts in Flanell meliert str. Nach 20,5 cm ab Fersenmitte mit den Abnahmen für die Bandspitze beginnen.

Die BANDSPITZE in Flanell meliert nach der Grundanleitung arb (siehe Seite 187). Den Faden abschneiden und nach innen ziehen.
Alle Fäden vernähen.
Die zweite Socke genauso arb.

SOXX NO. 22

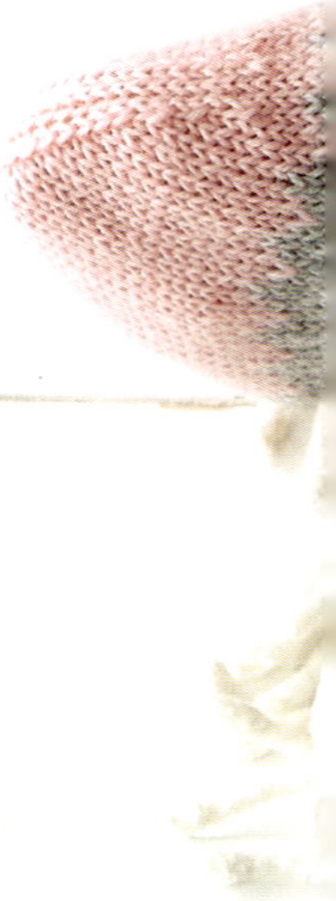

SCHWIERIGKEITSGRAD 3

GRÖSSE

38/39

MATERIAL

Lang Yarns Jawoll (LL ca. 210 m/50 g) in Weiß (Fb 01), Azalee (Fb 184), Hellgrau Mélange (Fb 23) und Rosa (Fb 109), je 50 g

Nadelspiel 2,5–3,0 mm

MASCHENPROBE

Im Jacquardmuster mit Nd 2,5–3,0 mm
34 M und 38 Rd = 10 cm x 10 cm

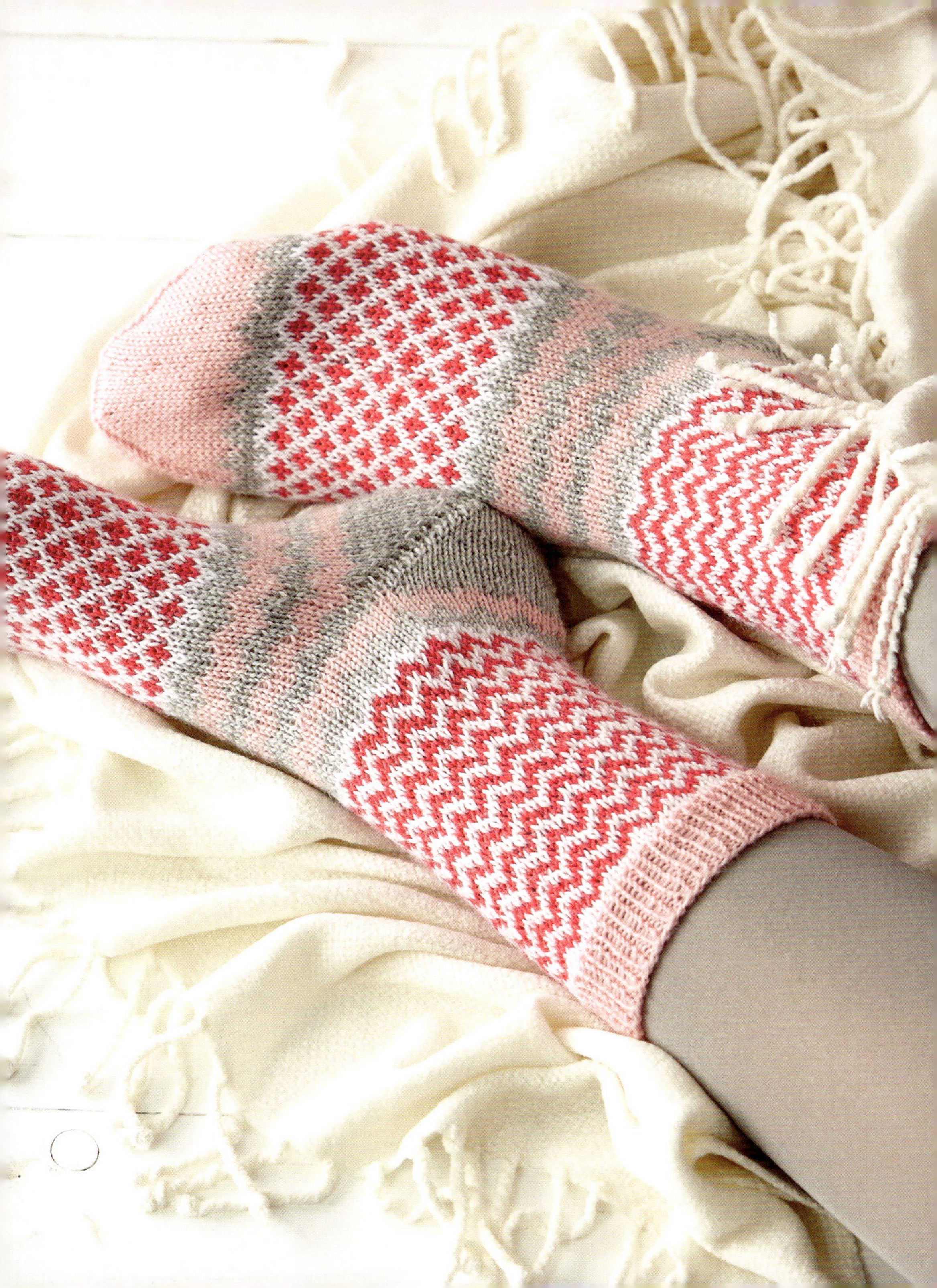

Glatt rechts

In Hinr rechte M, in Rückr linke M str, bzw. in Rd alle M rechts str.

Bündchenmuster

1 M rechts, 1 M links im Wechsel str.

Jacquardmuster A–D

M-Zahl jeweils teilbar durch 4. In allen Rd glatt rechts nach dem jeweiligen Zählmuster str. Den ^Rapport von 4 M fortlaufend wdh.

Jacquardmuster A

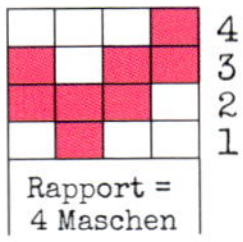

□ = Weiß
■ = Azalee

Jacquardmuster B

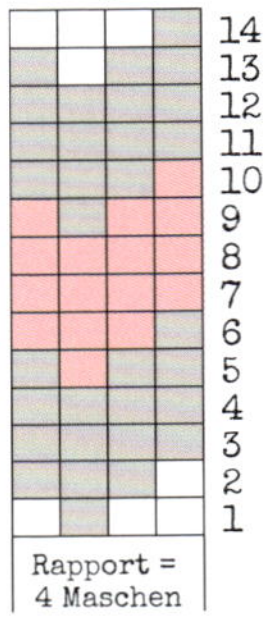

□ = Weiß
■ = Hellgrau Mélange
■ = Rosa

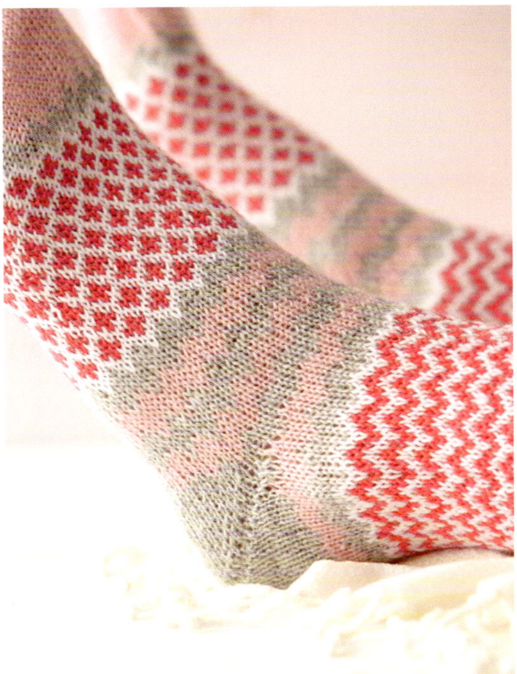

Jacquardmuster C

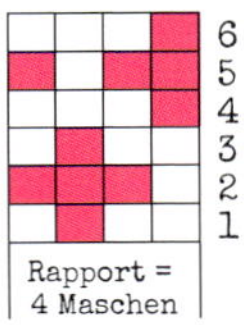

□ = Weiß
■ = Azalee

Jacquardmuster D

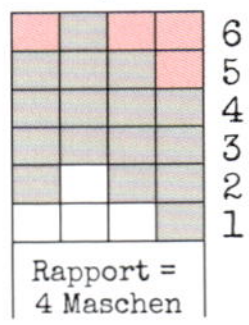

■ = Hellgrau Mélange
□ = Weiß
■ = Rosa

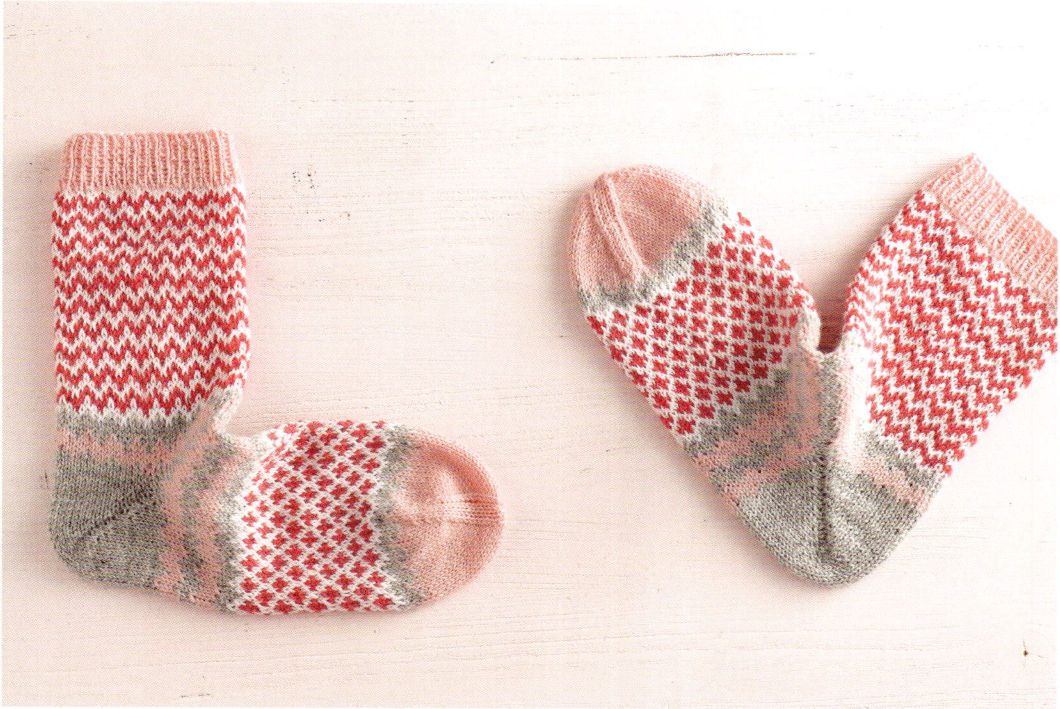

ANLEITUNG

64 M in Rosa anschl, gleichmäßig auf 4 Spielnd verteilen (= 16 M pro Nd) und zur Rd schließen.

Für das BÜNDCHEN 12 Rd (= 2,5 cm) im Bündchenmuster str. Den Faden in Rosa abschneiden.

Den SCHAFT mit 1 Rd glatt rechts in Weiß beginnen, dann im Jacquardmuster A in Weiß und Azalee weiterarb. Die 1.–4. Rd des Zählmusters 10x str. Den Faden in Azalee abschneiden. Nun im Jacquardmuster B in Weiß, Hellgrau Mélange und Rosa weiterarb. Die 1.–10. Rd des Zählmusters 1x str. Die Fäden abschneiden.

Nun die BUMERANGFERSE in Hellgrau Mélange glatt rechts über die 32 M der 4. und 1. Nd nach der Grundanleitung arb (siehe Seite 181).

Den FUSS glatt rechts in Rd über alle M der 4 Spielnd str. Im Jacquardmuster B in Weiß, Hellgrau Mélange und Rosa arb. Die 5.–12. Rd des Zählmusters 2x arb, dann die 13. und 14. Rd 1x str. Den Faden in Hellgrau Mélange und den Faden in

Rosa abschneiden. Anschließend im Jacquardmuster C in Weiß und Azalee arb. Die 1.–6. Rd des Zählmusters 4x, dann die 1.–3. Rd noch 1x str. Den Faden in Azalee abschneiden. Danach im Jacquardmuster D in Weiß, Hellgrau Mélange und Rosa arb. Die 1.–6. Rd des Zählmusters 1x str. Die Fäden in Weiß und Hellgrau Mélange abschneiden und die Socke in Rosa beenden. Nach 17,5 cm ab Fersenmitte mit den Abnahmen für die Bandspitze beginnen.
Die BANDSPITZE in Rosa nach der Grundanleitung arb (siehe Seite 187). Den Faden abschneiden und nach innen ziehen.
Alle Fäden vernähen.
Die zweite Socke genauso arb.

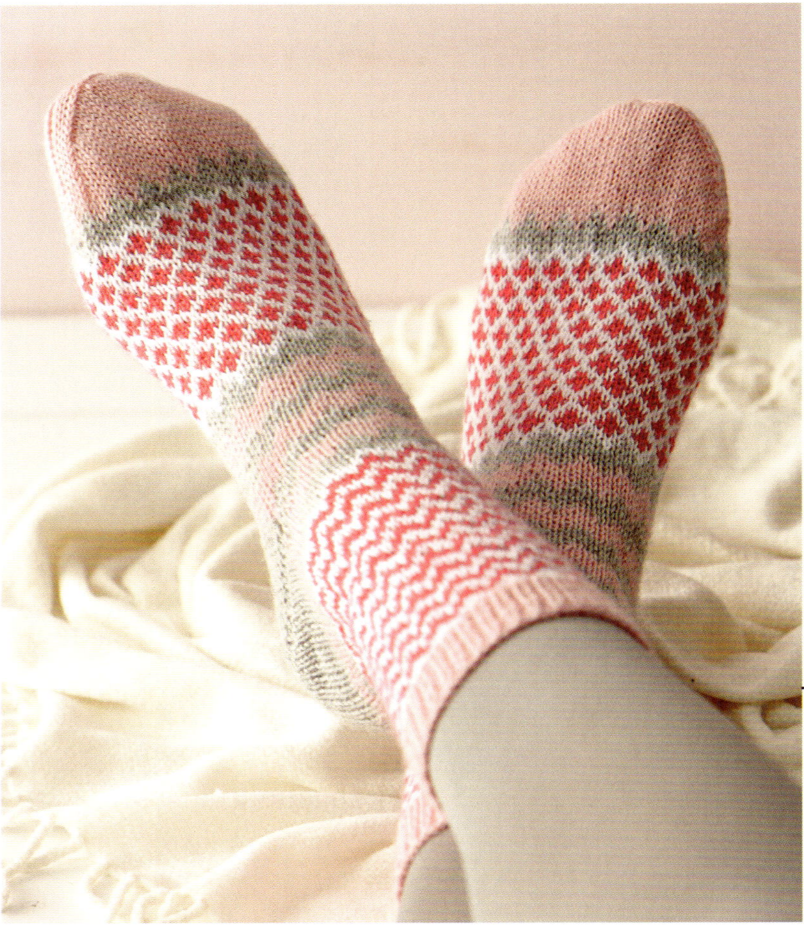

HINWEISE ZUM STRICKEN VON ANDEREN GRÖSSEN

GRÖSSE 36/37
64 M anschl (= 16 M pro Nd).
Fuß, Jacquardmuster C: Die 1.–6. Rd des Zählmusters 3x arb, dann die 1.–3. Rd noch 1x str. Nach Anleitung weiterarb und nach 16 cm ab Fersenmitte mit den Abnahmen für die Bandspitze beginnen.

GRÖSSE 40/41
68 M anschl (= 17 M pro Nd).
Fuß, Jacquardmuster C: Die 1.–6. Rd des Zählmusters 4x arb, dann die 1.–3. Rd noch 1x str. Nach Anleitung weiterarb und nach 19 cm ab Fersenmitte mit den Abnahmen für die Bandspitze beginnen.

GRÖSSE 42/43
68 M anschl (= 17 M pro Nd).
Fuß, Jacquardmuster C: Die 1.–6. Rd des Zählmusters 5x arb, dann die 1.–3. Rd noch 1x str. Nach Anleitung weiterarb und nach 20,5 cm ab Fersenmitte mit den Abnahmen für die Bandspitze beginnen.

GRÖSSE 44/45
72 M anschl (= 18 M pro Nd).
Fuß, Jacquardmuster C: Die 1.–6. Rd des Zählmusters 5x arb, dann die 1.–3. Rd noch 1x str. Nach Anleitung weiterarb und nach 22 cm ab Fersenmitte mit den Abnahmen für die Bandspitze beginnen.

SOXX No. 23

SCHWIERIGKEITSGRAD 2

GRÖSSE

38/39

MATERIAL

Lang Yarns Jawoll (LL ca. 210 m/50 g)
in Hellgrau Mélange (Fb 23)
und Mandarine (Fb 159), je 50 g

Nadelspiel 2,5–3,0 mm

MASCHENPROBE

Im Jacquardmuster mit Nd 2,5–3,0 mm
32 M und 38 Rd = 10 cm x 10 cm

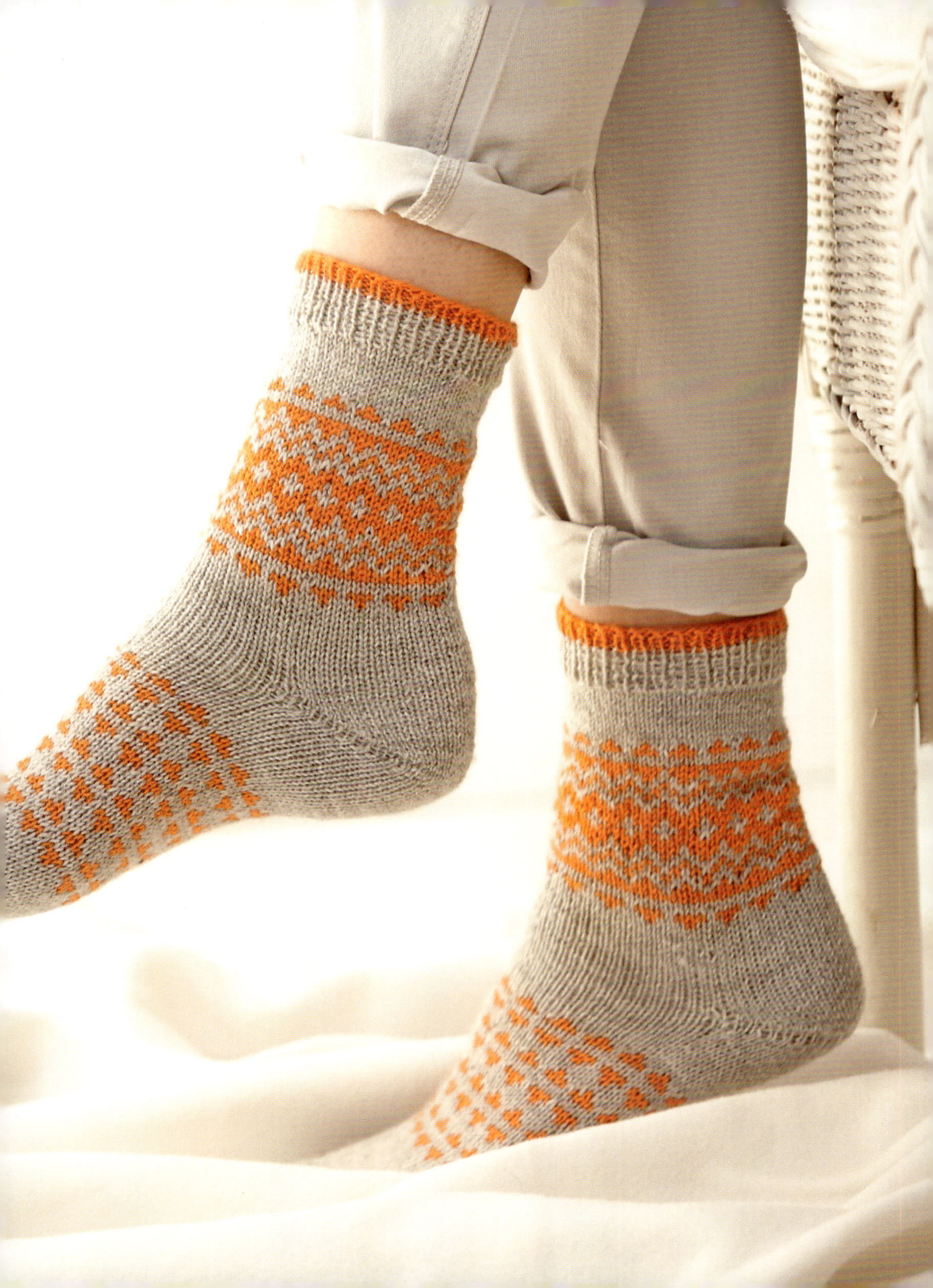

Glatt rechts

In Hinr rechte M, in Rückr linke M str, bzw. in Rd alle M rechts str.

Bündchenmuster

1 M rechts, 1 M links in Wechsel str.

Jacquardmuster A und B

M-Zahl jeweils teilbar durch 4.
In allen Rd glatt rechts nach dem jeweiligen Zählmuster str. Den Rapport von 4 M fortlaufend wdh.

Jacquardmuster A

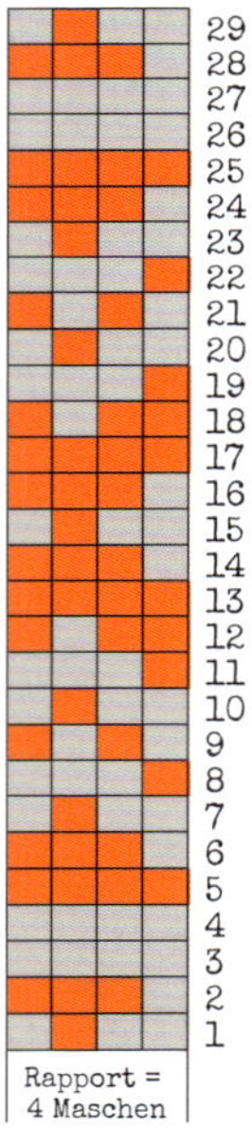

= Hellgrau Mélange
= Mandarine

Jacquardmuster B

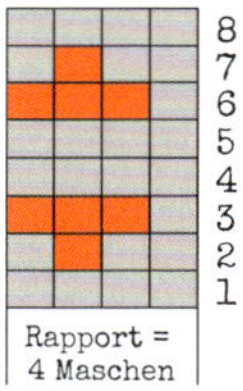

= Hellgrau Mélange
= Mandarine

ANLEITUNG

64 M in Mandarine anschl, gleichmäßig auf 4 Spielnd verteilen (= 16 M pro Nd) und zur Rd schließen.
Für das BÜNDCHEN 3 Rd in Mandarine und 10 Rd in Hellgrau Mélange (= 2,5 cm) im Bündchenmuster str.
Den SCHAFT glatt rechts mit 10 Rd in Hellgrau Mélange beginnen, dann im Jacquardmuster A in Hellgrau Mélange und Mandarine weiterarb. Die 1.–29. Rd des Zählmusters 1x str. Den Faden in Mandarine abschneiden und weitere 10 Rd in Hellgrau Mélange arb.
Nun die BUMERANGFERSE in Hellgrau Mélange glatt rechts über die 32 M der 4. und 1. Nd nach der Grundanleitung arb (siehe Seite 181).
Den FUSS glatt rechts in Rd über alle M der 4 Spielnd arb. 9 Rd in Hellgrau Mélange str. Anschließend im Jacquardmuster B in Hellgrau Mélange und Mandarine weiterarb. Die 1.–8. Rd des Zählmusters 4x str. Den Faden in Mandarine abschneiden und weiter in Hellgrau Mélange str. Nach 17,5 cm ab Fersenmitte mit den Abnahmen für die Bandspitze beginnen.
Die BANDSPITZE in Hellgrau Mélange nach der Grundanleitung arb (siehe Seite 187). Den Faden abschneiden und nach innen ziehen.
Alle Fäden vernähen.
Die zweite Socke genauso arb.

HINWEISE ZUM STRICKEN VON ANDEREN GRÖSSEN

GRÖSSE 36/37
64 M anschl (= 16 M pro Nd).
Fuß, Jacquardmuster B: Die 1.–8. Rd 3x str und nach 16 cm ab Fersenmitte mit den Abnahmen für die Bandspitze beginnen.

GRÖSSE 40/41
68 M anschl (= 17 M pro Nd).
Fuß, Jacquardmuster B: Die 1.–8. Rd 5x str und nach 19 cm ab Fersenmitte mit den Abnahmen für die Bandspitze beginnen.

Ab Größe 42/43 benötigst du von Hellgrau Mélange 100 g.

GRÖSSE 42/43
68 M anschl (= 17 M pro Nd).
Fuß, Jacquardmuster B: Die 1.–8. Rd 5x str und nach 20,5 cm ab Fersenmitte mit den Abnahmen für die Bandspitze beginnen.

GRÖSSE 44/45
72 M anschl (= 18 M pro Nd).
Fuß, Jacquardmuster B: Die 1.–8. Rd 6x str und nach 22 cm ab Fersenmitte mit den Abnahmen für die Bandspitze beginnen.

SOXX NO. 24+25

SCHWIERIGKEITSGRAD I

GRÖSSE

38/39

MATERIAL FÜR 2 PAAR SOCKEN

Schoppel ALB Lino (LL 400 m/100 g)
in Bordeaux (Fb 3285) und
Mittelgraumelange (Fb 9200), je 100 g

Nadelspiel 3,0–4,0 mm

MASCHENPROBE

Glatt rechts mit Nd 3,0–4,0 mm
28 M und 40 Rd = 10 cm x 10 cm

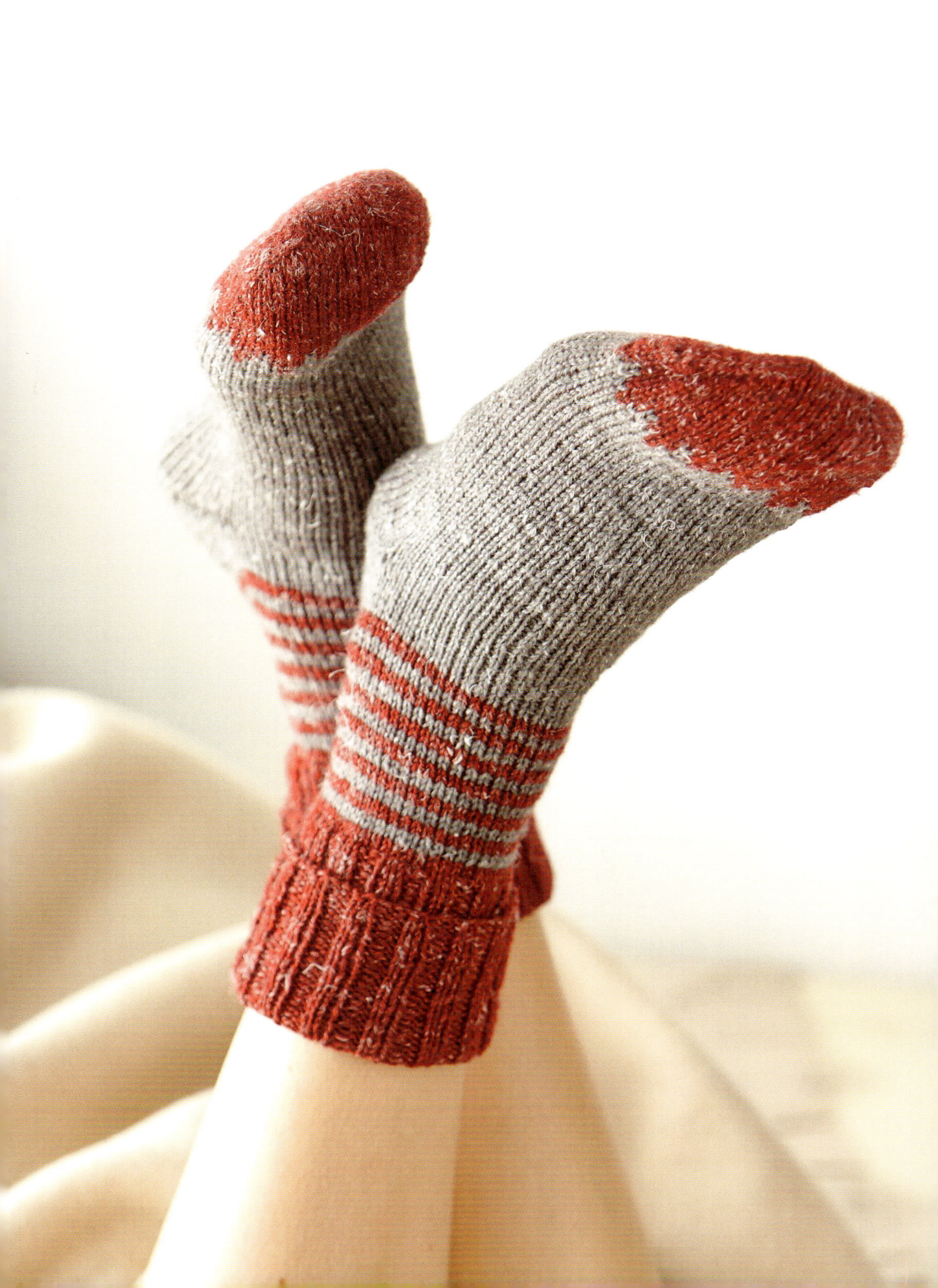

Glatt rechts

In Hinr rechte M, in Rückr linke M str, bzw. in Rd alle M rechts str.

Bündchenmuster

2 M rechts, 2 M links im Wechsel str.

Jacquardmuster

M-Zahl teilbar durch 4.
In allen Rd glatt rechts nach Zählmuster str. Den Rapport von 4 M fortlaufend wdh.

Jacquardmuster

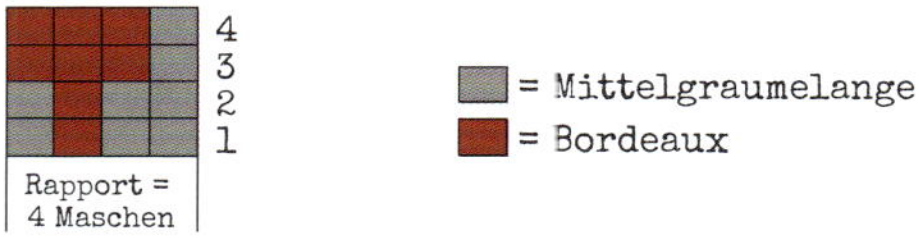

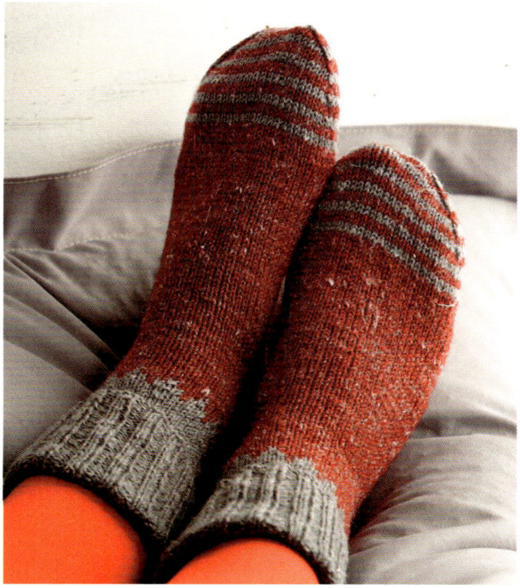

ANLEITUNG SOXX NO. 24

56 M in Mittelgraumelange anschl, gleichmäßig auf 4 Spielnd verteilen (= 14 M pro Nd) und zur Rd schließen.
Für das BÜNDCHEN 50 Rd (= 12 cm) im Bündchenmuster str.
Den SCHAFT glatt rechts mit 14 Rd in Mittelgraumelange beginnen. Anschließend im Jacquardmuster in Mittelgrau-melange und Bordeaux weiterstr. Die 1.–4. Rd des Zählmusters 1x arb. Den Faden in Mittelgraumelange abschneiden und 10 Rd in Bordeaux str.
Die BUMERANGFERSE in Bordeaux über die 28 M der 4. und 1. Nd nach der Grundanleitung (siehe Seite 181) arb.
Dann den FUSS weiter in Bordeaux glatt rechts in Rd über alle 4 Spielnd arb.
Nach 17 cm ab Fersenmitte je 2 Rd Mittelgraumelange, 2 Rd Bordeaux im Wechsel str. Die Ringel bis zum Ende fortführen, dabei nach 20 cm ab Fersenmitte mit den Abnahmen für die stumpfe Spitze beginnen.
Die STUMPFE SPITZE nach der Grundanleitung arb (siehe Seite 187). Die Öffnung im M-Stich schließen (siehe Seite 188).
Die Fäden vernähen. Das Bündchen umschlagen.
Die zweite Socke genauso arb.

HINWEISE ZUM STRICKEN VON ANDEREN GRÖSSEN

GRÖSSE 36/37
56 M anschl (= 14 M pro Nd).
Fuß: Nach 15,5 cm ab Fersenmitte je 2 Rd Mittelgraumelange, 2 Rd Bordeaux im Wechsel str. Die Ringel bis zum Ende fortführen, dabei nach 18,5 cm ab Fersenmitte mit den Abnahmen für die stumpfe Spitze beginnen.

GRÖSSE 40/41
60 M anschl (= 15 M pro Nd).
Fuß: Nach 18,5 cm ab Fersenmitte je 2 Rd Mittelgraumelange, 2 Rd Bordeaux im Wechsel str. Die Ringel bis zum Ende fortführen, dabei nach 21,5 cm ab Fersenmitte mit den Abnahmen für die stumpfe Spitze beginnen.

GRÖSSE 42/43
60 M anschl (= 15 M pro Nd).
Fuß: Nach 20 cm ab Fersenmitte je 2 Rd Mittelgraumelange, 2 Rd Bordeaux im Wechsel str. Die Ringel bis zum Ende fortführen, dabei nach 23 cm ab Fersenmitte mit den Abnahmen für die stumpfe Spitze beginnen.

GRÖSSE 44/45
64 M anschl (= 16 M pro Nd).
Fuß: Nach 21,5 cm ab Fersenmitte je 2 Rd Mittelgraumelange, 2 Rd Bordeaux im Wechsel str. Die Ringel bis zum Ende fortführen, dabei nach 24,5 cm ab Fersenmitte mit den Abnahmen für die stumpfe Spitze beginnen.

ANLEITUNG SOXX NO. 25

56 M in Bordeaux anschl, gleichmäßig auf 4 Spielnd verteilen (= 14 M pro Nd) und zur Rd schließen.
Für das BÜNDCHEN 50 Rd (= 12 cm) im Bündchenmuster str.
Den SCHAFT glatt rechts str. Dafür * 2 Rd Bordeaux, 2 Rd Mittelgraumelange str, ab * 6x wdh. Den Faden in Bordeaux abschneiden. Weitere 3 Rd in Mittelgraumelange arb.

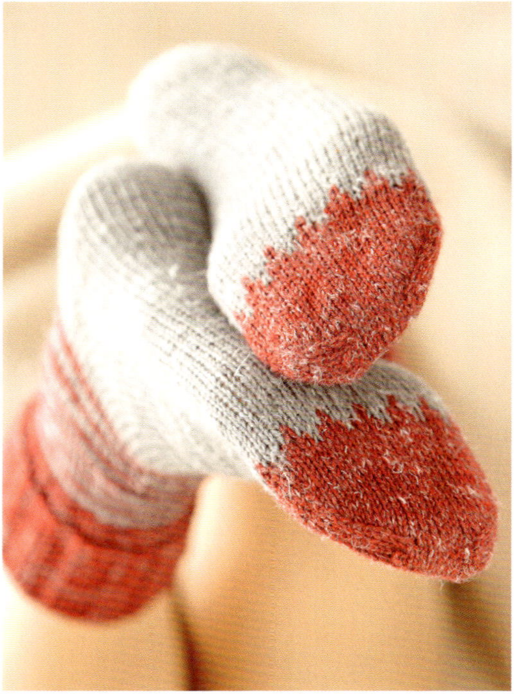

Dann die BUMERANGFERSE in Mittelgraumelange über die 28 M der 4. und 1. Nd nach der Grundanleitung arb (siehe Seite 181).
Den FUSS weiter in Mittelgraumelange glatt rechts in Rd über alle 4 Spielnd arb. Nach 17 cm ab Fersenmitte im Jacquardmuster in Bordeaux und Mittelgraumelange weiterstr. Die 1.–4. Rd des Zählmusters 1x arb. Den Faden in Mittelgraumelange abschneiden und die Socke in Bordeaux beenden. Nach 20 cm ab Fersenmitte mit den Abnahmen für die stumpfe Spitze beginnen.
Die STUMPFE SPITZE nach der Grundanleitung arb (siehe Seite 187). Die Öffnung im M-Stich schließen (siehe Seite 188).
Die Fäden vernähen. Das Bündchen umschlagen.
Die zweite Socke genauso arb.

HINWEISE ZUM STRICKEN VON ANDEREN GRÖSSEN

GRÖSSE 36/37

56 M anschl (= 14 M pro Nd).

Fuß: Nach 15,5 cm ab Fersenmitte im Jacquardmuster in Bordeaux und Mittelgraumelange weiterstr. Die 1.–4. Rd 1x arb. Nach Anleitung weiterarb und nach 18,5 cm ab Fersenmitte mit den Abnahmen für die stumpfe Spitze beginnen.

GRÖSSE 40/41

60 M anschl (= 15 M pro Nd).

Fuß: Nach 18,5 cm ab Fersenmitte im Jacquardmuster in Bordeaux und Mittelgraumelange weiterstr. Die 1.–4. Rd 1x arb. Nach Anleitung weiterarb und nach 21,5 cm ab Fersenmitte mit den Abnahmen für die stumpfe Spitze beginnen.

GRÖSSE 42/43

60 M anschl (= 15 M pro Nd).

Fuß: Nach 20 cm ab Fersenmitte im Jacquardmuster in Bordeaux und Mittelgraumelange weiterstr. Die 1.–4. Rd 1x arb. Nach Anleitung weiterarb und nach 23 cm ab Fersenmitte mit den Abnahmen für die stumpfe Spitze beginnen.

GRÖSSE 44/45

64 M anschl (= 16 M pro Nd).

Fuß: Nach 21,5 cm ab Fersenmitte im Jacquardmuster in Bordeaux und Mittelgraumelange weiterstr. Die 1.–4. Rd 1x arb. Nach Anleitung weiterarb und nach 24,5 cm ab Fersenmitte mit den Abnahmen für die stumpfe Spitze beginnen.

SOXX NO. 26

SCHWIERIGKEITSGRAD 3

GRÖSSE

38/39

MATERIAL

Lang Yarns Jawoll (LL ca. 210 m/50 g) in Hellgrau Mélange (Fb 23), Anthrazit Mélange (Fb 70) und Rosa (Fb 219), je 50 g

Nadelspiel 2,5–3,0 mm

MASCHENPROBE

Im Jacquardmuster mit Nd 2,5–3,0 mm
32 M und 36 Rd = 10 cm x 10 cm

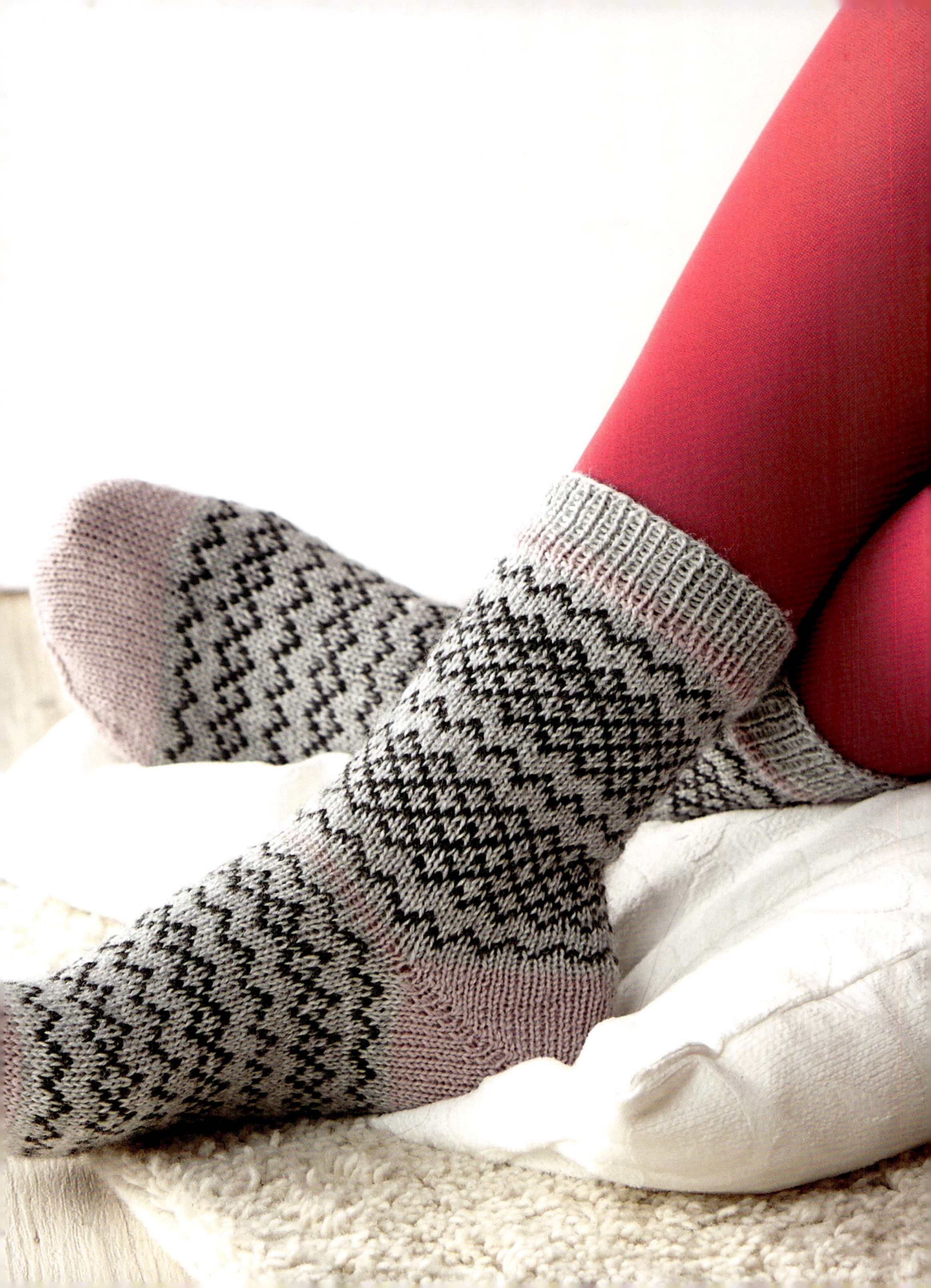

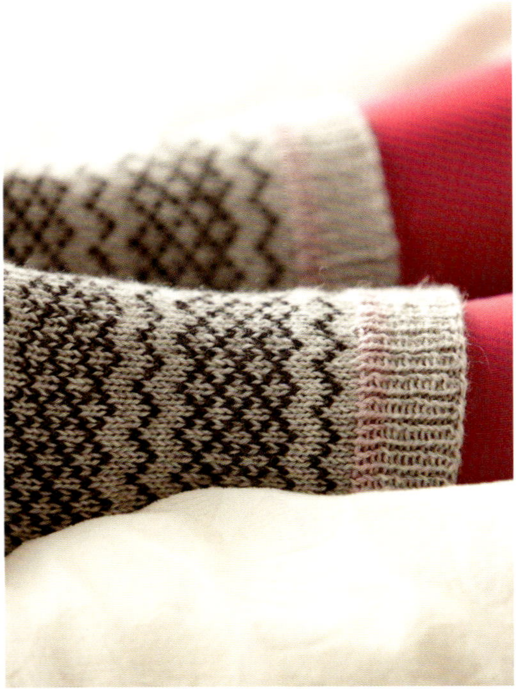

Jacquardmuster A und B

M-Zahl jeweils teilbar durch 4.
In allen Rd glatt rechts nach dem jeweiligen Zählmuster str. Den Rapport von 4 M fortlaufend wdh.

Jacquardmuster A

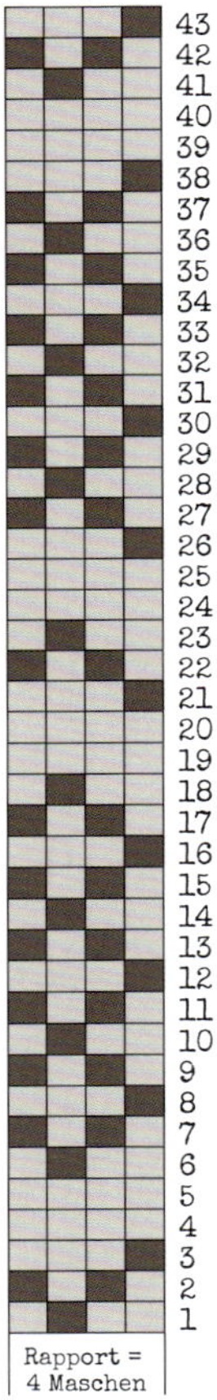

Jacquardmuster B

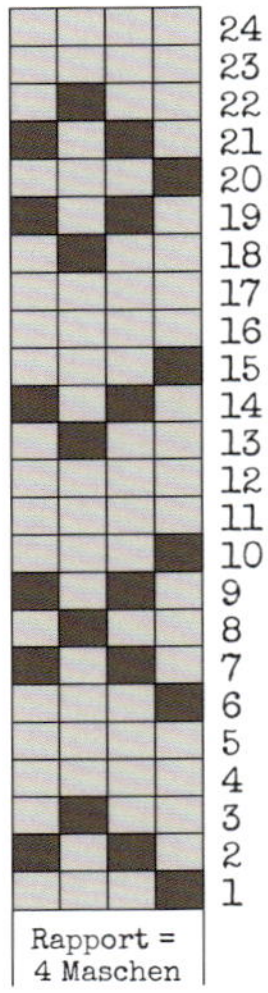

■ = Anthrazit Mélange
□ = Hellgrau Mélange

□ = Hellgrau Mélange
■ = Anthrazit Mélange

Glatt rechts

In Hinr rechte M, in Rückr linke M str, bzw. in Rd alle M rechts str.

Bündchenmuster

1 M rechts, 1 M links im Wechsel str.

ANLEITUNG

64 M in Hellgrau Mélange anschl, gleichmäßig auf 4 Spielnd verteilen (= 16 M pro Nd) und zur Rd schließen. Für das BÜNDCHEN 10 Rd in Hellgrau Mélange und 4 Rd in Rosa (= 3,0 cm) im Bündchenmuster str. Den Faden in Rosa abschneiden.
Den SCHAFT glatt rechts mit 2 Rd Hellgrau Mélange beginnen. Anschließend im Jacquardmuster A in Anthrazit Mélange und Hellgrau Mélange weiterarb. Die 1.–43. Rd des Zählmusters 1x str. Beide Fäden abschneiden.
Die BUMERANGFERSE glatt rechts in Rosa über die 32 M der 4. und 1. Nd nach der Grundanleitung arb (siehe Seite 181). Anschließend den Faden abschneiden.
Den FUSS glatt rechts in Rd über alle M der 4 Spielnad arb, dabei mit 2 Rd in Hellgrau Mélange beginnen. Im Jacquardmuster B in Anthrazit Mélange und Hellgrau Mélange weiterarb. Die 1.–24. Rd des Zählmusters 1x str, anschließend noch 1x die 1.–17. Rd arb. Den Faden in Hellgrau Mélange und den Faden in Anthrazit Mélange abschneiden. Glatt

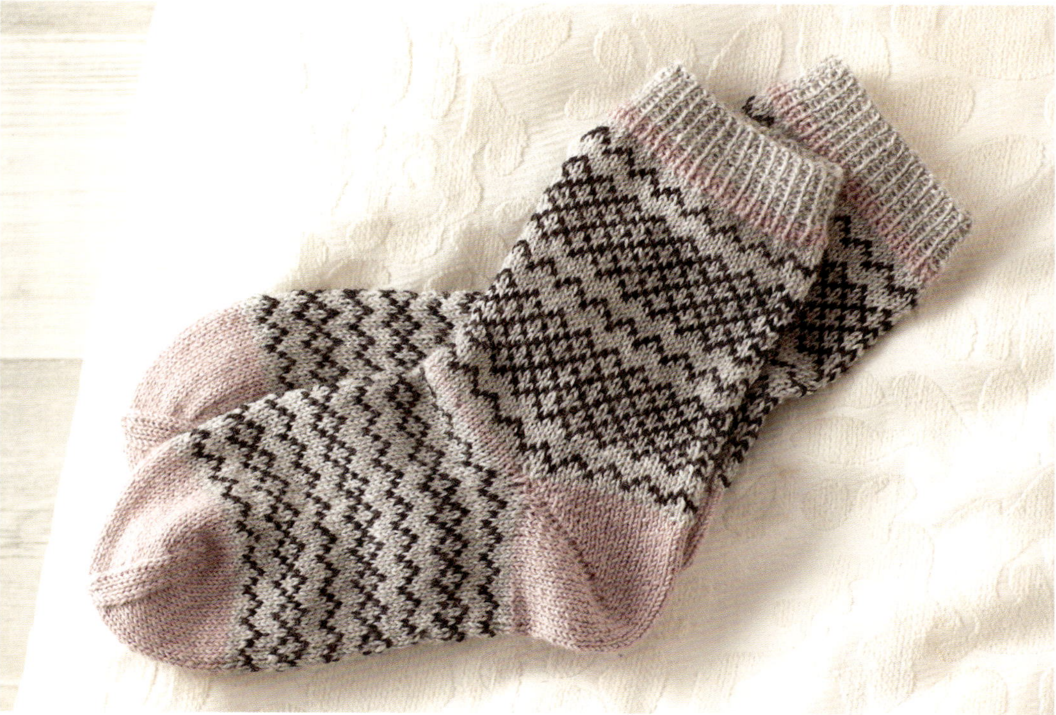

rechts in Rosa weiterstr und nach 17,5 cm ab Fersenmitte mit den Abnahmen für die Bandspitze beginnen.
Die BANDSPITZE in Rosa nach der Grundanleitung arb (siehe Seite 187).

Den Faden abschneiden und nach innen ziehen.
Alle Fäden vernähen.
Die zweite Socke genauso arb.

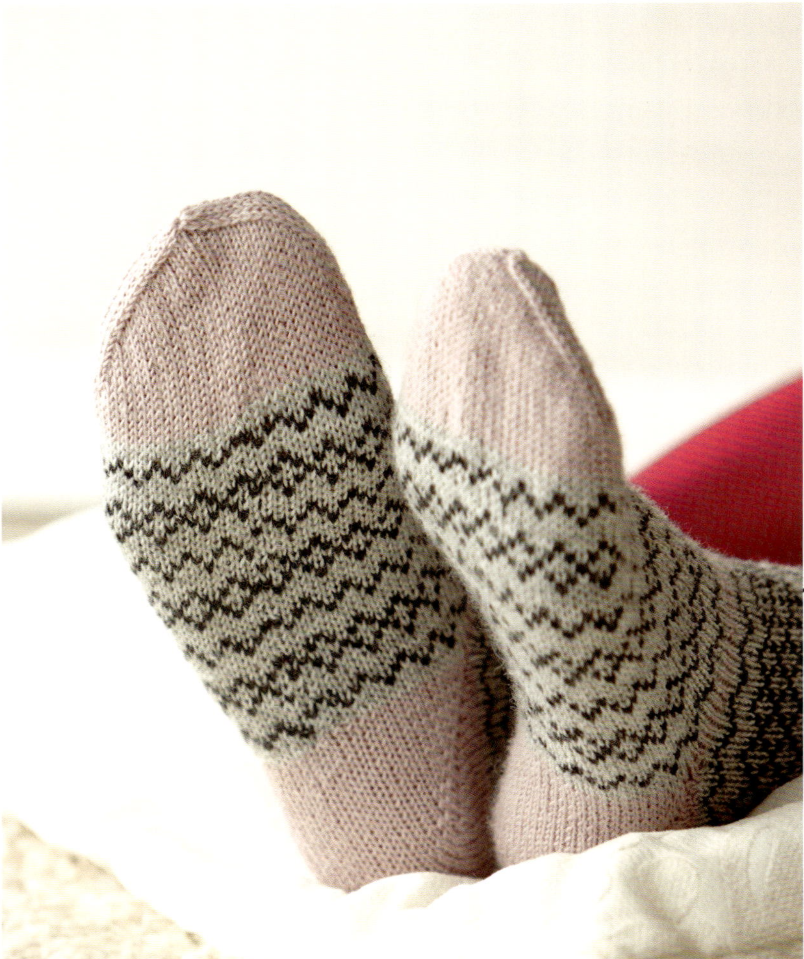

HINWEISE ZUM STRICKEN VON ANDEREN GRÖSSEN

GRÖSSE 36/37

64 M anschl (= 16 M pro Nd).

Fuß, Jacquardmuster B: Die 1.–24. Rd 1x und die 1.–12. Rd 1x str. Nach Anleitung weiterarb und nach 16 cm ab Fersenmitte mit den Abnahmen für die Bandspitze beginnen.

GRÖSSE 40/41

68 M anschl (= 17 M pro Nd).

Fuß, Jacquardmuster B: Die 1.–24. Rd 2x str. Nach Anleitung weiterarb und nach 19 cm ab Fersenmitte mit den Abnahmen für die Bandspitze beginnen.

GRÖSSE 42/43

68 M anschl (= 17 M pro Nd).

Fuß, Jacquardmuster B: Die 1.–24. Rd 2x und die 1.–5. Rd 1x str. Nach Anleitung weiterarb und nach 20,5 cm ab Fersenmitte mit den Abnahmen für die Bandspitze beginnen.

GRÖSSE 44/45

72 M anschl (= 18 M pro Nd).

Fuß, Jacquardmuster B: Die 1.–24. Rd 2x und die 1.–12. Rd 1x str. Nach Anleitung weiterarb und nach 22 cm ab Fersenmitte mit den Abnahmen für die Bandspitze beginnen.

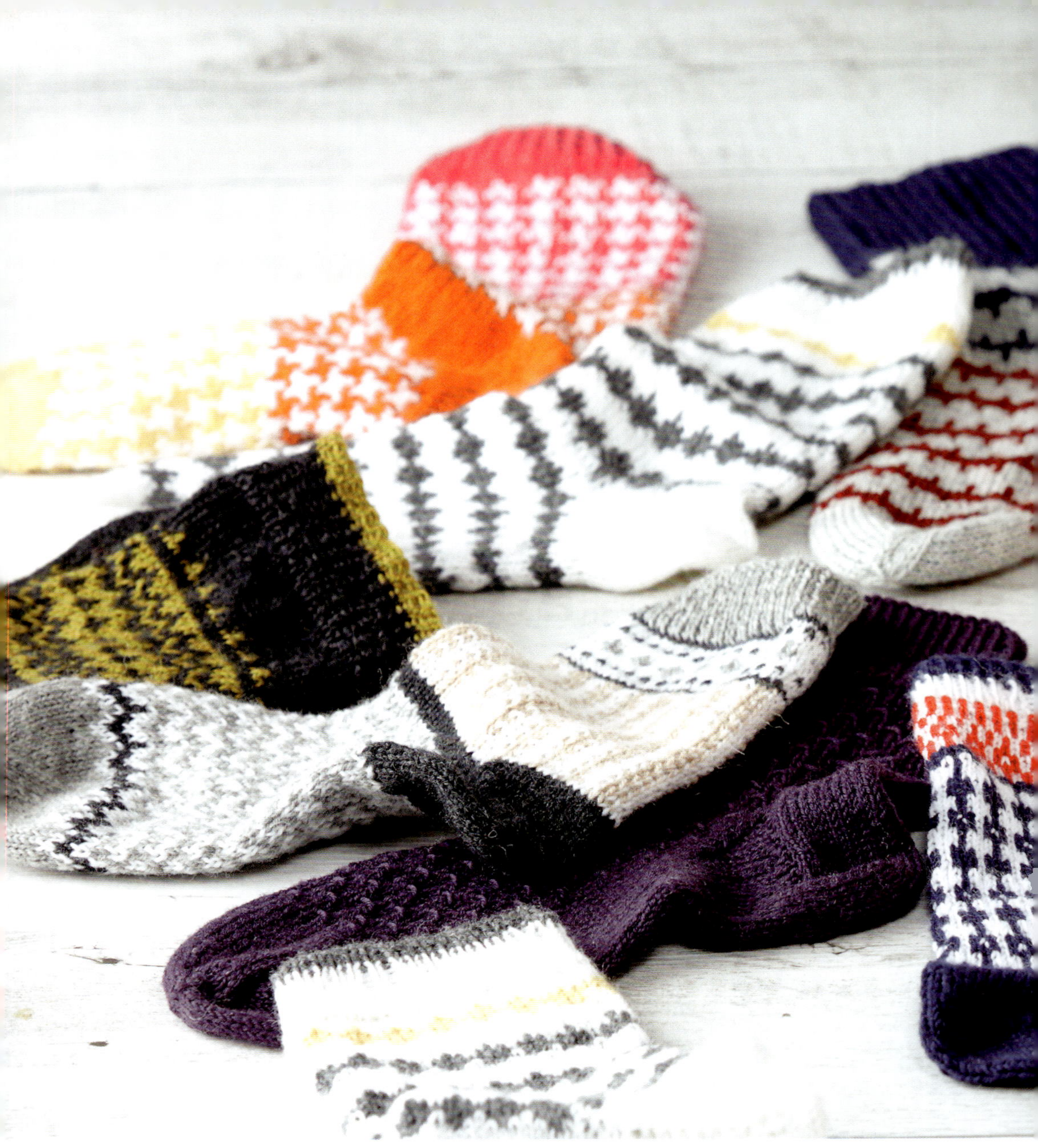

Kreatives Socken

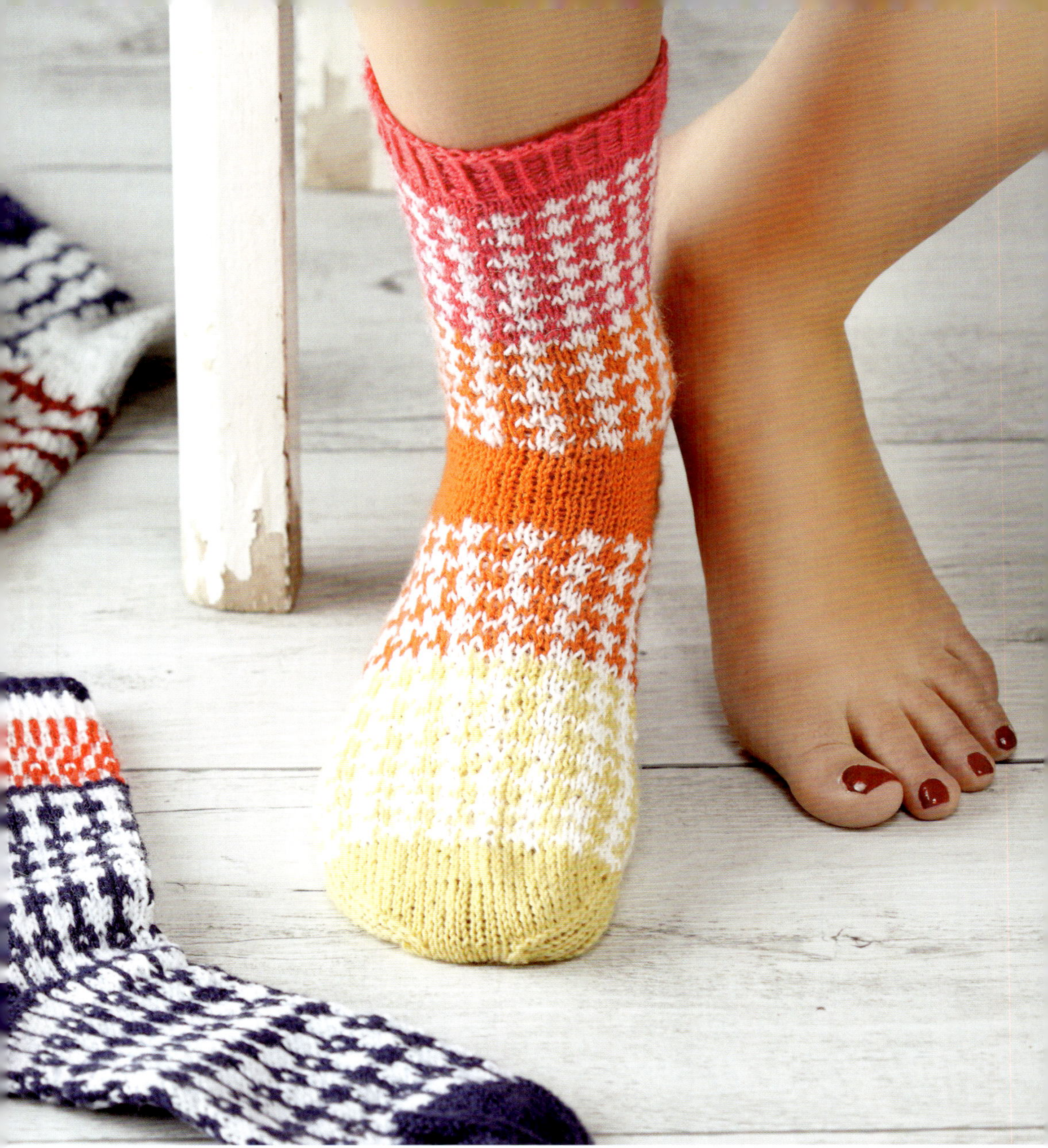

design >>>>>>>>>>>>>>>

GESTALTE DEINE SOCKEN

Du hast deine Lieblingssocke gefunden, möchtest sie aber in anderen Farben stricken? Kein Problem. Sockengarn gibt es in unzählig vielen Farben. Inspirierende Variationen findest du auf Seite 154–161.

Als Grundfarbe eignet sich ein ruhiger, neutraler Farbton wie z. B. Weiß, Offwhite, Hellgrau oder Beige. So sieht auch ein buntes Muster nicht zu wild aus. Das Muster kann Ton in Ton, zum Beispiel mit verschiedenen Blautönen, oder ganz bunt gestrickt werden. Wenn bei zweifarbigen Mustern die Farben getauscht werden, wirkt das Muster plötzlich ganz anders.

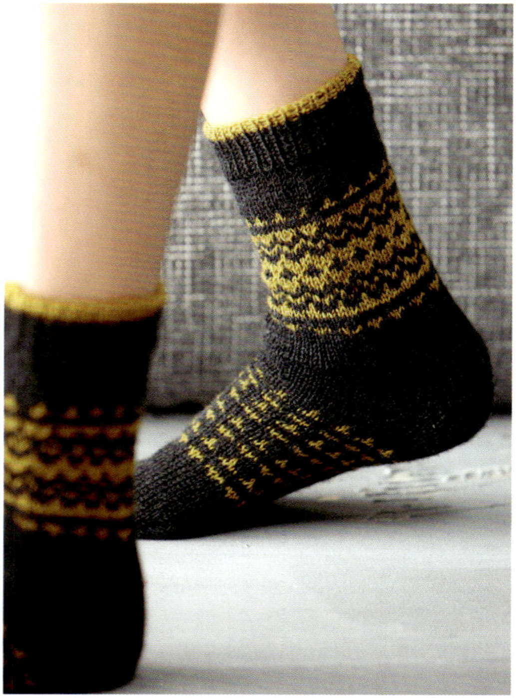

Du kannst mehrfarbige Socken auch mit nur zwei oder drei Farben stricken, so entsteht ein völlig neues Design.

Da alle Muster in diesem Buch einen Rapport von 4 Maschen haben, kannst du verschiedene Anleitungen neu kombinieren. Das Bündchen kann verlängert oder der Schaft gekürzt werden, so erhältst du dein ganz eigenes Design und unendlich viele Möglichkeiten für schöne Socken.

Meine Muster entwerfe ich auf dem Papier mit Bleistift oder Buntstiften oder am Computer. Mit Excel kann man ganz einfach Muster erstellen, schnell verändern und sich verschiedene Farbvariationen ansehen. Dazu musst du die Spaltenbreite auf 0,9 Punkt und die Zeilenhöhe auf 7,25 Punkt einstellen, so erhältst du quadratische Kästchen, die du farbig ausfüllen kannst.

Manchmal stricke ich auch einfach drauflos, das ist besonders spannend und oft entstehen so die schönsten Muster.

Dazu verarbeite ich besonders gern Garne aus dem Restekorb.
Viele Ideen finde ich auf Instagram und Pinterest. Dabei ist es nicht unbedingt gestrickte Mode, die mich zu einem neuen Sockendesign inspiriert. Farbige Illustrationen sowie grafische Muster aus dem Wohnbereich und schönes Geschirr sind für mich die größte Ideenquelle.
In Handarbeitszeitschriften findet man leider nicht sehr häufig Anleitungen für Socken. Allerdings lassen sich Muster von Pullovern, Jacken und Co. ganz einfach als Sockenmuster umsetzen, wenn der Rapport mit der Maschenzahl der Socken vereinbar ist. Stoffdesigner entwerfen oft Muster mit sehr intensiven Farben. Diese Farbkombinationen inspirieren mich zu den besonders bunten Socken.
Da die Ostsee vor meiner Haustür liegt, habe ich viele maritime Socken. Sie passen wunderbar zu Jeans und Ringelshirt und kommen auch im Sommer zum Einsatz. Wenn es einmal dezenter sein soll, trage ich Socken mit Mustern in Grau- und Beigetönen. Und ganz selten sind es schwarze Socken mit einfachen Rechts-Links-Mustern.

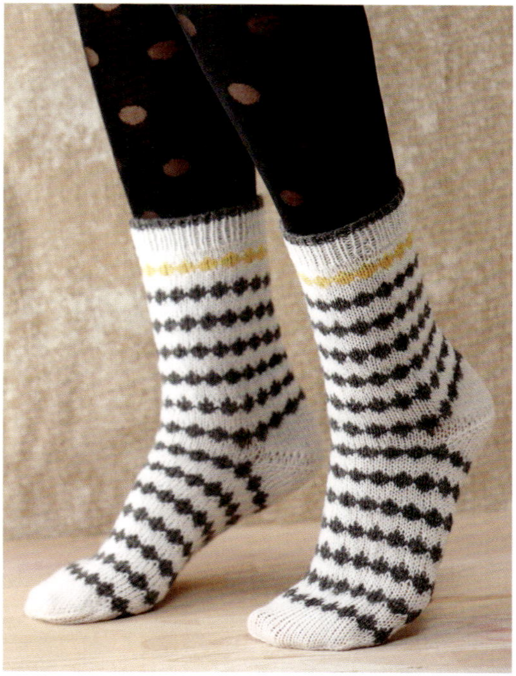

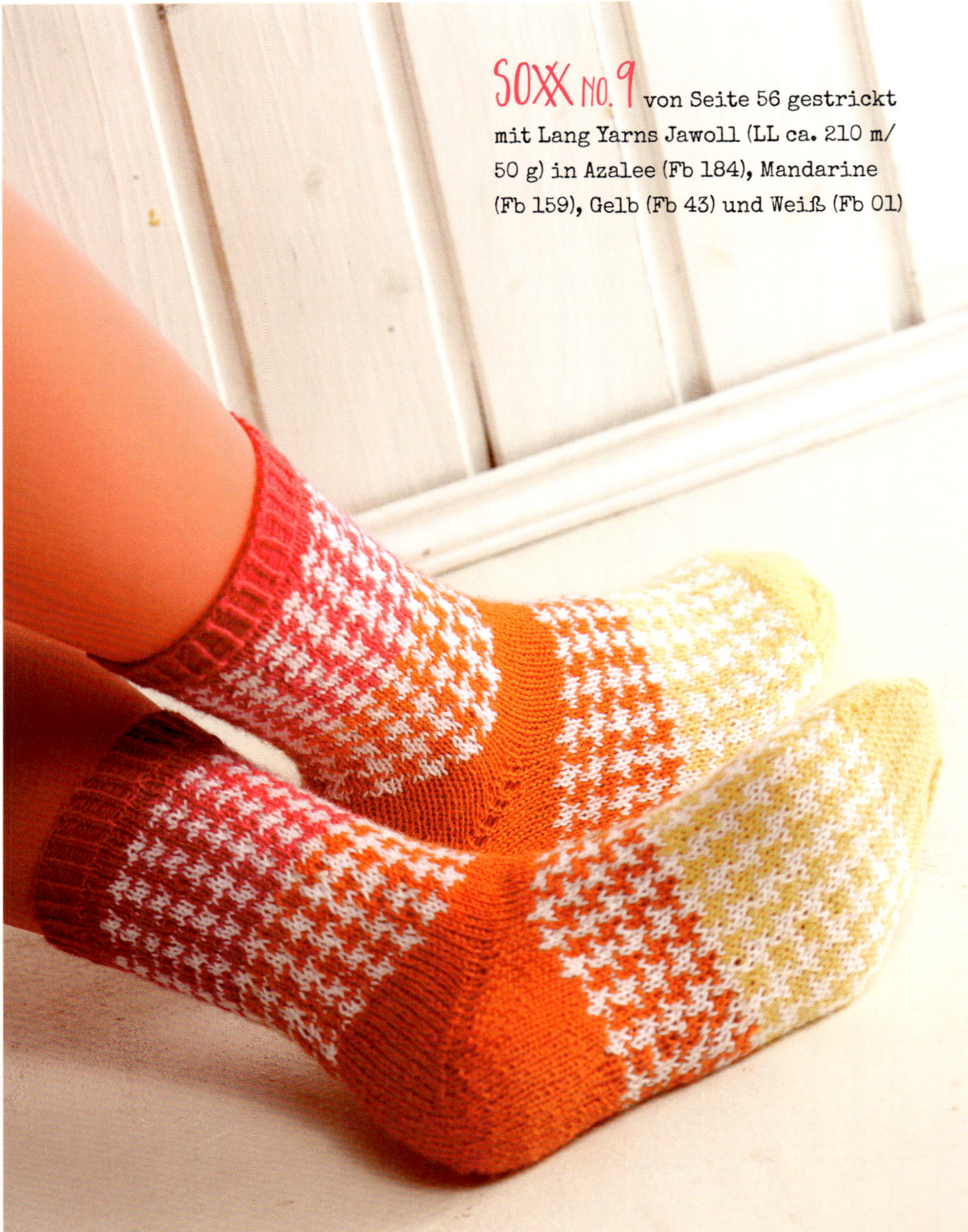

SOXX NO. 9 von Seite 56 gestrickt mit Lang Yarns Jawoll (LL ca. 210 m/ 50 g) in Azalee (Fb 184), Mandarine (Fb 159), Gelb (Fb 43) und Weiß (Fb 01)

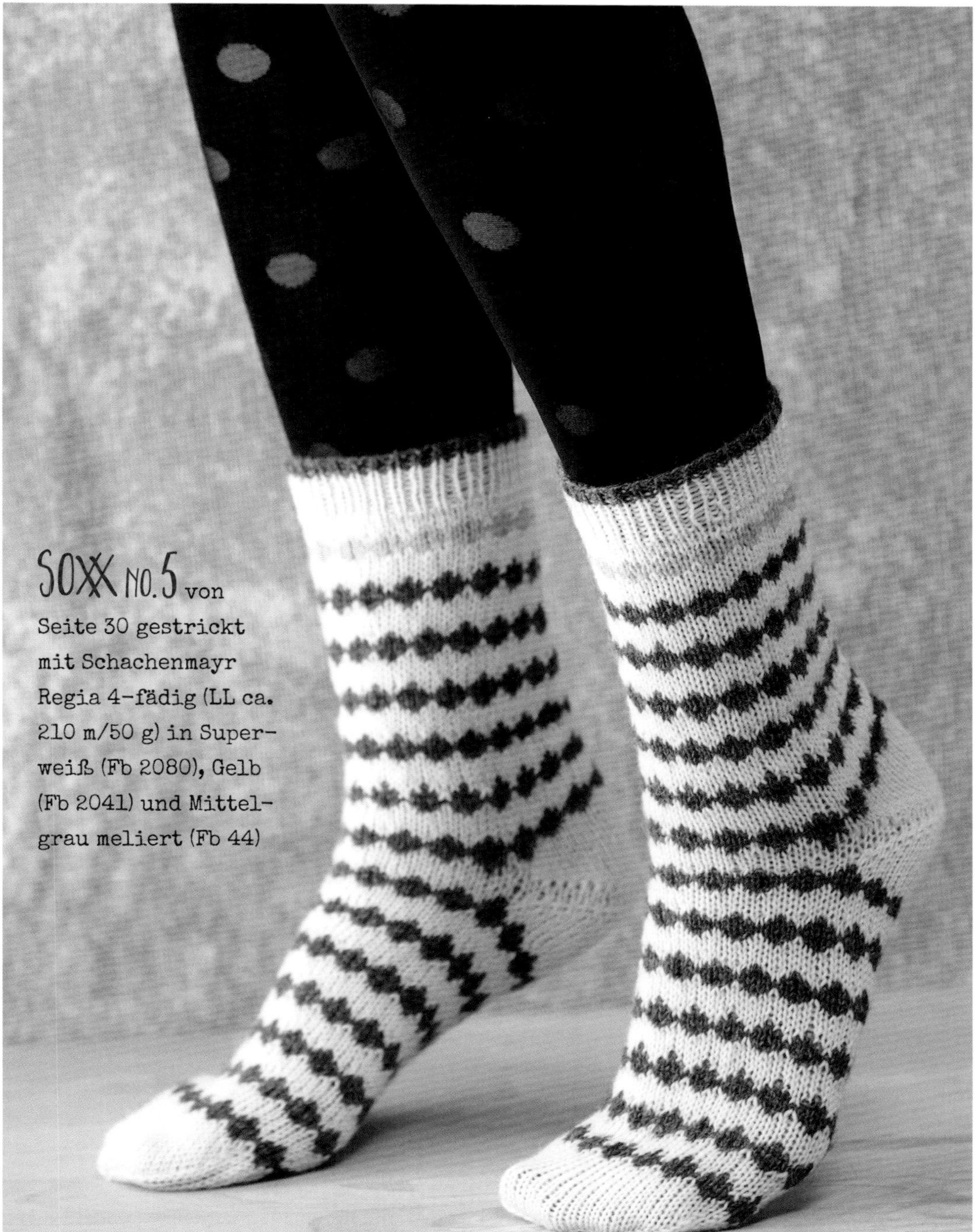

SOXX NO. 5 von Seite 30 gestrickt mit Schachenmayr Regia 4-fädig (LL ca. 210 m/50 g) in Superweiß (Fb 2080), Gelb (Fb 2041) und Mittelgrau meliert (Fb 44)

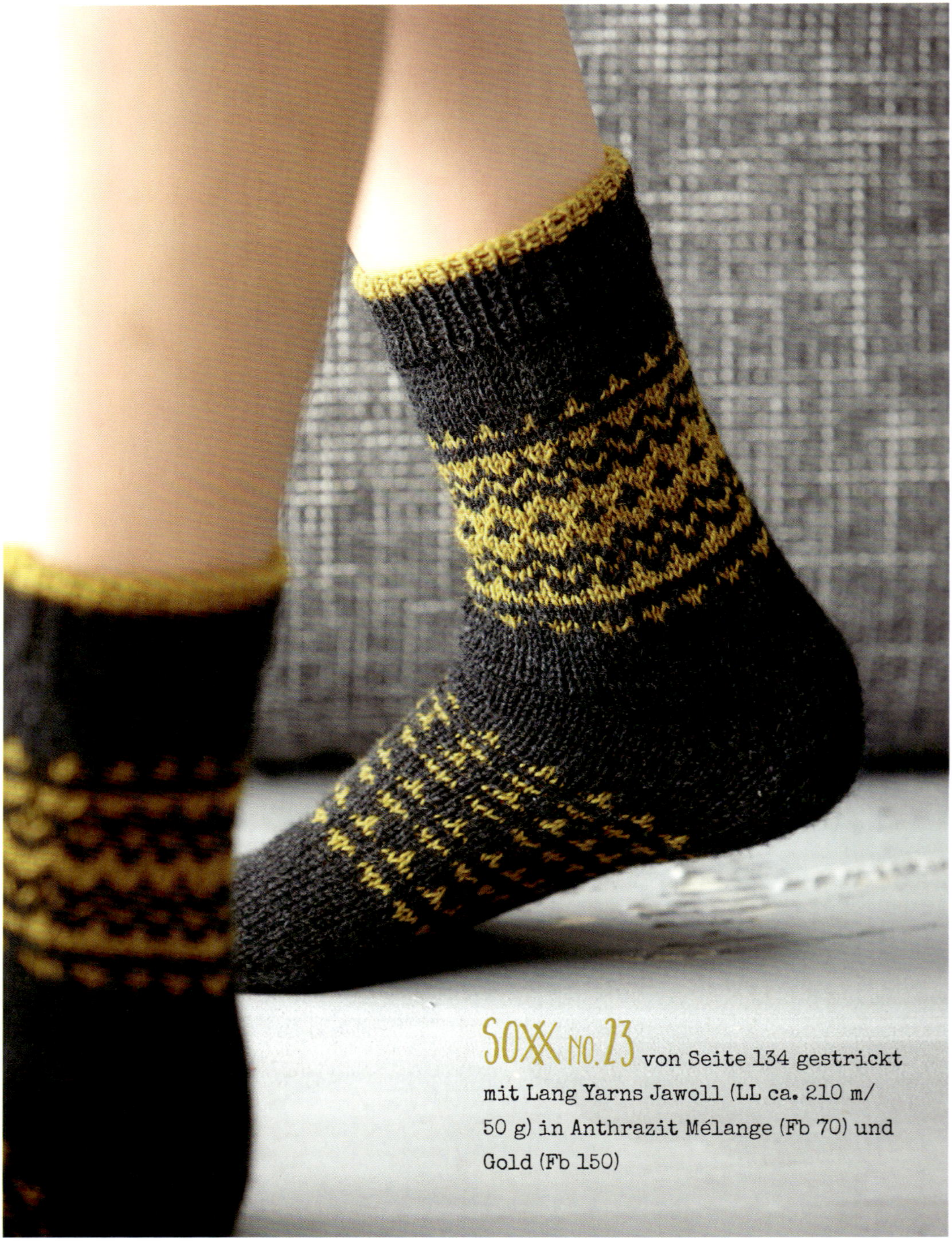

SOXX NO. 23 von Seite 134 gestrickt mit Lang Yarns Jawoll (LL ca. 210 m/ 50 g) in Anthrazit Mélange (Fb 70) und Gold (Fb 150)

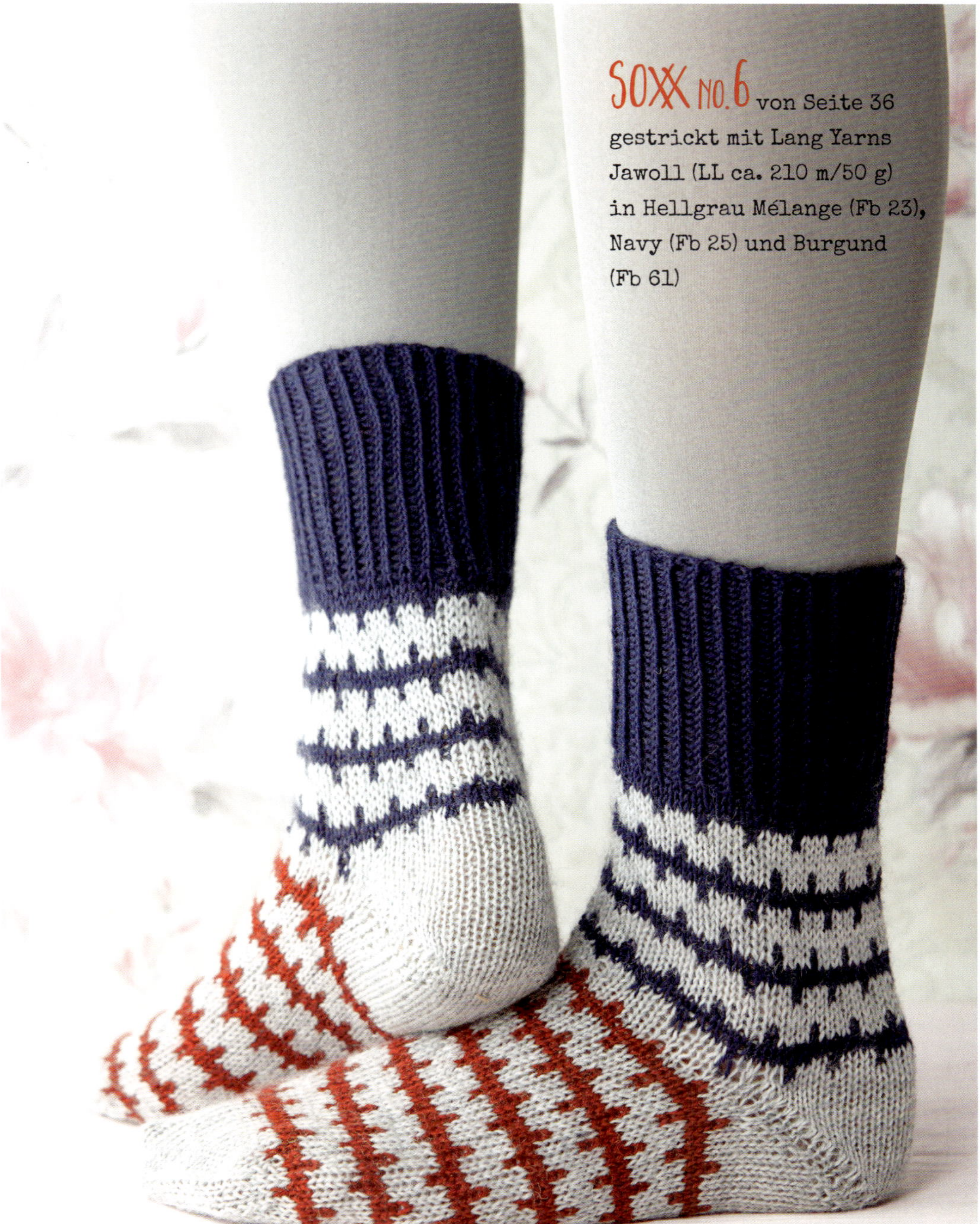

SOXX NO. 6 von Seite 36 gestrickt mit Lang Yarns Jawoll (LL ca. 210 m/50 g) in Hellgrau Mélange (Fb 23), Navy (Fb 25) und Burgund (Fb 61)

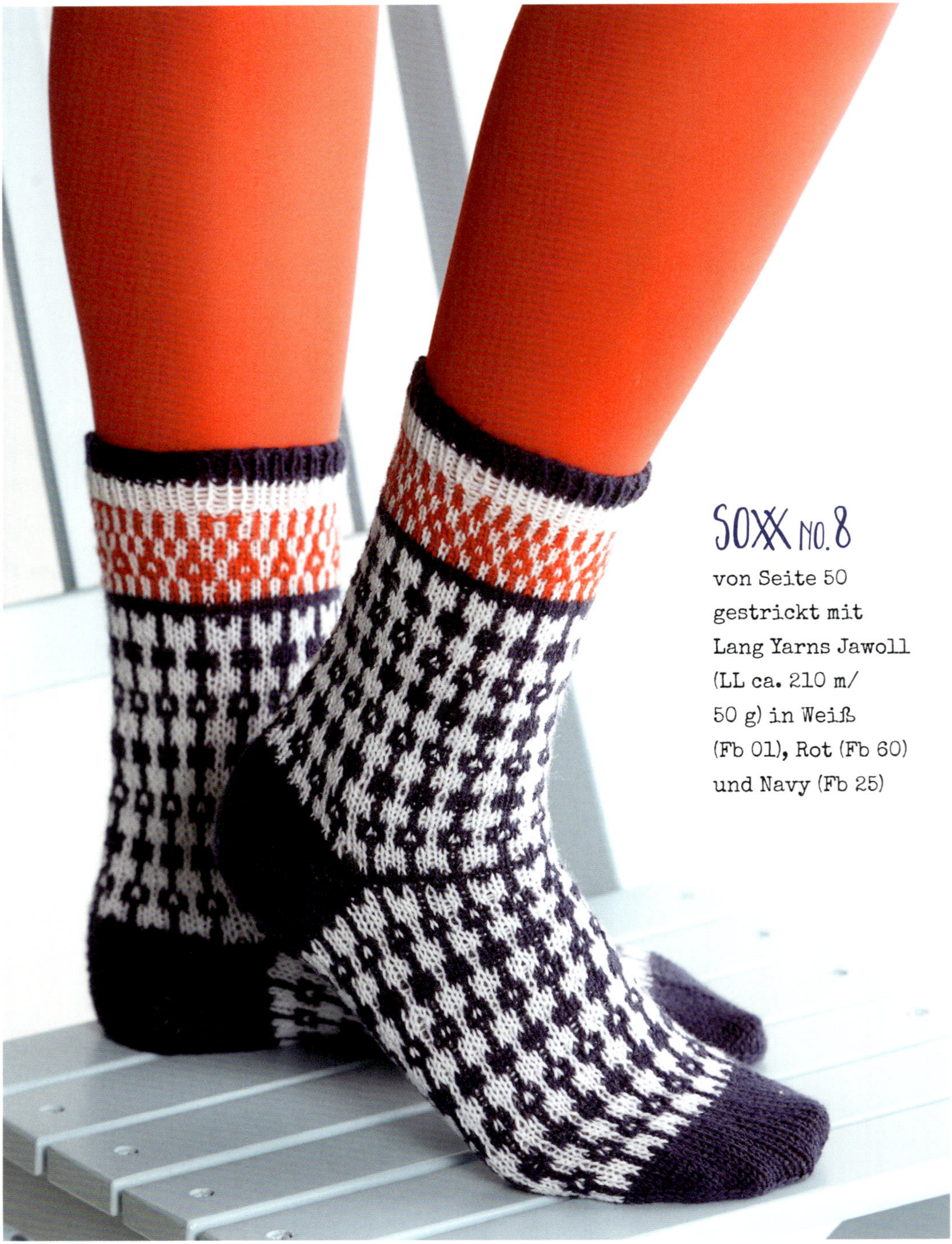

SOXX NO. 8

von Seite 50 gestrickt mit Lang Yarns Jawoll (LL ca. 210 m/ 50 g) in Weiß (Fb 01), Rot (Fb 60) und Navy (Fb 25)

SOXX NO.1 von Seite 8 gestrickt mit Schachenmayr Regia 4-fädig (LL ca. 210 m/50 g) in Superweiß (Fb 2080), Flanell meliert (Fb 33), Hellkamel meliert (Fb 17) und Anthrazit meliert (Fb 522)

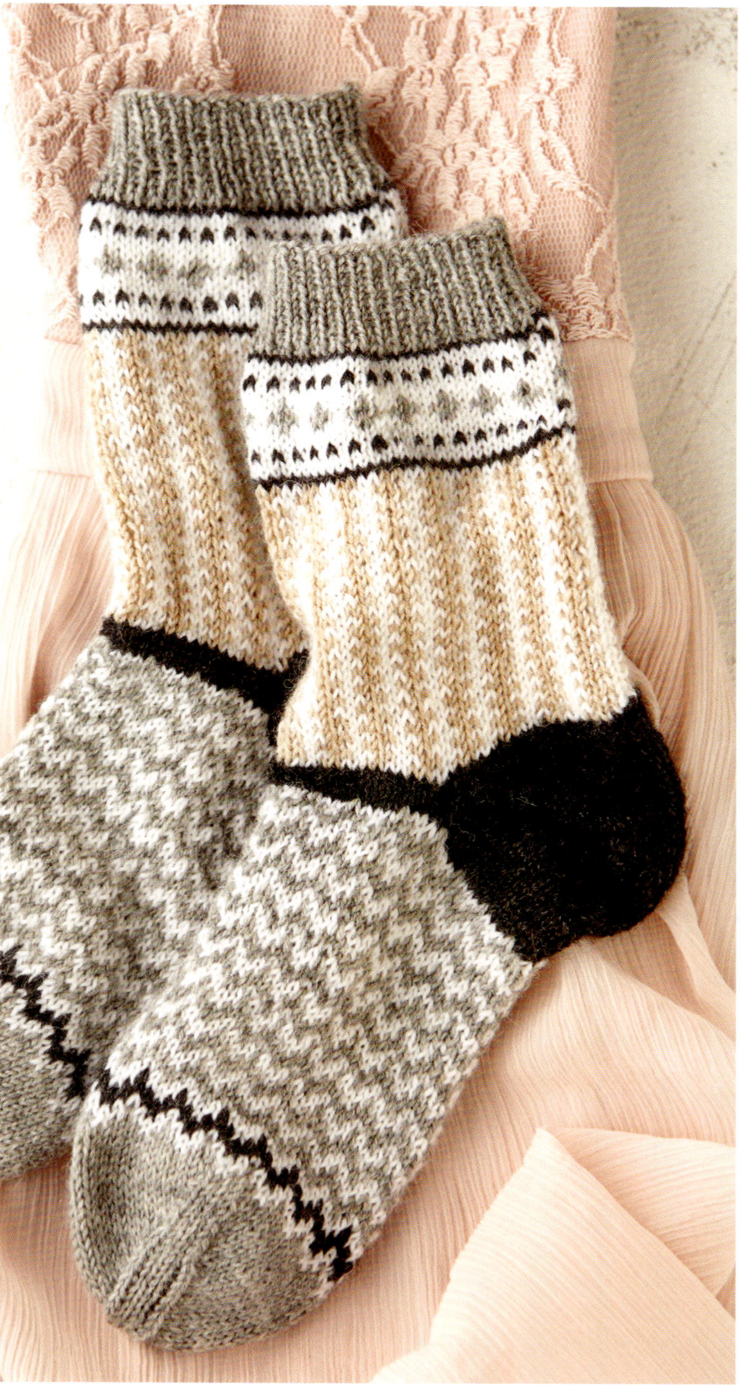

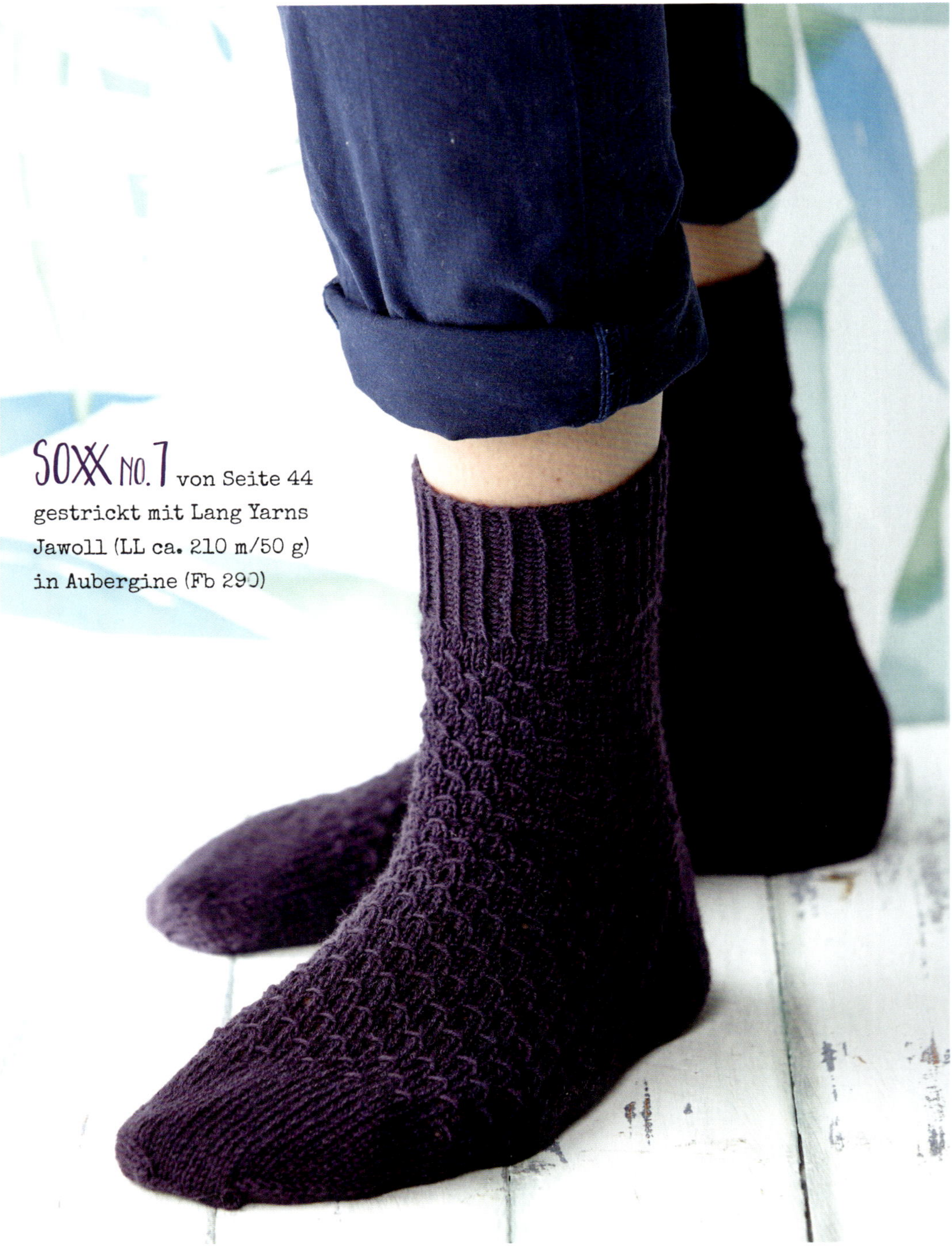

SOXX No. 7 von Seite 44 gestrickt mit Lang Yarns Jawoll (LL ca. 210 m/50 g) in Aubergine (Fb 290)

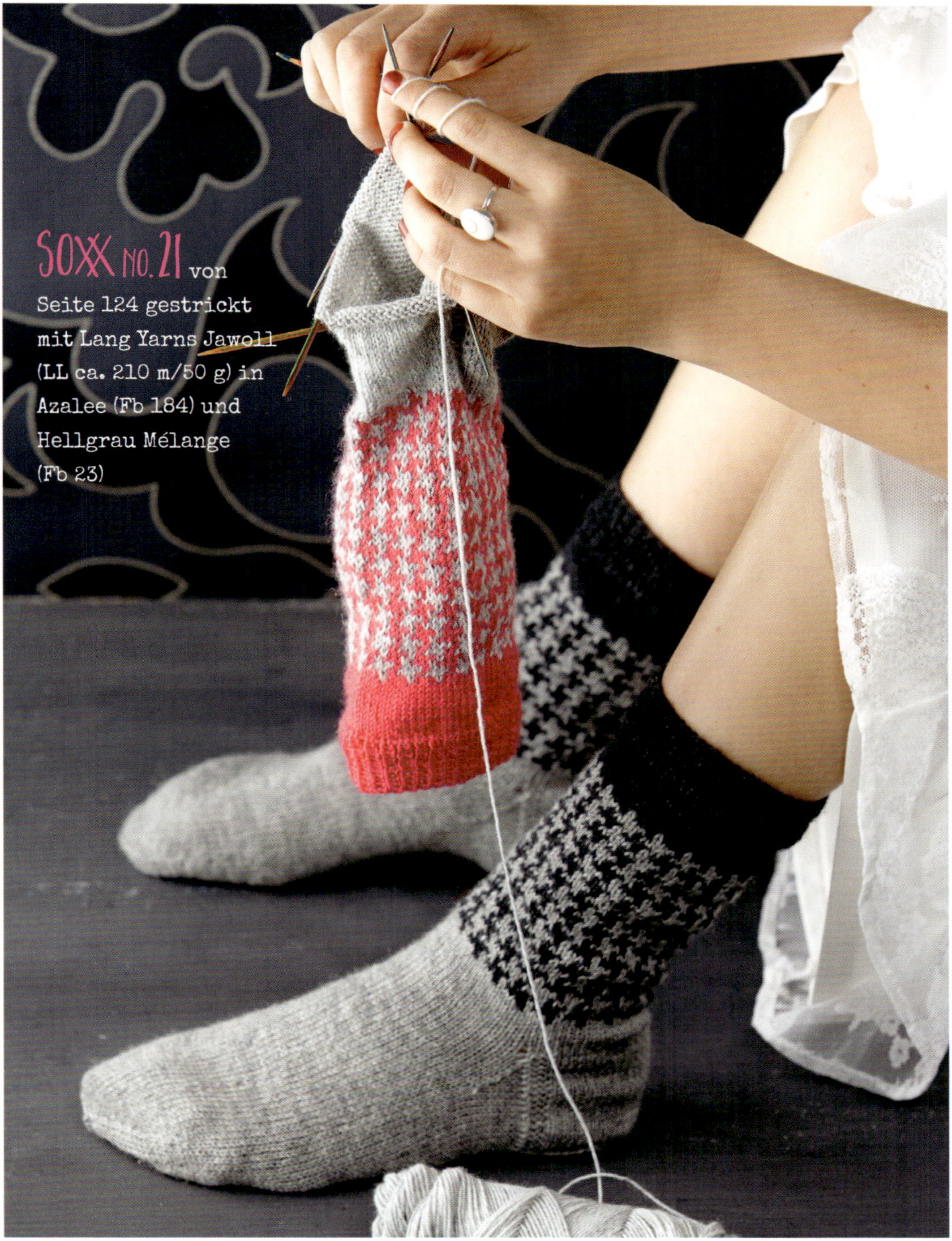

SOXX NO. 21 von Seite 124 gestrickt mit Lang Yarns Jawoll (LL ca. 210 m/50 g) in Azalee (Fb 184) und Hellgrau Mélange (Fb 23)

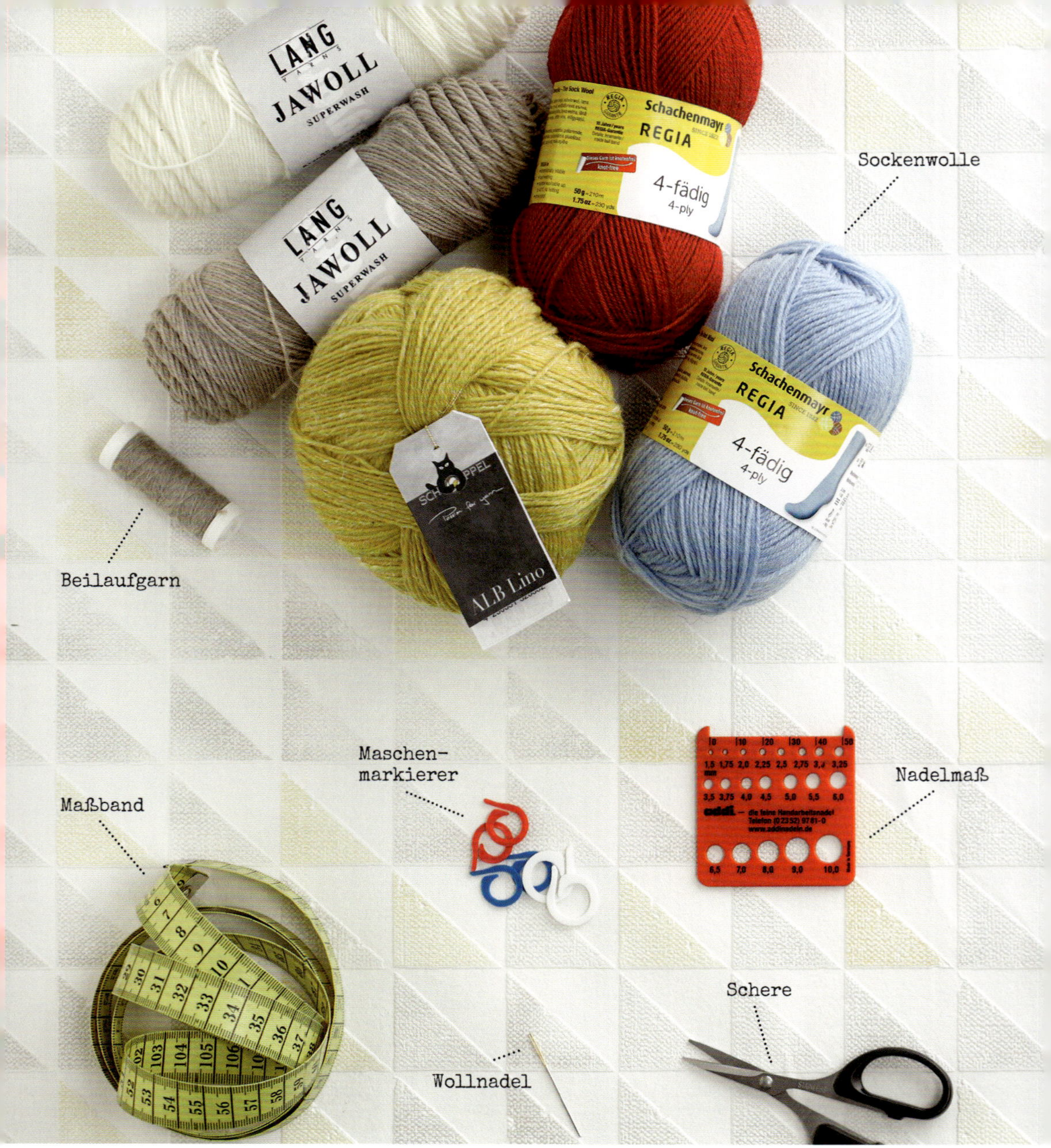

Grundanleitung

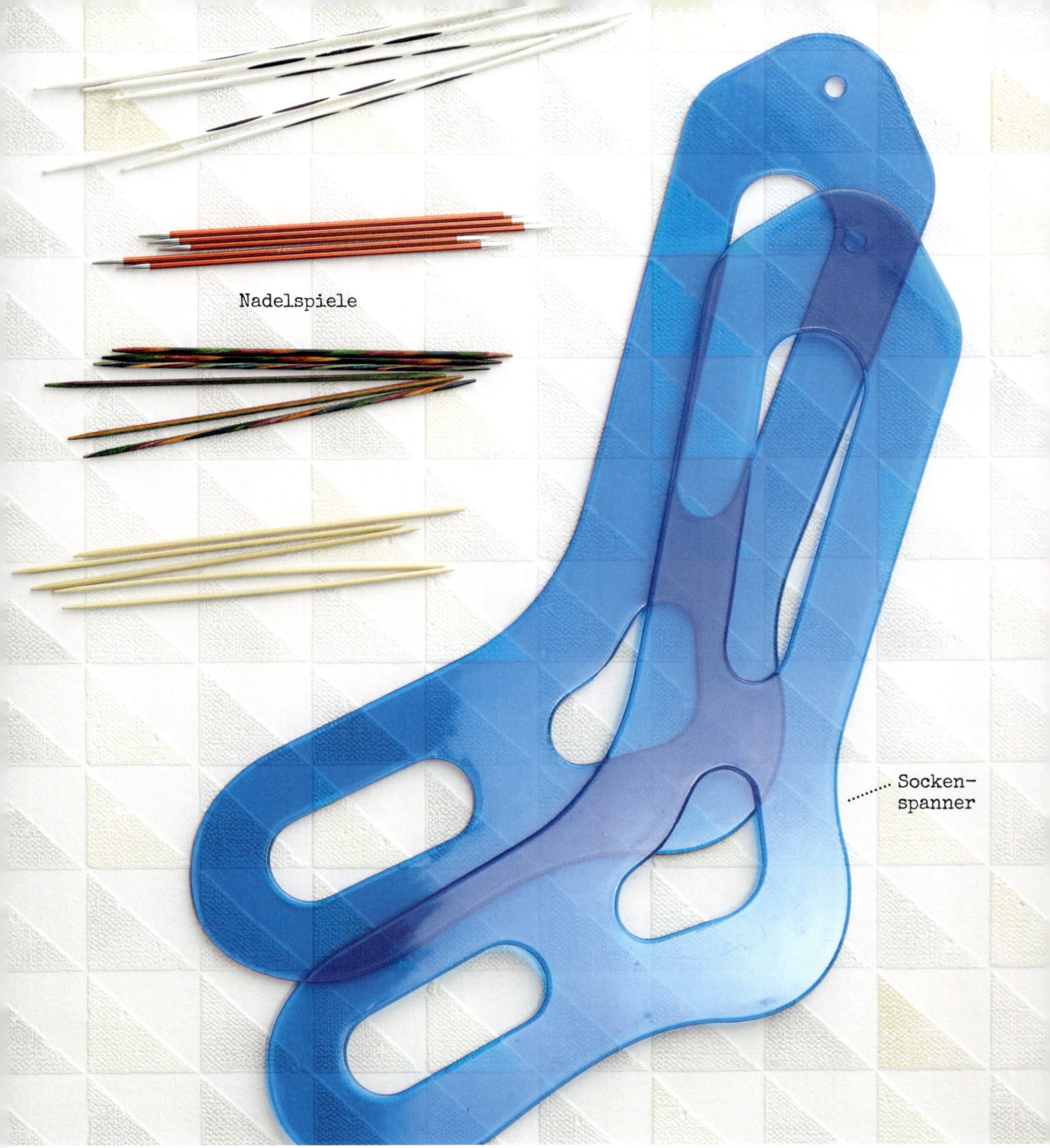
Nadelspiele
Socken-
spanner

MATERIAL

DAS RICHTIGE GARN

Video 1

Socken sollten immer aus speziellem Sockengarn gestrickt werden. Dieses Garn besteht in der Regel aus Schurwolle mit einem Anteil von 25–30 % Polyamid, dadurch ist es strapazierfähig und durch eine besondere Ausrüstung in der Maschine waschbar, ohne zu verfilzen.
Socken im Jacquardmuster werden am besten aus 4-fädigem Garn gestrickt, das eine Lauflänge von 210 m auf 50 g hat.
Bei dickeren Garnen kann ein aufwendiges Jacquardmuster am Fuß zu dick werden. Bei Mustern aus rechten und linken Maschen, anderen einfarbigen Mustern oder bei Ringeln ist auch ein dickeres 6-fädiges Garn eine gute Wahl.
Garne verschiedener Hersteller mit der gleichen Qualität können zusammen verstrickt werden, so lassen sich auch Reste ohne Probleme verarbeiten.
Bei feineren Garnen können Ferse und Spitze mit dem mitgelieferten, gleichfarbigen Beilaufgarn verstärkt werden.
Sockengarne gibt es auch aus reinen Naturmaterialien ohne synthetische Beimischung. Das für Soxx No. 4, Soxx No. 7 und Soxx No. 24 & 25 verwendete Garn ALB Lino von Schoppel besteht aus 85 % Schurwolle und 15 % Leinen.
Bitte auf eine gute Qualität der Garne achten, damit man lange Freude an den Socken hat.

STRICKNADELN

Video 1

Es gibt verschiedene Techniken, um Socken zu stricken. Traditionell wird ein Nadelspiel mit 5 Nadeln verwendet, die in verschiedenen Materialien, Formen und Längen erhältlich sind.
Ob mit Holz-, Stahl-, Kunststoff- oder Bambusnadeln gearbeitet wird, hängt ganz von den Vorlieben ab. Eine große Rolle spielt auch, wie fest oder locker man strickt.
Durch die raue Oberfläche von Bambusnadeln rutschen die Maschen nicht so leicht von der Nadel, deshalb sind sie nicht so gut geeignet, wenn sehr fest gestrickt wird. Diese Nadeln sind jedoch schön leicht und geben beim Stricken nach.

Stahlnadeln haben eine glattere Oberfläche und sind etwas schwerer als Nadeln aus anderen Materialien. Ein großer Vorteil ist, dass diese Nadeln nicht durchbrechen können. Allerdings rutschen sie leicht aus dem Strickstück, wenn sehr locker gestrickt wird.
Holznadeln sind angenehm glatt und leicht. Bei dünnen Nadelspielen befindet sich oft eine 6. Nadel im Set. Sie dient als Ersatz, falls eine Nadel zerbricht.
Kunststoffnadeln sind leicht und flexibel. Die Spitze dieser Nadeln ist etwas runder und deshalb nicht ganz so gut für das Stricken mit mehreren Fäden geeignet.
Mittlerweile gibt es auch verschiedene Nadelformen. Man hat die Wahl zwischen konventionellen runden und dreieckigen oder quadratischen Nadeln.
Auch bei der Länge der Nadeln gibt es eine große Auswahl. Für das Sockenstricken eignen sich 15 cm lange Nadeln besonders gut.

ZUBEHÖR

Video 1

Zusätzlich benötigt man ein Maßband, um die richtige Fußlänge abzumessen, eine Schere und eine stumpfe Wollnadel zum Schließen der stumpfen Spitze und zum Vernähen der Fäden.
Maschenmarkierer und Maschenreihenzähler können das Arbeiten erleichtern, sind aber nicht unbedingt notwendig. Eine kleine Schlaufe aus einem andersfarbigen Garn, ein Stück Papier und ein Bleistift reichen auch aus.
Damit die Maschen beim Transport nicht von den Nadeln rutschen, gibt es im Fachhandel Nadelspielhalter, Maschenstopper und Nadelspielröhren. Natürlich kann das Nadelspiel auch mit Gummibändern fixiert werden.
Wenn sich Nadelspiele in verschiedenen Stärken angesammelt haben, kann ein Nadelmaß helfen, die passenden Nadeln zusammenzustellen.

SO WIRD GESTRICKT

KREUZANSCHLAG

Video 2

Für Socken empfehle ich den klassischen Kreuzanschlag, da dieser Anschlag elastisch, aber nicht zu locker ist.

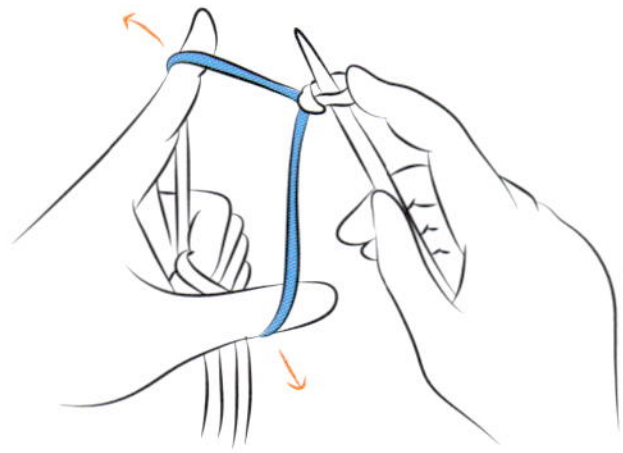

1 Dazu ein 60 bis 70 cm Stück langes Stück Garn abwickeln und eine Schlinge (Laufknoten) bilden. Die Schlinge über eine Nadel schieben und festziehen.

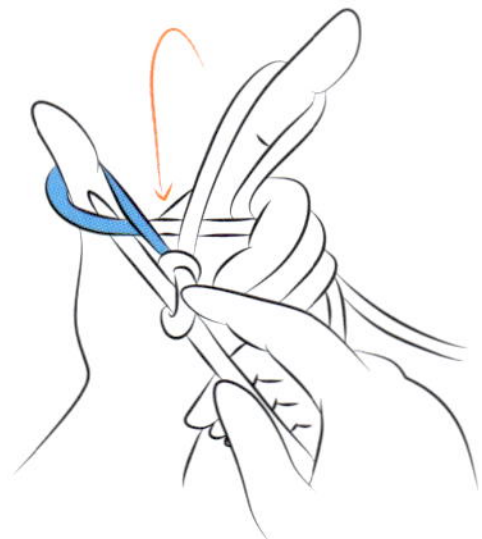

2 Den Faden mit dem Ende über den Daumen führen und den Faden, der zum Knäuel führt, über den gestreckten Zeigefinger legen. Die Nadel mit der Schlinge befindet sich zwischen den beiden Fingern. Damit die Fäden gespannt sind, die herunterhängenden Enden mit den übrigen Fingern festhalten.

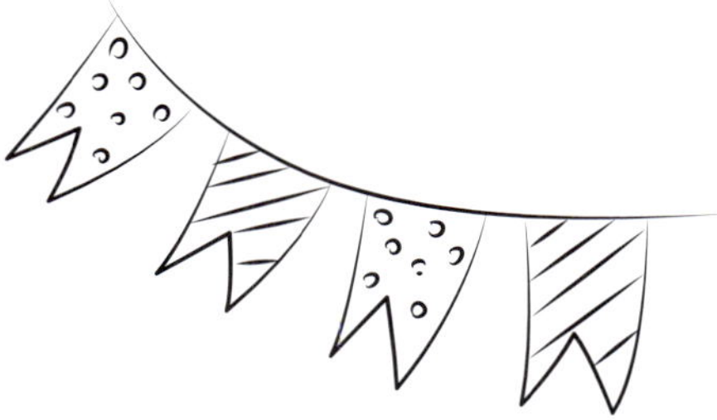

3 Nun die Nadel von vorne unter dem vorderen Faden durchführen und mit der Nadelspitze den hinteren Arbeitsfaden durchziehen. Die Masche vom Daumen gleiten lassen. Mit dem Daumen den Faden wieder greifen und nach vorne ziehen. Dadurch wird die Masche festgezogen und der Faden liegt wieder über dem Daumen.

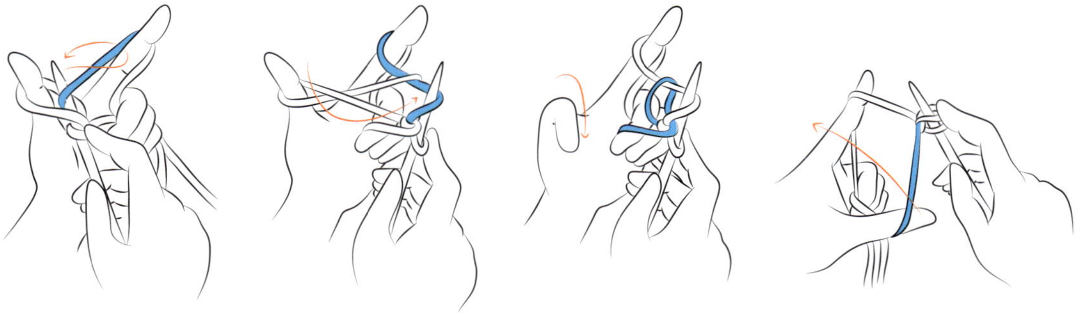

4 Diesen Vorgang so oft wiederholen, bis auf jeder Nadel gleich viele Maschen angeschlagen sind und die gewünschte Maschenzahl erreicht ist. Beim Übergang zur nächsten Nadel die Fadenspannung nicht verändern. Bevor die Runde geschlossen wird, darauf achten, dass die Nadeln nicht verdreht sind.

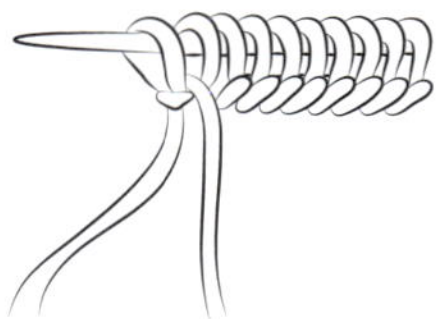

RECHTE MASCHEN

Die Nadel mit den angeschlagenen Maschen in der linken Hand und die Arbeitsnadel in der rechten Hand halten. Der Faden befindet sich hinter der Nadel und wird über den gestreckten Zeigefinger der linken Hand geführt. Der Faden kann gespannt werden, indem er mehrmals um den Zeigefinger oder um den kleinen Finger gewickelt wird.

1 Um die Masche abzustricken, mit der Arbeitsnadel von vorne nach hinten in die Schlinge der ersten Masche einstechen und den Faden von hinten nach vorne durch die Masche ziehen.

2 Die neu entstandene Masche auf der rechten Nadel anziehen und die Masche der vorherigen Reihe bzw. Runde von der linken Nadel gleiten lassen.

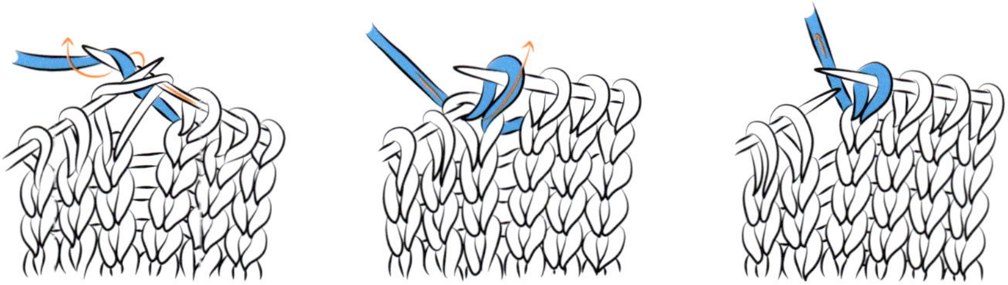

3 Die folgenden Maschen genauso stricken.

HINWEIS: Linkshänder halten die Nadel mit den angeschlagenen Maschen in der rechten Hand und die Arbeitsnadel in der linken Hand.

LINKE MASCHEN

Wie beim Rechtsstricken wird die Nadel mit den Maschen in der linken Hand und die Arbeitsnadel in der rechten Hand gehalten. Der Faden liegt beim Linksstricken vor der Arbeit.

1 Mit der Arbeitsnadel in die Schlinge der ersten Masche von rechts nach links einstechen, sodass die Spitze der rechten Nadel vor der linken Nadel liegt, und den Faden von vorne nach hinten durch die Masche ziehen.

2 Die neue Masche auf der rechten Nadel anziehen und die Masche der vorherigen Reihe bzw. Runde von der linken Nadel gleiten lassen.

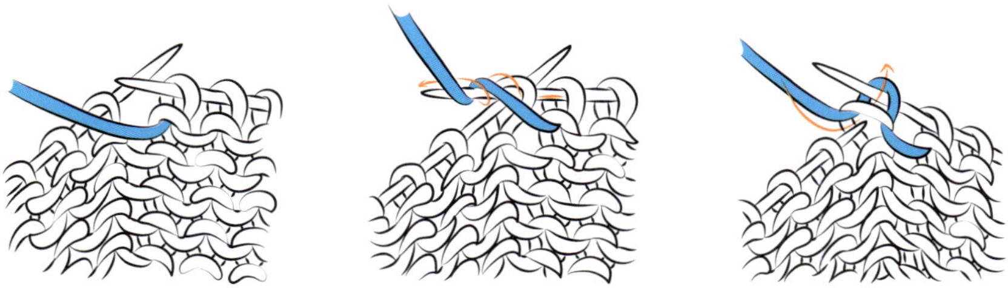

3 Die folgenden Maschen genauso stricken.

HINWEIS: Linkshänder halten die Nadel mit den Maschen in der rechten Hand und die Arbeitsnadel in der linken Hand.

ÜBRIGENS: In osteuropäischen und islamischen Ländern wird der Faden andersherum durch die Masche gezogen, deshalb liegen die Maschen beim Rechtsstricken umgekehrt auf der Nadel. Das spielt vor allem eine Rolle bei der rechts- bzw. linksgeneigten Abnahme. Außerdem sind dabei Löcher bei der Bumerangferse unvermeidlich.

VERSCHRÄNKTE MASCHEN

RECHTS VERSCHRÄNKTE MASCHEN

In das hintere Maschenglied von rechts nach links einstechen und die Maschen rechts abstricken, sodass sich die Masche verdreht.

LINKS VERSCHRÄNKTE MASCHEN

In das hintere Maschenglied von links nach rechts einstechen und die Masche links abstricken, sodass sich die Masche verdreht.

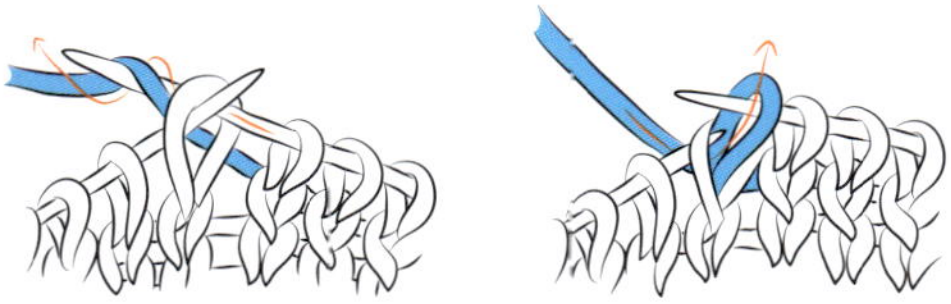

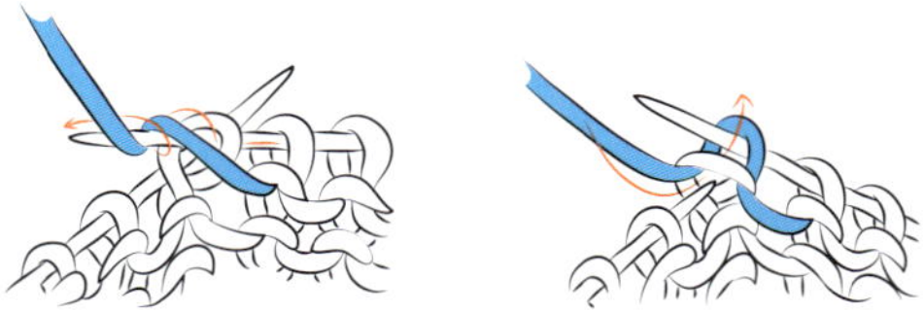

DOPPELMASCHEN

Sowohl nach Hinreihen als auch nach Rückreihen das Strickstück wenden und den Faden vor die Arbeit legen. Die erste Masche abheben und dabei den Faden fest nach hinten ziehen. Die Masche wird über die Nadel gezogen und liegt doppelt.

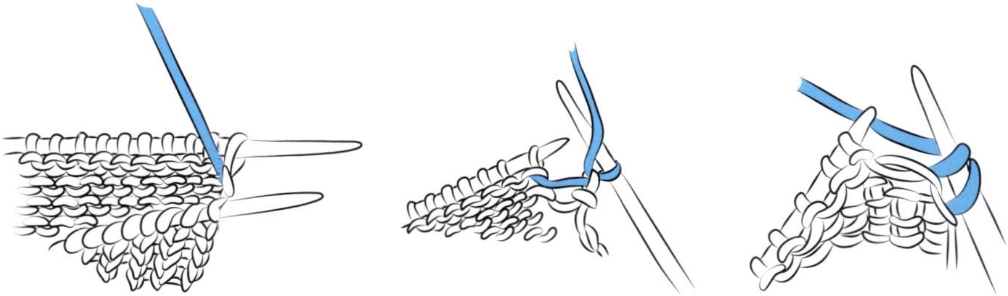

UMSCHLAG

Ein Umschlag wird gearbeitet, indem der Faden von vorne nach hinten um die rechte Nadel geführt wird, bevor die nächste Masche gestrickt wird. Dabei den Faden nicht zu fest nach hinten ziehen.

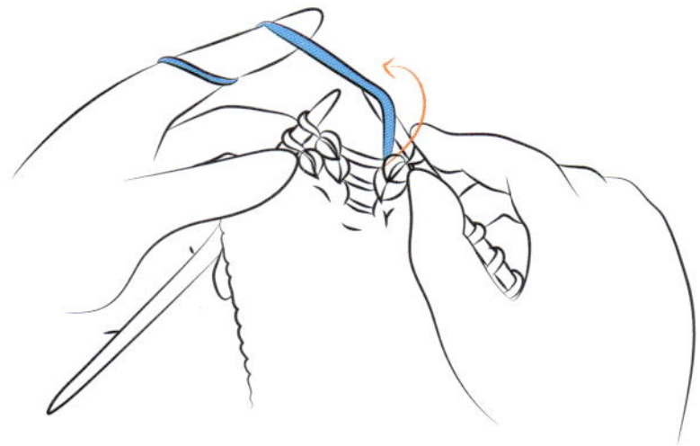

ABNAHMEN

2 MASCHEN RECHTS ZUSAMMENSTRICKEN

Diese Abnahme neigt sich im Maschenbild nach rechts.

Mit der rechten Nadel wie zum Rechtsstricken gleichzeitig in die beiden folgenden Maschen einstechen. Den Faden holen und gleichzeitig durch beide Maschen ziehen.

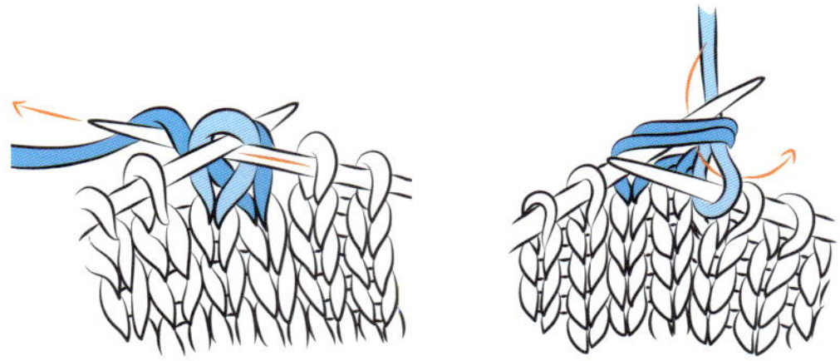

2 MASCHEN RECHTS ÜBERZOGEN ZUSAMMENSTRICKEN

Diese Abnahme neigt sich im Maschenbild nach links.

Mit der rechten Nadel in die nächste Masche wie zum Rechtsstricken einstechen und die Masche auf die rechte Nadel abheben. Die folgende Masche rechts stricken und die abgehobene Masche über die gestrickte Masche ziehen.

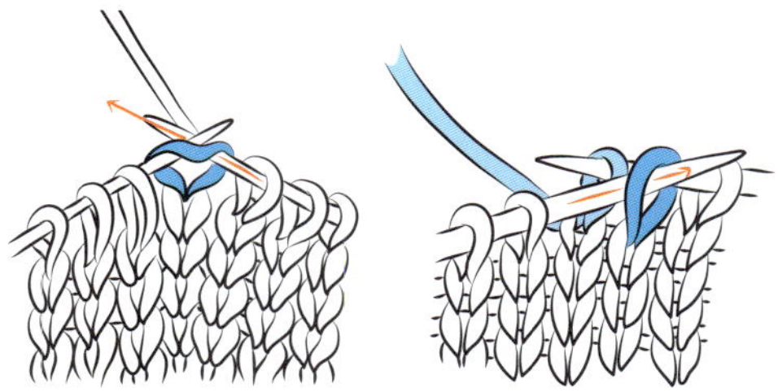

Alternativ können für eine linksgeneigte Abnahme auch 2 Maschen rechts abgehoben zusammengestrickt werden. Dazu 1 Masche wie zum Rechtsstricken abheben. Dann die nächste Masche ebenfalls wie zum Rechtsstricken abheben. Mit der linken Nadel von links nach rechts gleichzeitig in die beiden abgehobenen Maschen einstechen, den Faden holen und durch beide Maschen ziehen.

DIE SOCKE

KÄPPCHENFERSE MIT STUMPFER SPITZE

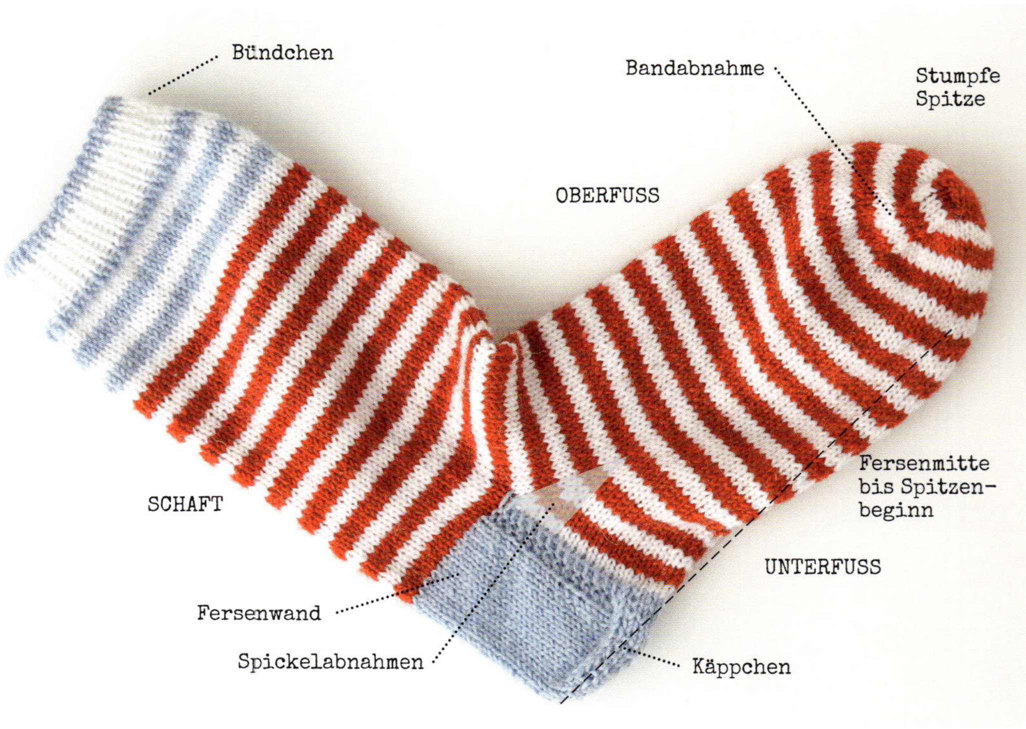

BUMERANGFERSE MIT BANDSPITZE

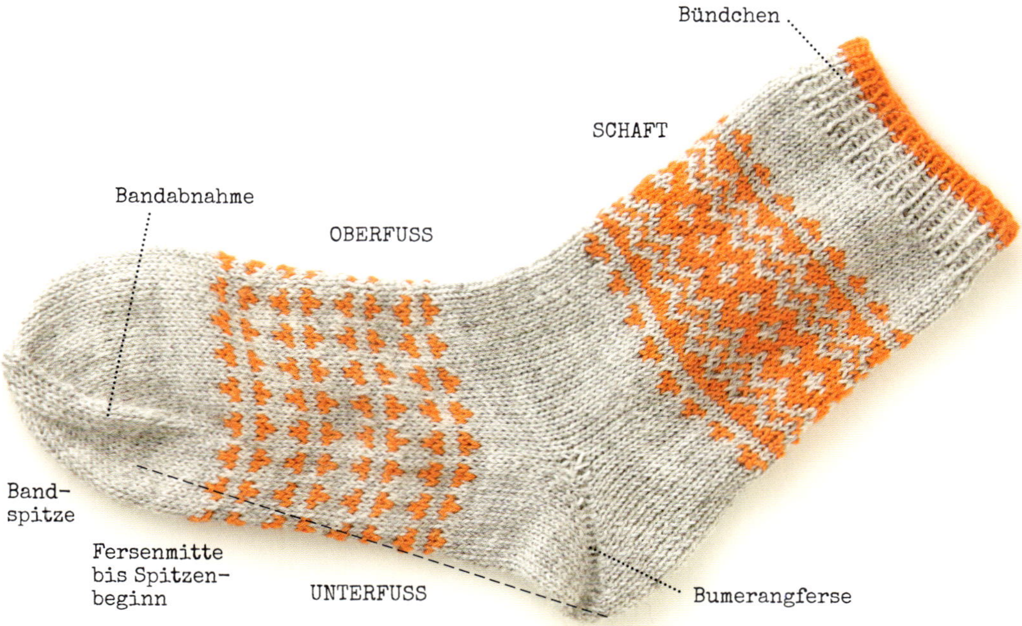

GRÖSSENTABELLE

Wenn nicht anders aufgeführt für 4-fädiges Sockengarn (Lauflänge 210 m/50 g)

Größe	36/37	38/39	40/41	42/43	44/45	46/47
Anschlag/Maschen pro Nadel						
Jacquardmuster	64/16	64/16	68/17	68/17	72/18	76/19
Rechts-Links-Muster, Ringel & Co.	60/15	60/15	64/16	64/16	68/17	72/18
ALB Lino von Schoppel (Lauflänge 400 m/100 g)	56/14	56/14	60/15	60/15	64/16	68/17
Bandspitze: Fußlänge in cm von Fersenmitte bis Spitzenbeginn	16	17,5	19	20,5	22	23,5
Stumpfe Spitze: Fußlänge in cm von Fersenmitte bis Spitzenbeginn	18,5	20	21,5	23	24,5	26
Gesamtfußlänge in cm	21,5	23	24,5	26	27,5	29

DIE PERFEKTE GRÖSSE

Wie viele Maschen angeschlagen werden müssen, um eine gut sitzende Socke zu stricken, hängt von verschiedenen Faktoren ab – zum einen von der Garnstärke, der Schuhgröße und der Maschenprobe, zum anderen aber auch vom Umfang des Fußes.

Jeder Fuß ist anders. Bei schlanken, großen Füßen kann es sein, dass weniger Maschen angeschlagen werden müssen, als für die entsprechende Größe angegeben sind. Ähnliches gilt für kleine, breitere Füße, hier müssen wahrscheinlich mehr Maschen angeschlagen werden, als bei der eigentlichen Größe angegeben wurden. Bei den Anleitungen in diesem Buch ist das kein Problem, da alle Muster einen Rapport von 4 Maschen haben und Sie so die Maschenzahl der jeweils kleineren bzw. größeren Größe auswählen können.

Auch bei der Fußlänge kann man das Muster individuell verändern. Die Anzahl der Musterwiederholungen können immer reduziert oder erweitert werden. Wenn man sich nicht sicher ist, lieber zwischendurch einmal anprobieren und die Länge kontrollieren.

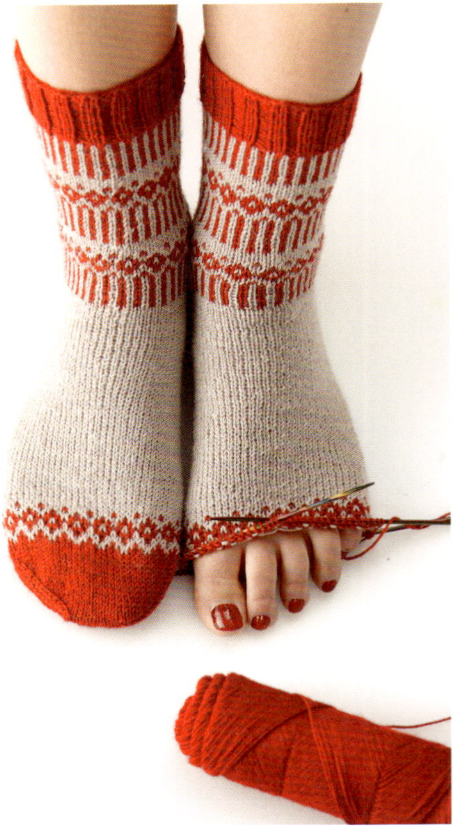

Den Schaft kann man individuell verändern, indem das Muster beliebig oft erweitert oder reduziert wird.

MASCHENPROBE

Für Maschenproben wird normalerweise ein ca. 12 x 12 cm großes Stück glatt rechts gestrickt. Bei Jacquardmustern muss das Muster in der Rückreihe mit linken Maschen gestrickt werden. Das ist sehr mühsam und das Strickstück entspricht eventuell nicht einem in Runden gestrickten Abschnitt. Deshalb empfehle ich, auch die Maschenprobe in Runden zu stricken.

Bei dieser Technik werden nicht die Maschen pro 10 cm, sondern nur pro 5 cm abgemessen und anschließend verdoppelt.

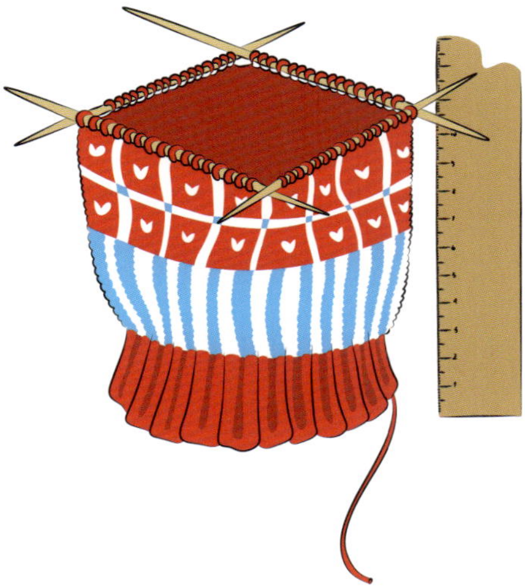

Werden mehr Maschen gestrickt, als in der Maschenprobe angegeben wurden, ist das Strickstück zu fest gestrickt. Es muss deshalb für das Strickprojekt eine dickere Nadelstärke gewählt werden. Wurden weniger Maschen gestrickt und ist das Strickstück sehr locker, werden dünnere Nadeln verwendet. Im Handel sind Nadelspiele mit einer Abstufung von 0,25 mm erhältlich.

Die Maschenprobe im Jacquardmuster fällt in der Regel schmaler aus als beim Stricken mit nur einem Faden.

Bei Anleitungen, die einen Abschnitt im Jacquardmuster und einen in Uni haben (z.B. Soxx No.12), können Unterschiede mit verschiedenen Nadelstärken ausgeglichen werden. Das Jacquardmuster wird dann mit einer größeren Nadelstärke gestrickt als der Abschnitt mit nur einem Faden.

Jacquardmuster sind weniger elastisch, deshalb müssen mehr Maschen angeschlagen werden als bei Socken, die nur mit einem Faden gestrickt werden.

BÜNDCHEN UND SCHAFT

BÜNDCHEN

Video 3

Das Bündchen verhindert nicht nur das Rutschen der Socke, es kann auch ein dekorativer Bestandteil sein.

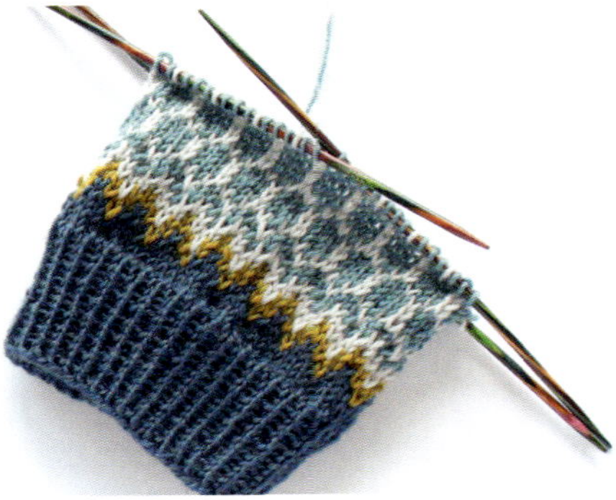

Es gibt verschiedene Möglichkeiten das Bündchen zu stricken. Die sicher üblichsten sind die 1/1- und 2/2- Bündchen. Beim 1/1-Bündchen muss die Maschenzahl teilbar durch 2 sein. Nach dem Anschlag wird jede Runde fortlaufend 1 Masche rechts, 1 Masche links im Wechsel gestrickt, bis die gewünschte Bündchenlänge erreicht ist.

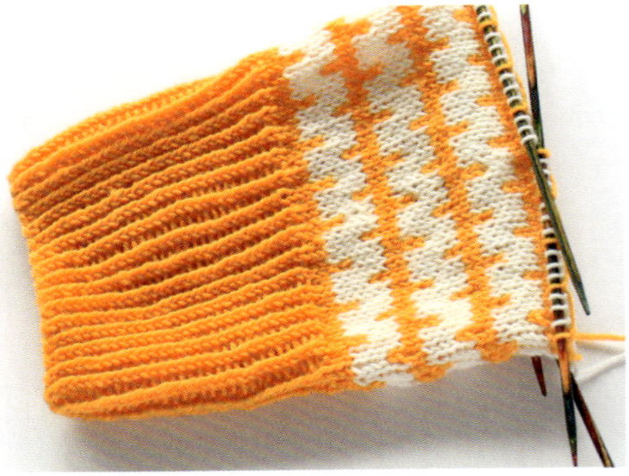

Für das 2/2-Bündchen muss die Maschenzahl teilbar durch 4 sein. Nach dem Anschlag wird in Runden fortlaufend 2 Maschen rechts, 2 Maschen links im Wechsel gestrickt.

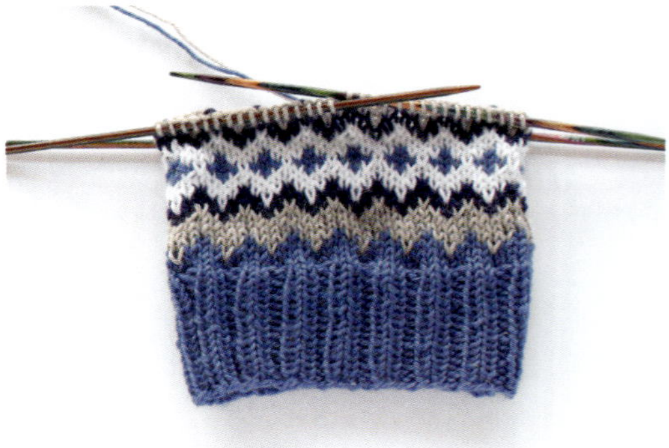

Besonders schön und sehr elastisch ist ein Bündchen mit verschränkten rechten Maschen. Da es sich stärker zusammenzieht, treten die Rippen deutlich hervor. Nach dem Anschlag wird in jeder Runde fortlaufend 1 Masche rechts verschränkt, 1 Masche links im Wechsel gestrickt.

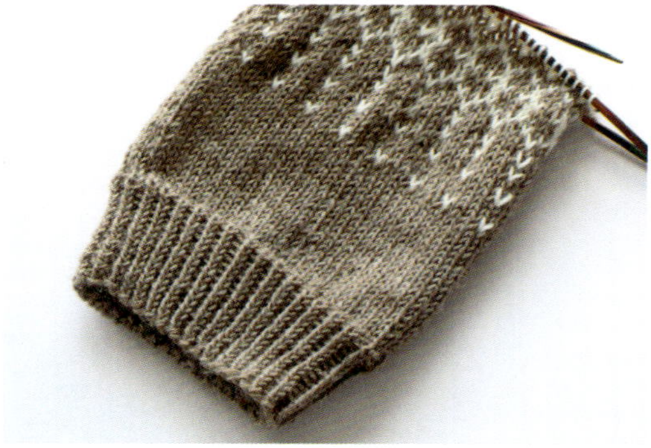

Die verschiedenen Bündchenarten können frei gewählt werden und auch die Bündchenlänge kann individuell verändert werden.

SCHAFT

An das Bündchen schließt der Schaft an, der bei Socken mit Jacquardmuster glatt rechts in Runden gestrickt wird. Er wird ohne Zu- oder Abnahmen als Röhre gestrickt. Bei den meisten Socken kann die Schaftlänge frei variiert werden. Sommersocken werden eher kurz gestrickt, bei klassischen Wintersocken ist der Schaft eher länger.

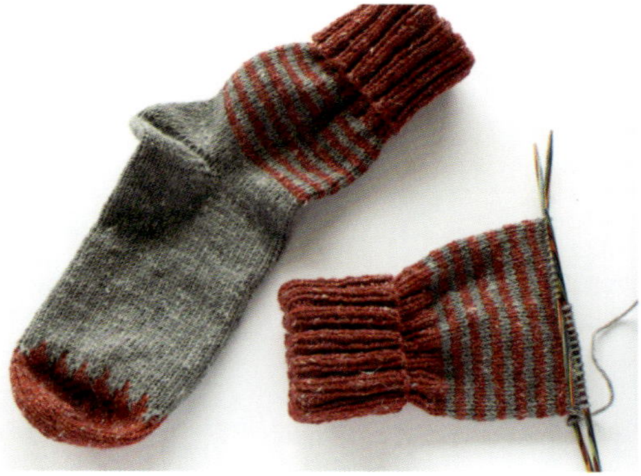

JACQUARDTECHNIK

Video 4

Das Stricken von Jacquardmustern erfordert ein bisschen Übung und Geduld, aber es lohnt sich. Mit dieser Technik können wunderschöne bunte, individuelle Socken gestrickt werden.

FADENSPANNUNG

Jacquardmuster werden mit mindestens zwei Farben pro Runde gearbeitet. Während mit einem Faden nach dem entsprechenden Zählmuster gestrickt wird, läuft der andere Faden auf der Rückseite mit. Dabei ist auf eine gleichmäßige Fadenspannung zu achten.

Wird der Faden zu fest gespannt, zieht sich das Muster zusammen. Dann kann es hilfreich sein, die Maschen vor dem Farbwechsel ein bisschen auseinanderzuziehen oder mit einer dickeren Nadel zu stricken.

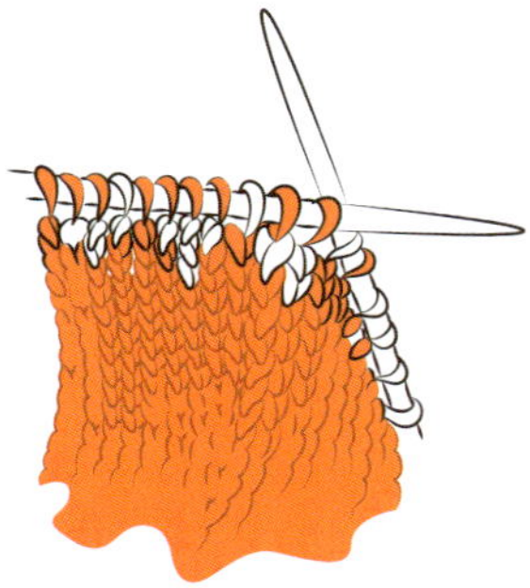

Ist der Faden zu locker, wird das Strickbild nicht gleichmäßig und es können Lücken zwischen den Maschen der einzelnen Farben entstehen. In diesem Fall kann es sinnvoll sein, mit einem dünneren Nadelspiel zu stricken.

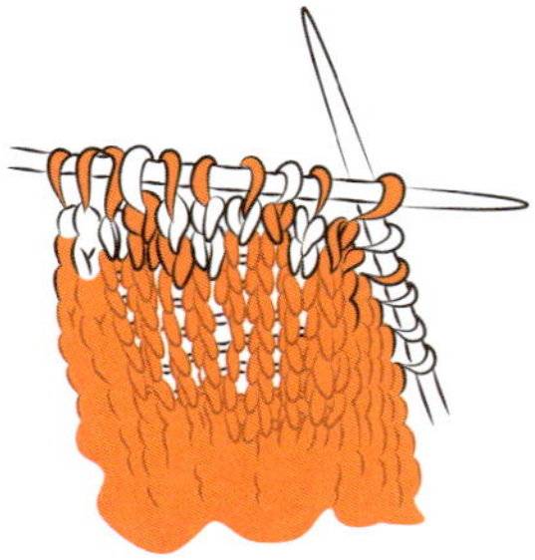

Auch beim Wechsel der einzelnen Nadeln muss auf die Fadenspannung geachtet werden, damit der Übergang bei der fertigen Socke nicht sichtbar ist. An dieser Stelle den Faden etwas fester anziehen.
Da bei den Mustern in diesem Buch der zweite Faden maximal über 3 Maschen hinter der Arbeit mitläuft, muss er nicht zusätzlich verwoben werden. Ganz im Gegenteil, je öfter ein Faden eingewoben wird, umso unelastischer wird das Strickstück. Ruht

eine Farbe allerdings einige Runden, so muss dieser Faden nach der 3. oder 4. Runde mit dem Arbeitsfaden verschränkt werden, damit keine Schlaufen auf der Rückseite der Arbeit entstehen, an denen man beim An- und Ausziehen der Socken hängen bleiben kann. Auch hier darauf achten, dass der Faden nicht zu fest nach oben gezogen wird.

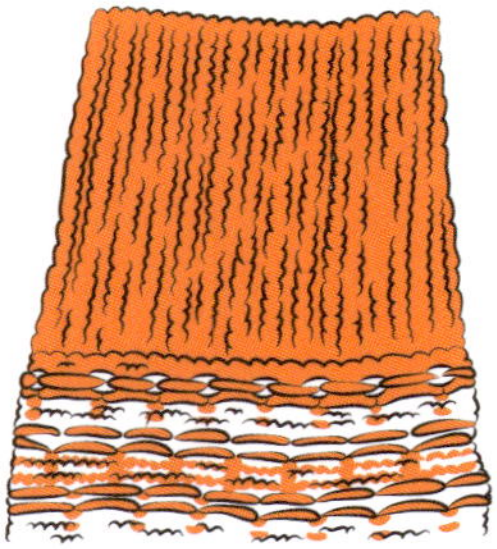

FADENHALTUNG

Es gibt verschiedene Möglichkeiten, die Fäden zu halten. Bei mir liegen beide Fäden auf dem linken Zeigefinger. Für die Fadenspannung wird der vordere Faden vor dem Mittelfinger und der hintere Faden hinter dem Mittelfinger entlanggeführt, beide Fäden werden mit dem Ringfinger und kleinen Finger der gleichen Hand fixiert. Bei einem Linkshänder liegen die Fäden auf dem rechten Zeigefinger.
Es ist wichtig, dass immer die gleiche Farbe vorne liegt, da ein Wechsel deutlich sichtbar ist und das Muster sonst sehr unruhig wirken kann.

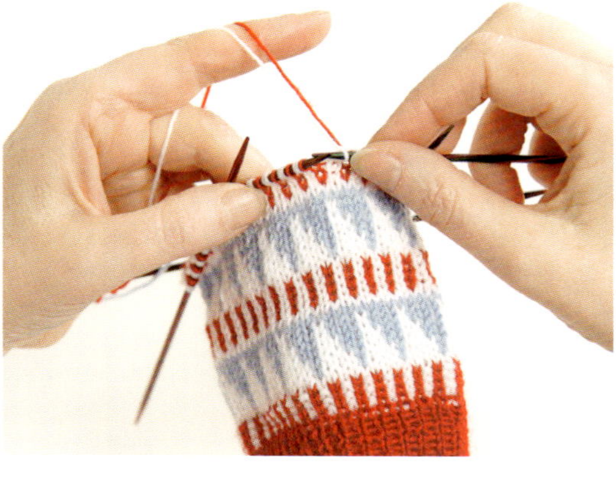

Der weiße Faden liegt vor dem roten.

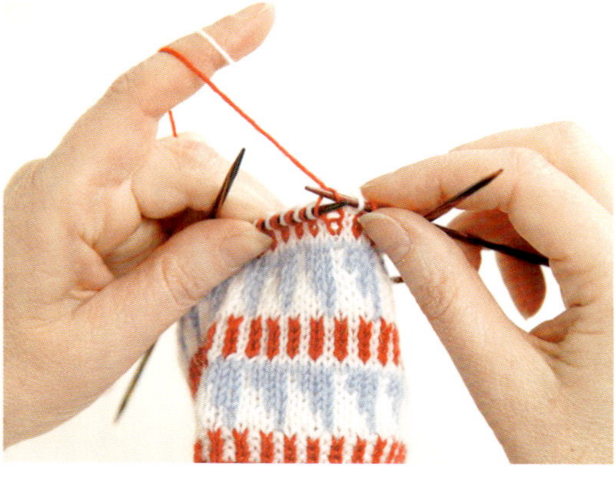

Der rote Faden liegt vor dem weißen.

WIE WIRD EIN ZÄHLMUSTER ODER EINE STRICKSCHRIFT GELESEN?

Zählmuster und Strickschriften werden von unten nach oben und von rechts nach links gelesen. Dabei wird das Zählmuster fortlaufend wiederholt. Ein Kästchen entspricht einer Masche, eine Reihe einer Runde.
Als Beispiel dient hier das Zickzackmuster der Soxx No.1.

Jacquardmuster

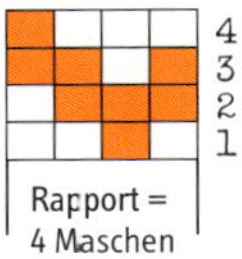

☐ = Offwhite
■ = Mandarine

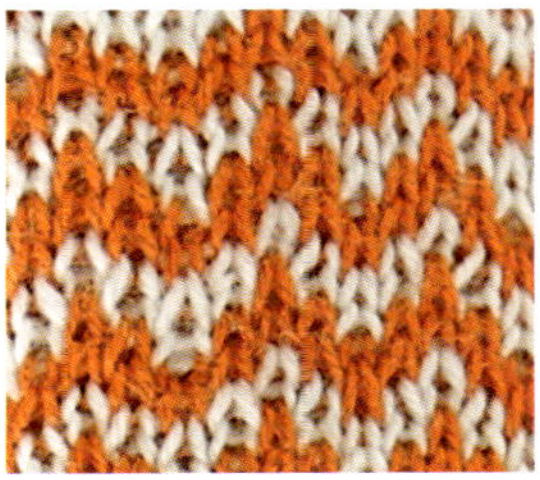

Das Muster beginnt mit 1 Masche in Offwhite und anschließend wird 1 Masche in Mandarine gestrickt. Das Muster wird nach der 4. Masche wieder von vorne begonnen, also 3 Maschen in Offwhite stricken und anschließend 1 weitere Masche in Mandarine usw. Wichtig ist, dass beachtet wird, dass der Rapport aus 4 Maschen besteht, die Gesamtmaschenzahl dementsprechend durch 4 teilbar ist.
Wenn in der Anleitung steht, dass das Zählmuster 9x gestrickt werden soll, fängt man nach der 4. Runde wieder mit der 1. Runde an. Das wird so oft wiederholt, bis das Zickzackmuster in der gewünschten Anzahl gestrickt ist.
Bei Socken mit Strukturmuster wird nach der Strickschrift auf die gleiche Weise gearbeitet.
Eine Runde beginnt immer mit der 1. Masche der 1. Nadel und endet mit der letzten Masche der 4. Nadel. Der Rundenübergang liegt bei der fertigen Socke auf der rückwärtigen Sockenmitte bzw. auf der Mitte der Fußsohle.

FERSE

BUMERANGFERSE ODER KÄPPCHENFERSE?

Bei vielen Modellen lässt sich die Ferse je nach Vorliebe austauschen. Alle Modelle können mit einer Bumerangferse gestrickt werden. Bei Socken, bei denen der Fuß mit einem Jacquardmuster beginnt, kann jedoch nicht ohne Weiteres eine Käppchenferse gestrickt werden. Bei den Jacquardmustern wurde die Spickelabnahme nicht berücksichtigt. Nur bei Soxx No.15 ist dies möglich, da die Fußsohle ein eigenes Muster hat.

BUMERANGFERSE

Video 5

Die Bumerangferse wird in verkürzten Reihen mit Doppelmaschen gestrickt (siehe Seite 170).

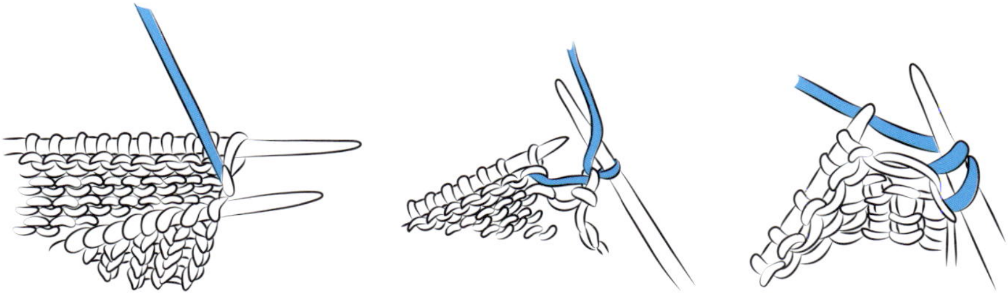

Die Bumerangferse glatt rechts über die Maschen der 4. und 1. Nadel stricken. Dafür alle Maschen auf einer Nadel zusammenfassen und gedanklich oder mithilfe von Maschenmarkierern in 3 Teile teilen (siehe Tabelle Seite 183).

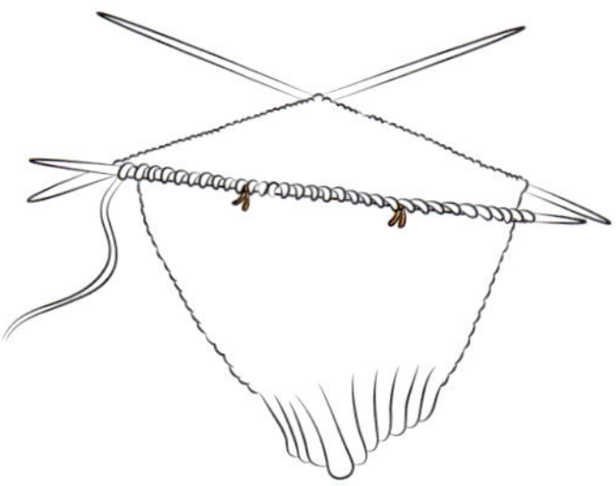

Beim ersten (oberen) Teil der Ferse werden die Doppelmaschen nicht mitgestrickt.

1. Reihe (Hinreihe): Alle Maschen rechts stricken, wenden.

2. Reihe (Rückreihe): Eine Doppelmasche arbeiten, alle weiteren Maschen links stricken, wenden.

3. Reihe (Hinreihe): Eine Doppelmasche arbeiten, alle Maschen bis zur Doppelmasche rechts stricken, wenden.

4. Reihe (Rückreihe): Eine Doppelmasche arbeiten, alle Maschen bis zur Doppelmasche links stricken, wenden.

Die 3. und 4. Reihe so oft wiederholen, bis 1/3 Doppelmaschen, 1/3 einfache Maschen, 1/3 Doppelmaschen gestrickt sind.

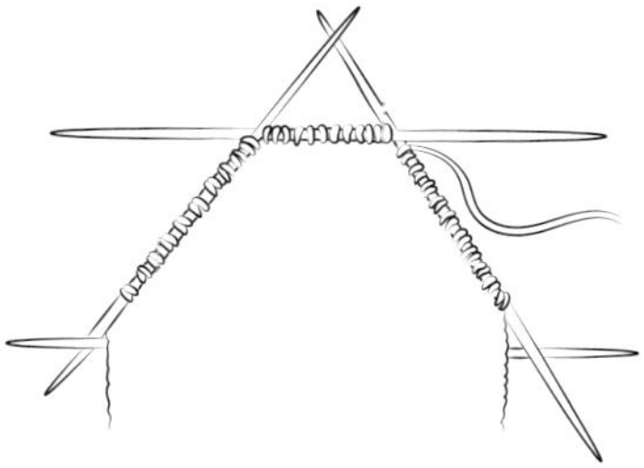

Anschließend 2 Runden rechte Maschen über alle Maschen der 4 Nadeln stricken. Dabei werden in der 1. Runde die Doppelmaschen jeweils als eine Masche rechts abgestrickt.

Danach den zweiten (unteren) Teil der Ferse über die Maschen der 4. und 1. Nadel stricken.

1. Reihe (Hinreihe): Die Maschen des mittleren Drittels und die 1. Masche des linken Drittels rechts stricken, wenden.

2. Reihe (Rückreihe): Eine Doppelmasche arbeiten, die Maschen des mittleren Drittels und die 1. Masche des rechten Drittels links stricken, wenden.

3. Reihe (Hinreihe): Eine Doppelmasche arbeiten, alle Maschen einschließlich der Doppelmasche und einer weiteren Masche rechts stricken, wenden.

4. Reihe (Rückreihe): Eine Doppelmasche arbeiten, alle einschließlich der Doppelmasche und einer weiteren Masche links stricken, wenden.

Die 3. und 4. Reihe so oft wiederholen, bis die beiden äußeren Maschen als Doppelmaschen auf der Nadel liegen.

Die Maschen der Ferse wieder gleichmäßig auf 2 Spielnadeln verteilen und in der nächsten Runde die Doppelmaschen jeweils als eine Masche rechts abstricken.

TIPP: Zwischen der 1. und 2. bzw. 3. und 4. Nadel entstehen bei dieser Ferse oft kleine Löcher. Das liegt daran, dass die Fadenspannung zwischen Fersenmaschen und der ersten bzw. letzten Masche des Oberfußes nicht so fest ist. Mithilfe eines kleinen Tricks können diese Löcher vermieden werden. Nach dem ersten Teil der Ferse, wenn 2 Runden über alle 4 Nadeln glatt rechts gestrickt werden, wie folgt arbeiten: Nachdem die Maschen der 1. Nadel rechts abgestrickt wurden, einen Maschenmarkierer setzen und die ersten 2 Masche der 2. Nadel mit der gleichen Nadel abstricken. Die Maschen der 2. Nadel wie gewohnt stricken. Anschließend die Maschen der 3. Nadel bis auf die letzten 2 Maschen stricken. Diese beiden Maschen auf die 4. Nadel schieben. Die 4. Nadel abstricken und nach den beiden zusätzlichen Maschen einen Maschenmarkierer setzen. Den zweiten Teil der Ferse nach Anleitung stricken, jedoch die beiden zusätzlichen Maschen vor bzw. nach dem Maschenmarkierer nicht als Doppelmaschen abstricken. Die zusätzlichen Maschen nach dem Beenden der Ferse noch ein paar Runden auf der 1. bzw. 4. Nadel liegen lassen. Danach werden sie wieder auf ihre ursprünglichen Nadeln zurückgehoben.

JACQUARDMUSTER (4-fädiges Sockengarn, Lauflänge 210 m/50 g)

Größe	36/37	38/39	40/41	42/43	44/45	46/47
Maschenzahl gesamt/pro Nadel	64/16	64/16	68/17	68/17	72/18	76/19
Fersenbreite, Maschen 4. und 1. Nadel	32	32	34	34	36	38
Einteilung Fersenmaschen	10/12/10	10/12/10	11/12/11	11/12/11	12/12/12	12/14/12

RECHTS-LINKS-MUSTER, RINGEL & CO. (4-fädiges Sockengarn, Lauflänge 210 m/50 g)

Größe	36/37	38/39	40/41	42/43	44/45	46/47
Maschenzahl gesamt/pro Nadel	60/15	60/15	64/16	64/16	68/17	72/18
Fersenbreite, Maschen 4. und 1. Nadel	30	30	32	32	34	36
Einteilung Fersenmaschen	10/10/10	10/10/10	10/12/10	10/12/10	11/12/11	12/12/12

SCHOPPEL ALB LINO (Lauflänge 400 m/100 g)

Größe	36/37	38/39	40/41	42/43	44/45	46/47
Maschenzahl gesamt/pro Nadel	56/14	56/14	60/15	60/15	64/16	68/17
Fersenbreite, Maschen 4. und 1. Nadel	28	28	30	30	32	34
Einteilung Fersenmaschen	9/10/9	9/10/9	10/10/10	10/10/10	10/12/10	11/12/11

KÄPPCHENFERSE

Video 6

Die Käppchenferse glatt rechts über die Maschen der 4. und 1. Nadel stricken. Dafür alle Maschen auf einer Nadel zusammenfassen. Die ersten und letzten 3 Maschen bilden die Randmaschen und werden immer rechts gestrickt. Die 1. Reihe beginnt beim Rundenübergang von der 4. zur 1. Nadel.

FERSENWAND

1. Reihe (Hinreihe): Alle Maschen rechts stricken, wenden.
2. Reihe (Rückreihe): 3 Maschen rechts, bis 3 Maschen vor Reihenende links stricken, 3 Maschen rechts, wenden.
Die 1. und 2. Reihe so oft stricken, bis die gewünschte Höhe erreicht ist (siehe Tabelle Seite 186), dann mit den Abnahmen beginnen. Die Maschen gedanklich oder mithilfe von Maschenmarkierern in 3 Teile teilen (siehe Tabelle Seite 186). Das Fersenkäppchen wird über die Maschen des Mittelteils glatt rechts gestrickt.
1. Reihe (Hinreihe): Die Maschen des Mittelteils rechts stricken, dabei die letzte Masche mit der 1. Masche des Seitenteils rechts zusammenstricken, wenden.
2. Reihe (Rückreihe): Die 1. Masche wie zum Linksstricken abheben, die Maschen des Mittelteils links stricken und die letzte Masche des Mittelteils mit der 1. Masche des Seitenteils links zusammenstricken, wenden.
3. Reihe (Hinreihe): Die 1. Masche wie zum Rechtsstricken abheben, die Maschen des Mittelteils rechts stricken und die letzte Masche mit der 1. Masche des Seitenteils rechts zusammenstricken, wenden.
Die 2. und 3. Reihe wiederholen, bis nur noch die Maschen des Mittelteils auf der Nadel liegen. Dann die erste Hälfte der Maschen des Mittelteils rechts stricken.

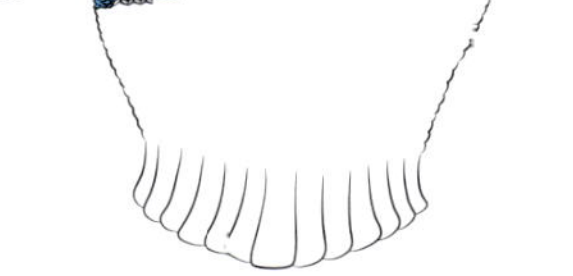

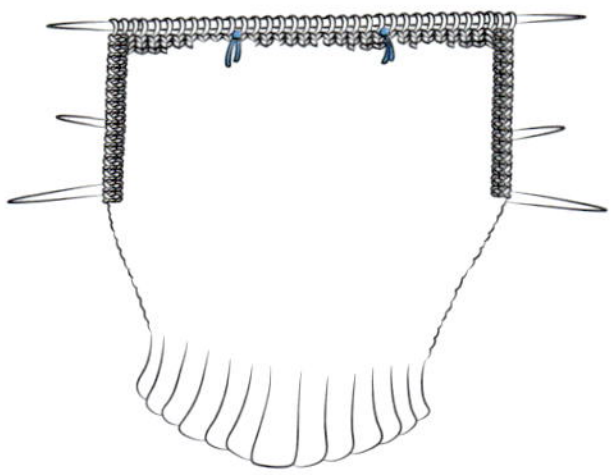

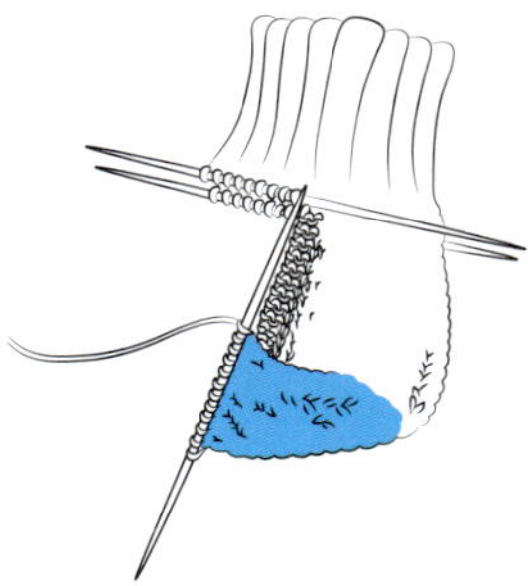

MASCHEN AUFFASSEN

Nun glatt rechts in Runden weiterstricken. Für die 1. Runde zunächst die zweite Hälfte der Maschen des Mittelteils rechts stricken. Dann aus jeder Randmasche der Fersenwand jeweils eine Masche auffassen. Dazu mit der Nadel von vorn nach hinten in die Randmasche einstechen und den Faden wie zum Rechtsstricken durchholen. Auf diese Weise aus allen Randmaschen der ersten Fersenwandseite Maschen herausstricken. Nun die Maschen der 2. und 3. Nadel mustergemäß abstricken. Dann mit einer neuen Spielnadel aus der zweiten Fersenwandseite wie beschrieben Maschen auffassen. Um die 1. Runde zu vervollständigen, die erste Hälfte der Maschen des Mittelteils rechts abstricken.

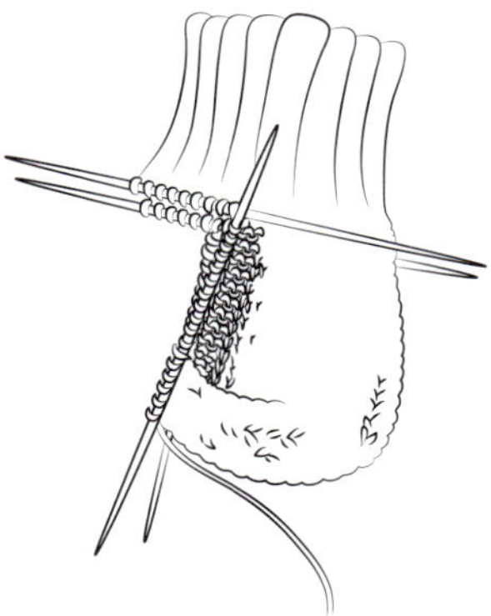

ABNAHMEN FÜR DEN SPICKEL

Nach der Ferse liegen mehr Maschen als zuvor auf den Nadeln, diese überzähligen Maschen müssen nun nach und nach abgenommen werden. Die Abnahmen erfolgen in jeder 2. Runde auf der 1. und 4. Nadel und werden so oft wiederholt, bis die ursprüngliche Anzahl der Maschen erreicht ist.

Die Maschen der 1. Nadel rechts stricken, dabei die zweit- und drittletzte Masche rechts zusammenstricken (rechtsgeneigte Abnahme), die letzte Masche rechts stricken. Auf der 4. Nadel die 1. Masche rechts stricken, danach die 2. und 3. Masche rechts überzogen zusammenstricken, dazu 1 Masche wie zum Rechtsstricken abheben, die nächste Masche rechts stricken und die abgehobene Masche darüberziehen (linksgeneigte Abnahme).

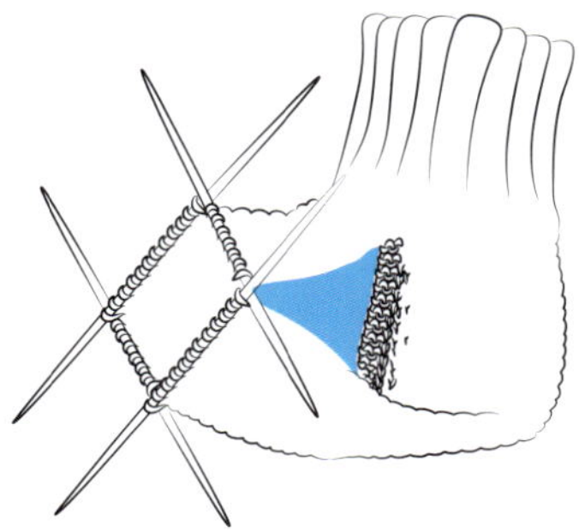

JACQUARDMUSTER (4-fädiges Sockengarn, Lauflänge 210 m/50 g)

Größe	36/37	38/39	40/41	42/43	44/45	46/47
Maschenzahl gesamt/pro Nadel	64/16	64/16	68/17	68/17	72/18	76/19
Fersenbreite Maschen der 4. und 1. Nadel	32	32	34	34	36	38
Einteilung Fersenmaschen	10/12/10	10/12/10	11/12/11	11/12/11	12/12/12	12/14/12
Reihen Fersenwand	30	30	32	32	34	36
Maschenaufnahme beidseitig	15	15	16	16	17	18

RECHTS-LINKS-MUSTER, RINGEL & CO. (4-fädiges Sockengarn, Lauflänge 210 m/50 g)

Größe	36/37	38/39	40/41	42/43	44/45	46/47
Maschenzahl gesamt/pro Nadel	60/15	60/15	64/16	64/16	68/17	72/18
Fersenbreite Maschen der 4. und 1. Nadel	30	30	32	32	34	36
Einteilung Fersenmaschen	10/10/10	10/10/10	10/12/10	10/12/10	11/12/11	12/12/12
Reihen Fersenwand	28	28	30	30	32	34
Maschenaufnahme beidseitig	14	14	15	15	16	17

SCHOPPEL ALB LINO (Lauflänge 400 m/100 g)

Größe	36/37	38/39	40/41	42/43	44/45	46/47
Maschenzahl gesamt/pro Nadel	56/14	56/14	60/15	60/15	64/16	68/17
Fersenbreite Maschen der 4. und 1. Nadel	28	28	30	30	32	34
Einteilung Fersenmaschen	9/10/9	9/10/9	10/10/10	10/10/10	10/12/10	11/12/11
Reihen Fersenwand	24	24	26	26	28	30
Maschenaufnahme beidseitig	12	12	13	13	14	15

SPITZE

BANDSPITZE

Video 7

In der 1. Runde auf der 1. und 3. Nadel die zweit- und drittletzte Masche rechts zusammenstricken (Rechtsneigung) und auf der 2. und 4. Nadel die 2. Masche abheben, die nächste Masche rechts stricken und die abgehobene Masche darüberziehen (Linksneigung). Die nächsten beiden Runden ohne Abnahmen glatt rechts stricken. Die Abnahmen in der 4., 6. und 8. Runde wiederholen. Danach in jeder Runde abnehmen, bis nur noch 2 Maschen auf jeder Nadel liegen (= 8 Maschen). Faden abschneiden, mit einer Wollnadel durch die 8 Maschen führen und diese fest zusammenziehen. Dann den Faden nach innen ziehen und vernähen.

STUMPFE SPITZE

Video 8

In der 1. Runde die zweit- und drittletzte Masche der 1. und 3. Nadel rechts zusammenstricken (Rechtsneigung) und auf der 2. und 4. Nadel die 2. Masche abheben, die nächste Masche rechts stricken und die abgehobene Masche darüberziehen (Linksneigung). Die nächsten beiden Runden ohne Abnahmen glatt rechts stricken. Die Abnahmen in der 4., 6. und 8. Runde wiederholen. Danach in jeder Runde abnehmen, bis bei Schuhgröße 36–41 nur noch 5 Maschen und bei Größe 42–45 noch 6 Maschen auf jeder Nadel liegen. Die Öffnung im Maschenstich schließen (siehe Seite 188) und den Faden vernähen.

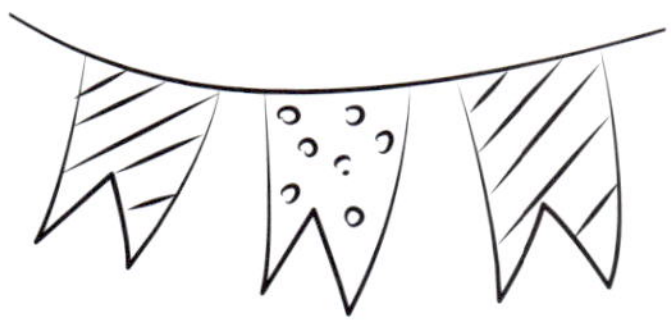

MASCHENSTICH

▶ **Video 8**

Die Maschen der 1. und 4. Nadel und die Maschen der 2. und 3. Nadel jeweils auf einer Nadel zusammenfassen. Auf beiden Spielnadeln müssen gleich viele Maschen liegen. Die Nadeln aufeinanderlegen, mit dem lang abgeschnittenen Arbeitsfaden und einer stumpfen Sticknadel auf der rechten Seite mit dem Zusammennähen beginnen.

1 In die erste Masche der vorne liegenden Spielnadel wie zum Linksstricken einstechen und den Faden durchziehen. Die Masche auf der Spielnadel liegen lassen.

2 Nun die Sticknadel durch die erste Masche der hinteren Spielnadel wie beim Rechtsstricken führen und den Faden durchziehen. Die Masche ebenfalls auf der Nadel liegen lassen.

3 Anschließend die Nadel wie zum Rechtsstricken durch die erste Masche der vorderen Nadel führen und die Masche von der Spielnadel gleiten lassen. Danach die Nadel wie zum Linksstricken durch die zweite Masche führen, den Faden durchziehen und die Masche auf der Spielnadel liegen lassen.

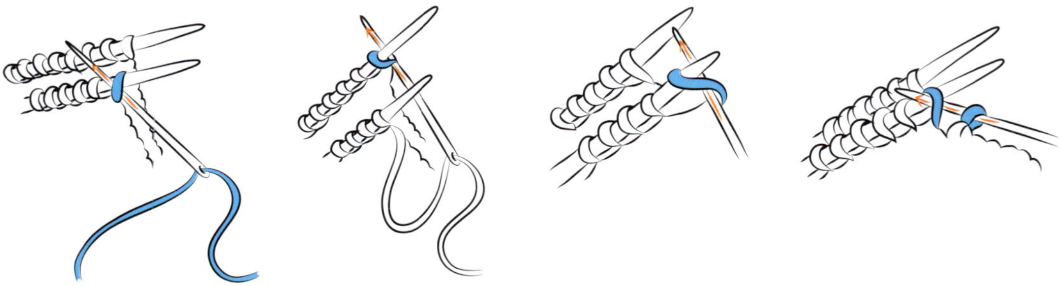

4 Die Nadel wie zum Linksstricken durch die erste Masche der hinten liegenden Spielnadel führen, den Faden durchziehen und die Masche von der Nadel gleiten lassen. Anschließend die Nadel durch die nächste Masche der hinteren Spielnadel wie zum Rechtsstricken führen. Den Faden durchziehen und die Masche auf der Spielnadel liegen lassen.

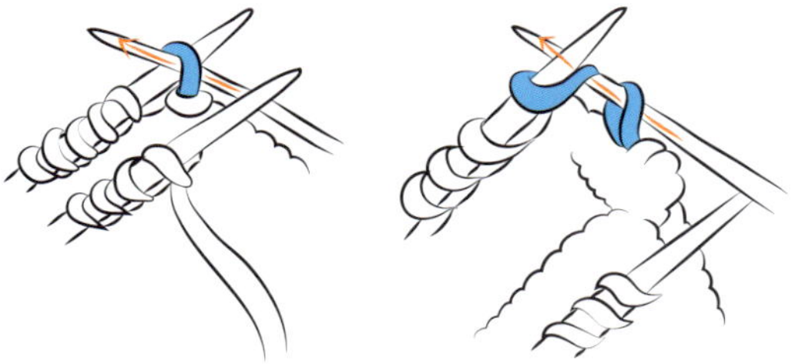

Den 3. und 4. Schritt so oft wiederholen, bis alle Maschen zusammengenäht sind. Dann den Faden nach innen ziehen und vernähen.

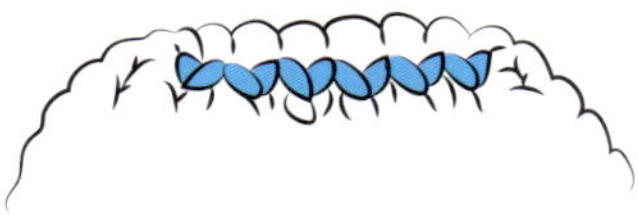

ABKÜRZUNGEN

anschl = anschlagen
arb = arbeiten
Fb = Farbe(n)
Hinr = Hinreihe(n)
LL = Lauflänge
M = Masche(n)
Nd = Nadel(n)
R = Reihe(n)
Rd = Runde(n)
Rdm = Randmasche(n)
Rückr = Rückreihe(n)
Spielnd = Spielnadel(n)
str = stricken
U = Umschlag
wdh = wiederholen

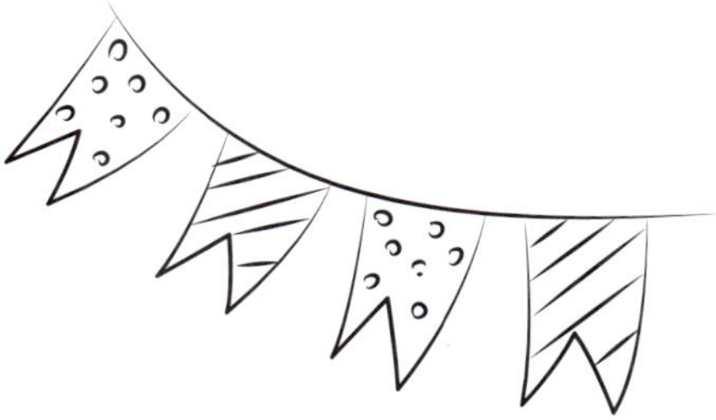

Buchempfehlungen für Sie

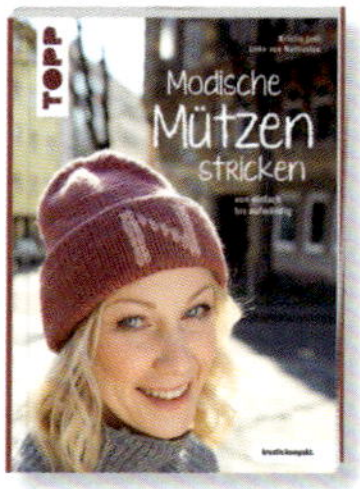

ISBN 978-3-7358-7026-1

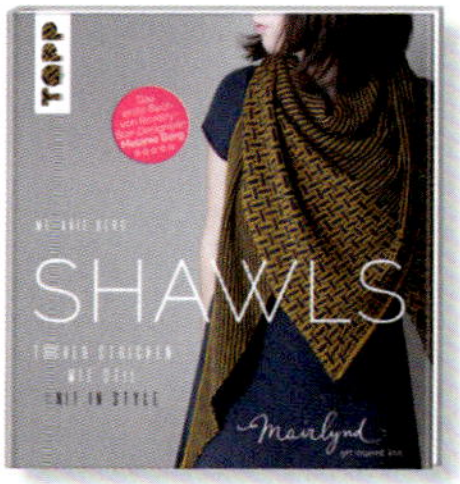

ISBN 978-3-7724-8140-0

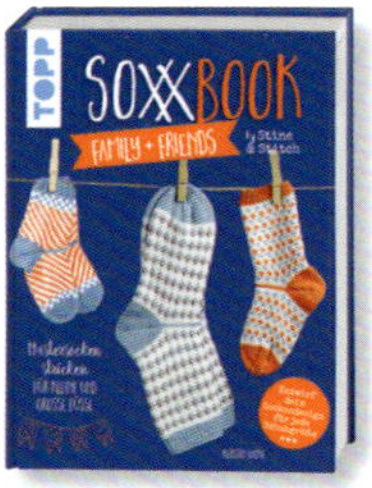

ISBN 978-3-7724-8136-9

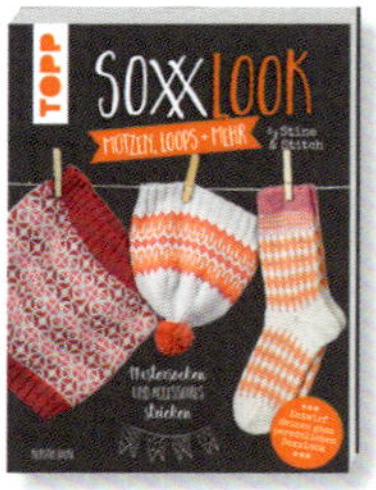

ISBN 978-3-7724-8175-8

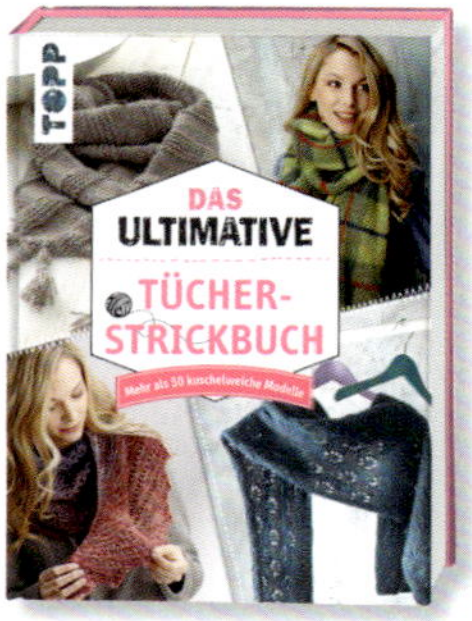

ISBN 978-3-7724-8119-2

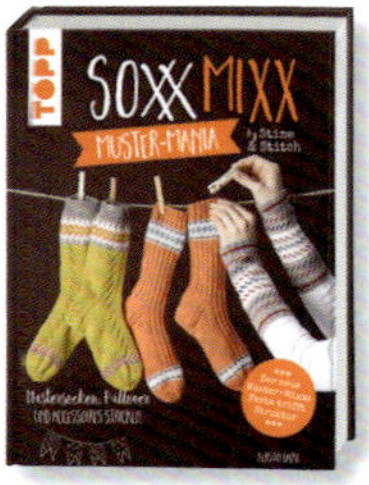

ISBN 978-3-7724-4844-7

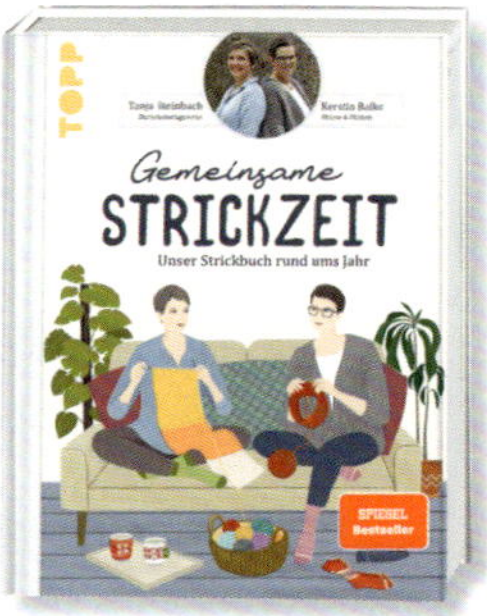

ISBN 978-3-7724-4875-1

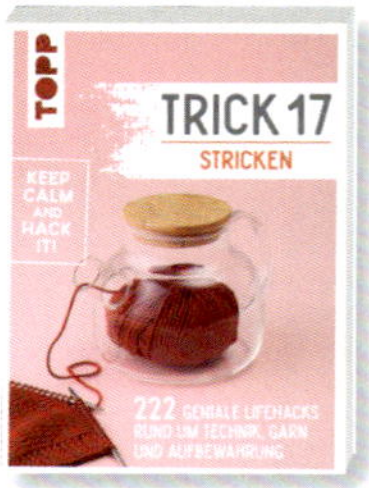

ISBN 978-3-7358-7064-3

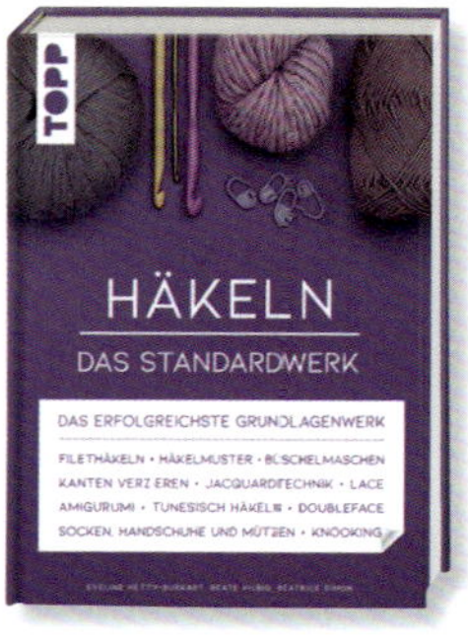

ISBN 978-3-7724-4885-0

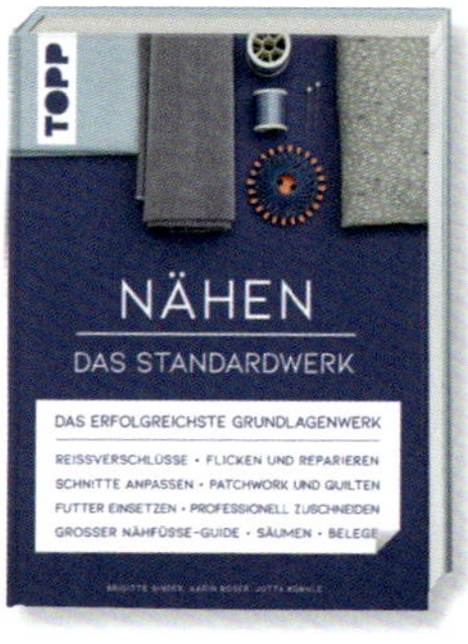

ISBN 978-3-7724-4860-7

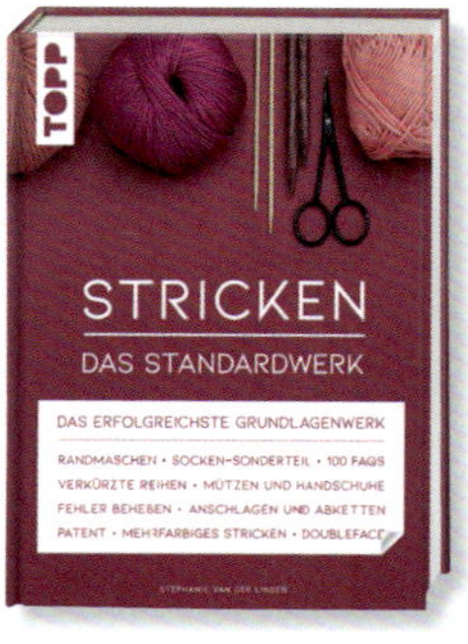

ISBN 978-3-7724-4884-3

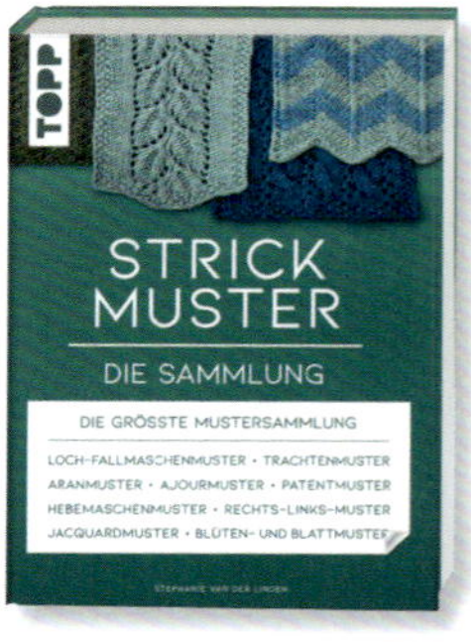

ISBN 978-3-7724-4886-7

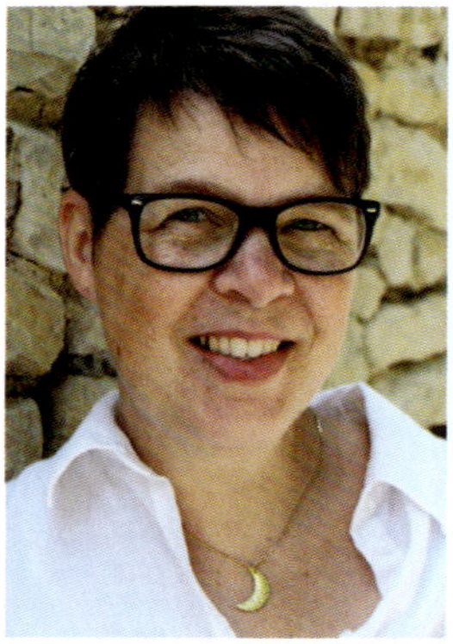

Kerstin Balke, auch bekannt unter dem Synonym Stine & Stitch, hat das Stricken im Alter von 6 Jahren von ihrer Oma gelernt. Pullover, Jacken, Schals, Mützen und sogar feine Tischdecken sind im Laufe der Jahre entstanden, aber ihre wahre Leidenschaft gilt dem Sockenstricken.

Seit mehreren Jahren entwirft sie eigene Muster. Meist farbenfroh, manchmal auch ganz dezent, aber immer mit mehreren Fäden.

Auf ihrem Blog www.stineundstitch.blogspot.de und bei Instagram @stine_und_stitch zeigt sie ihre neusten Entwürfe und gibt Tipps und Tricks rund ums Sockenstricken.

Mit ihrem Mann und ihren beiden Töchtern lebt sie zwischen Hamburg und Lübeck.

DANK

Vielen Dank an meine Familie, die meine endlosen Gespräche über Socken, Farben und Muster und meine herumliegenden Stricksachen fast ohne Murren ertragen hat.

Meinen Probestrickerinnen, deren Werke man bei Instagram bewundern kann, danke ich für die schnelle Umsetzung meiner Anleitungen und das tolle Feedback. Ohne euch hätten sich viele Fehler eingeschlichen. Danke Andrea (@natuerlichkreativ), Barbara (@thoni_knits), Betina (@nordfrau), Claudia (@reetselig), Etha, Isa (@luisa_wolkenschein), Kirsten (@knightlyart), Konstanze (@lilliliebtlollis), Lydia (@lydiafisch), Marianne (@runningyarn), Sabine (@hex-bexhamburg), Steffi (@lille_boat) und Svenja (@foerdefaden).

Lang Yarns, Schachenmayr und Schoppel danke ich für die Bereitstellung der Garne und der A.S. Création Tapeten AG für die Unterstützung mit tollen Tapeten.

DER CODE ZU FREISCHALTEN DER VIDEOS LAUTET: 14224

FOTOS: frechverlag GmbH, 70839 Gerlingen; lichtpunkt, Michael Ruder, Stuttgart

PRODUKTMANAGEMENT: Franziska Schmidt, Mareike Upheber

LEKTORAT: Regina Sidabras, Berlin

ILLUSTRATIONEN: Josy Jones Graphic Design & Illustrationen

GESTALTUNG: Petra Theilfarth

DRUCK: POLYGRAF PRINT spol. s r.o.

8. Auflage 2024

ISBN 978-3-7724-6495-9 • Best.-Nr. 6495

MIX Aus verantwortungsvollen Quellen FSC® C023577 FSC www.fsc.org

Penguin Random House Verlagsgruppe FSC® N001967

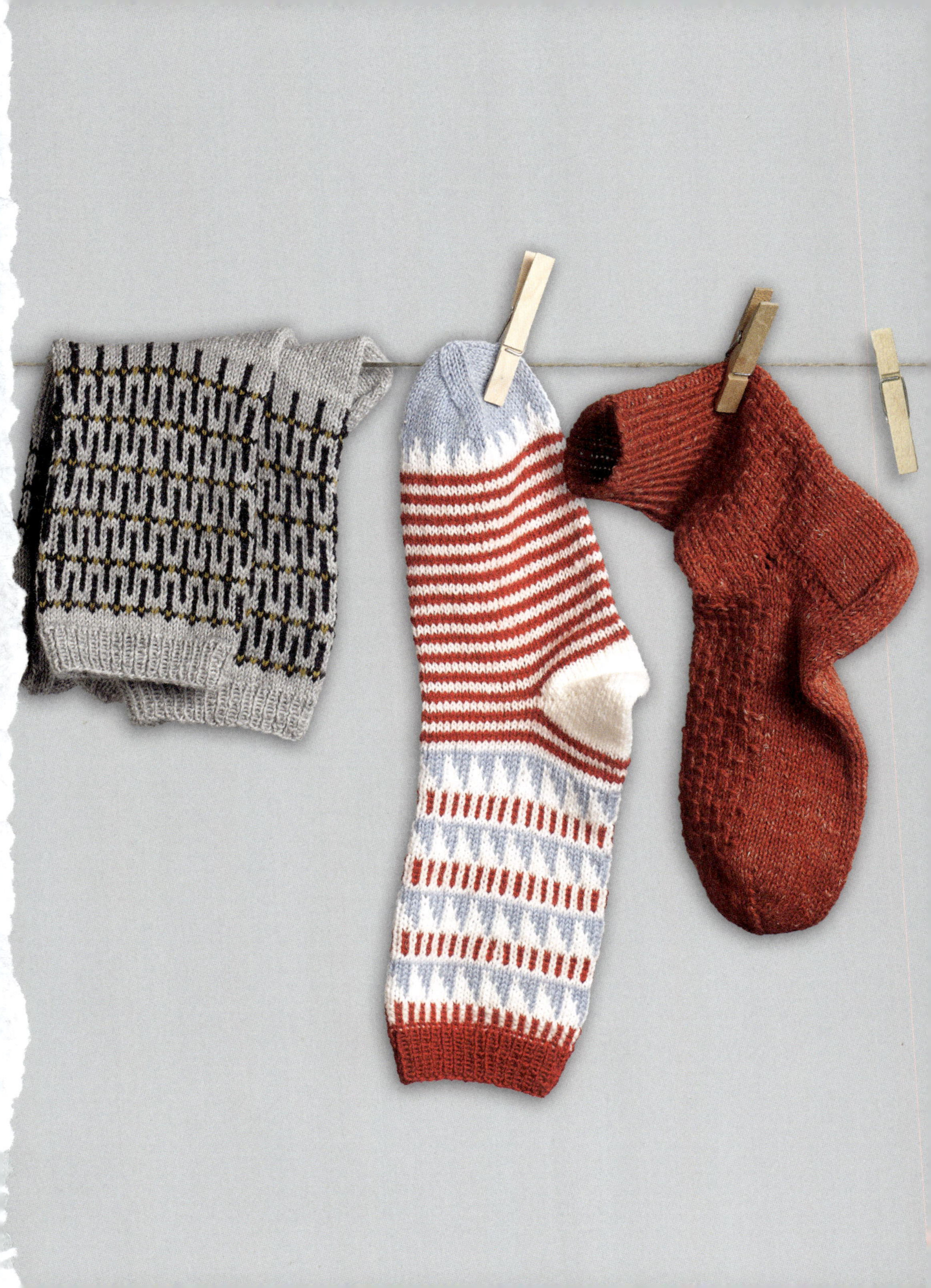

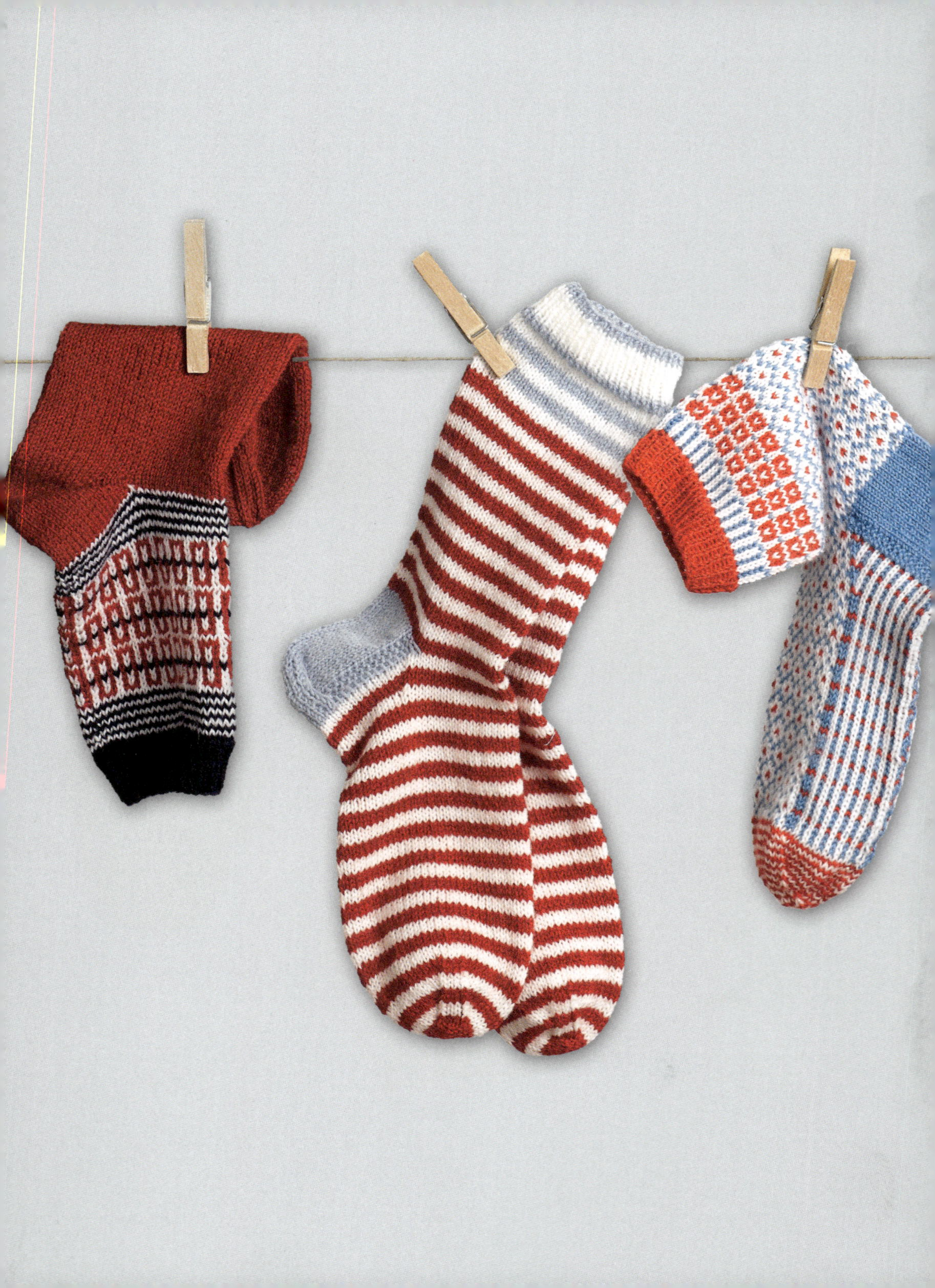